DE ARCHIEVEN IN NOORD-HOLLAND

Op het omslag: ''Verbael van Uytwatering'' van de Schermeer, Starnmeer en de oude landen van het Noorderkwartier, gemaakt door Jan Adriaansz. Leeghwater ten behoeve van de dijkgraaf en hoogheemraden van het hoogheemraadschap der Uitwaterende Sluizen van Kennemerland en West-Friesland, 24 augustus 1638 (gemeentearchief Alkmaar, Inventaris Starnmeer en Kamerhop, nr. 264).

OVERZICHTEN VAN DE ARCHIEVEN EN VERZAMELINGEN IN DE OPENBARE ARCHIEFBEWAARPLAATSEN IN NEDERLAND

uitgegeven onder auspiciën van de
Vereniging van Archivarissen in Nederland

redactie:

L.M.Th.L. Hustinx †
F.C.J. Ketelaar
H.J.H.A.G. Metselaars
J.J. Temminck
H. Uil

DEEL VII

DE ARCHIEVEN IN NOORD-HOLLAND

DE ARCHIEVEN IN NOORD-HOLLAND

(BEHALVE AMSTERDAM)

Samsom Uitgeverij bv, Alphen aan den Rijn, 1981

Dit overzicht is bijgewerkt tot 31 december 1980.

Voor deze uitgave werd financiële steun verleend door het Ministerie van Cultuur, Recreatie en Maatschappelijk Werk en het dr. J. E. Baron de Vos van Steenwijk-fonds.

ISBN 90 14 03117 3

INHOUD

WOORD VOORAF

Toen het tweedelig overzicht 'De Rijksarchieven in Nederland' ('s-Gravenhage 1973) kort na verschijnen was uitverkocht, groeide bij de archivarissen de wens te komen tot een overzicht van alle overheidsarchieven in Nederland in zover deze zijn overgebracht naar een openbare archiefbewaarplaats en dus door iedere geïnteresseerde ter inzage gevraagd kunnen worden.
Door de Vereniging van Archivarissen in Nederland (VAN) is toen het initiatief genomen te komen tot een landelijke serie archiefoverzichten per provincie. 20 Mei 1976 werd een coördinatiecommissie door de voorzitter van de VAN geïnstalleerd met vertegenwoordigers van alle provincies. Deze 'grote commissie' stond onder voorzitterschap van drs. J.J. Temminck, archivaris van de gemeente Haarlem. Voor Noord-Holland was dr. A.J. Kölker, provinciaal inspecteur der archieven, lid, terwijl er ook een medewerker van het Amsterdamse gemeentearchief werd aangetrokken. Een 'kleine commissie' werd belast met de redactionele opzet en de zorg voor de uniformiteit van de gehele serie.
In tegenstelling tot andere provincies werd in Noord-Holland geen afzonderlijke redactiecommissie gevormd. Alle archivarissen, te weten de rijksarchivaris in Noord-Holland, de gemeentearchivarissen en de provinciale inspecteur kwamen met enige van hun medewerkers periodiek bij elkaar. Ieder leverde gegevens voor het overzicht betreffende de archieven in zijn eigen depot. Gegevens betreffende de archieven die nog niet onder beheer van een archivaris vallen, werden verzameld door de provinciale inspectie. Hier werden uiteindelijk ook alle gegevens gecoördineerd. Een zeer groot aandeel hierin heeft mw. drs. H.S. Danner gehad.
Bijdragen aan de inleiding werden geleverd door drs. F.J.M. Otten, rijksarchivaris, mw. mr. M.M. Warning, chartermeester I bij het rijksarchief, drs. J.J. Temminck, gemeentearchivaris van Haarlem, mr. A.P.A. Spijkers, adjunct-gemeentearchivaris van Haarlem, S. Rolle, gemeentearchivaris van Velsen en mw. drs. H.S. Danner, medewerkster ter inspectie. De eindredactie van de inleiding lag in handen van dr. A.J. Kölker.
Het geheel werd in nauw overleg met dr. F.C.J. Ketelaar, plv. algemeen rijksarchivaris, die de landelijke coördinatie verzorgde, tot dit overzicht samengebracht.

De archivarissen in Noord-Holland.

PROVINCIE NOORDHOLLAND
BESTAANDE GEMEENTELIJKE INDELING 1960
SCHAAL 1 350.000
TEXEL
DEN HELDER
WIERINGEN
ANNA PAULOWNA
CALLANTSOOG
WIERINGER WAARD
WIERINGERMEER
ZIJPE
SCHAGEN
BARSINGERHORN
ST MAARTEN
WINKEL
HARENKARSPEL
OUDE NIEDORP
NIEUWE NIEDORP
HOOGWOUD
OPPER DOES
MEDEMBLIK
ANDIJK
ABBEKERK
TWISK
WARMEN HUIZEN
SCHOORL
MIDWOUD
WERVERSHOOF
ENKHUIZEN
BOVEN KARSPEL
LANGEDIJK
SIJBEKARSPEL
NIBBIXWOUD
GROOTE BROEK
HOOG KARSPEL
OPMEER
WOGNUM
WESTWOUD
HEER HUGOWAARD
OBDAM
BERGEN
ST PANCRAS
ZWAAG
BLOKKER
VENHUIZEN
KOEDIJK
HENSBROEK
BERKHOUT
HOORN
SCHELLINK HOUT
WIJDENES
OUDORP
EGMOND AAN ZEE
ALKMAAR
OTERLEEK
URSEM
AVENHORN
SCHERMERHORN
OUDENDIJK
EGMOND BINNEN
HEILOO
ZUID- EN NOORD SCHERMER
BEETS
OOST HUIZEN
LIMMEN
CASTRICUM
AKERSLOOT
GRAFT
DE RIJP
BEEMSTER
WARDER
MIDDELIE
KWADIJK
UITGEEST
HEEMSKERK
JISP
KROMMENIE
PURMEREND
EDAM
WORMER VEER
WORMER
WIJDEWORMER
BEVERWIJK
ZAANDIJK
ILPENDAM
KATWOUDE
ASSENDELFT
KOOG AAN DE ZAAN
VELSEN
OOSTZAAN
MONNICKENDAM
MARKEN
WESTZAAN
ZAANDAM
LANDSMEER
BROEK IN WATERLAND
BLOEMENDAAL
HAARLEMMERLIEDE EN SPAARNWOUDE
HAARLEM
AMSTERDAM
ZANDVOORT
HEEMSTEDE
DIEMEN
MUIDEN
BENNEBROEK
WEESP
NAARDEN
HAARLEMMERMEER
NIEUWER AMSTEL
OUDER AMSTEL
WEESPERKARSPEL
HUIZEN
BUSSUM
BLARICUM
ANKE-VEEN
NEDERHORST DEN BERG
AALSMEER
'S-GRA-VELAND
LAREN
UITHOORN
KORTENHOEF
HILVERSUM

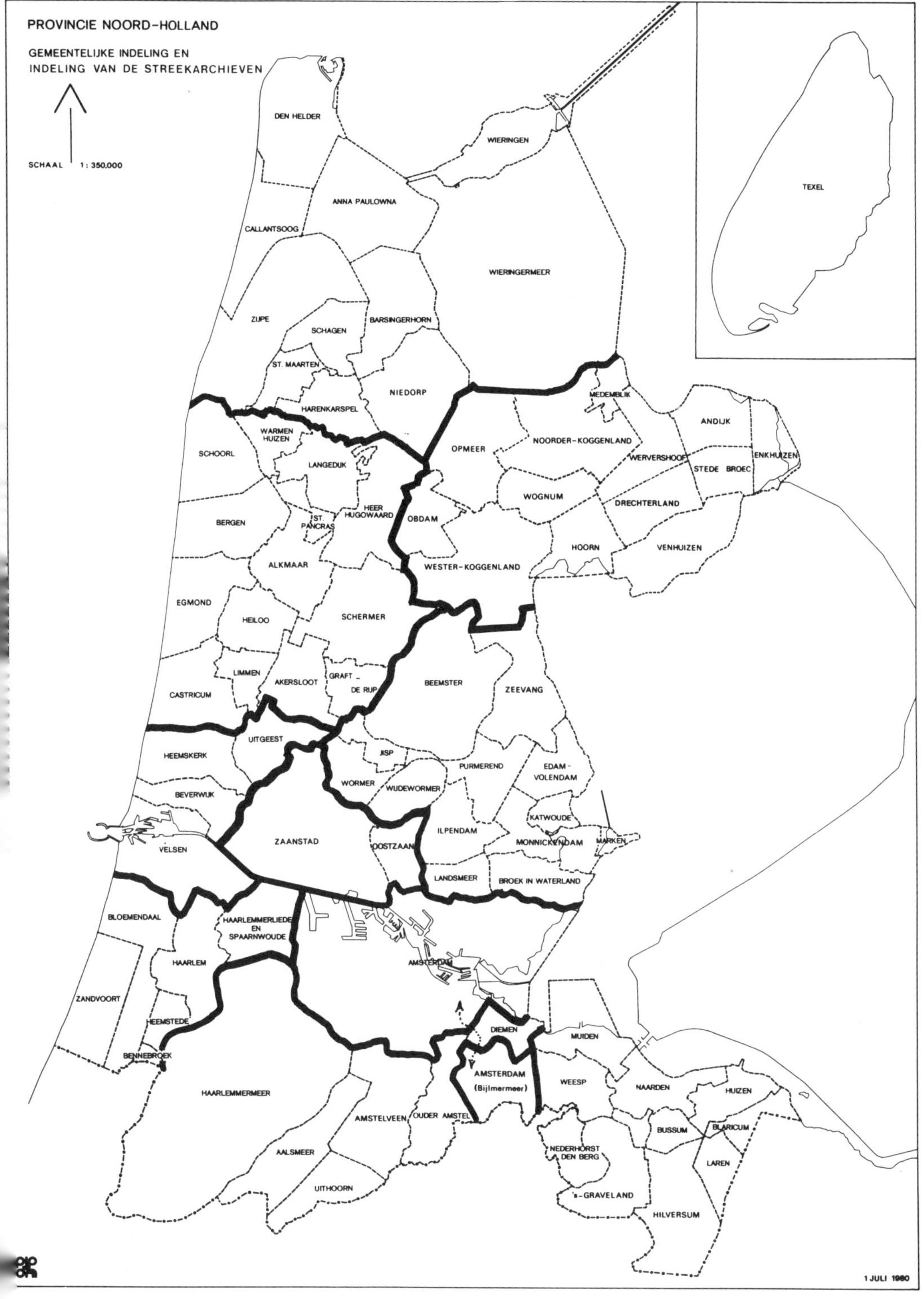
PROVINCIE NOORD-HOLLAND
GEMEENTELIJKE INDELING EN
INDELING VAN DE STREEKARCHIEVEN
SCHAAL 1 : 350.000
DEN HELDER
WIERINGEN
TEXEL
ANNA PAULOWNA
CALLANTSOOG
WIERINGERMEER
ZIJPE
SCHAGEN
BARSINGERHORN
ST. MAARTEN
NIEDORP
HARENKARSPEL
MEDEMBLIK
ANDIJK
WARMEN HUIZEN
SCHOORL
LANGEDIJK
OPMEER
NOORDER-KOGGENLAND
WERVERSHOOF
ENKHUIZEN
STEDE BROEC
HEER HUGOWAARD
WOGNUM
DRECHTERLAND
BERGEN
ST. PANCRAS
OBDAM
HOORN
VENHUIZEN
ALKMAAR
WESTER-KOGGENLAND
EGMOND
HEILOO
SCHERMER
LIMMEN
AKERSLOOT
GRAFT - DE RIJP
BEEMSTER
ZEEVANG
CASTRICUM
UITGEEST
HEEMSKERK
JISP
PURMEREND
EDAM - VOLENDAM
WORMER
WIJDEWORMER
BEVERWIJK
KATWOUDE
ILPENDAM
ZAANSTAD
OOSTZAAN
MONNICKENDAM
MARKEN
VELSEN
LANDSMEER
BROEK IN WATERLAND
BLOEMENDAAL
HAARLEMMERLIEDE EN SPAARNWOUDE
HAARLEM
AMSTERDAM
ZANDVOORT
HEEMSTEDE
DIEMEN
MUIDEN
BENNEBROEK
AMSTERDAM (Bijlmermeer)
WEESP
NAARDEN
HUIZEN
HAARLEMMERMEER
AMSTELVEEN
OUDER AMSTEL
BUSSUM
BLARICUM
NEDERHORST DEN BERG
LAREN
AALSMEER
UITHOORN
's-GRAVELAND
HILVERSUM
1 JULI 1980

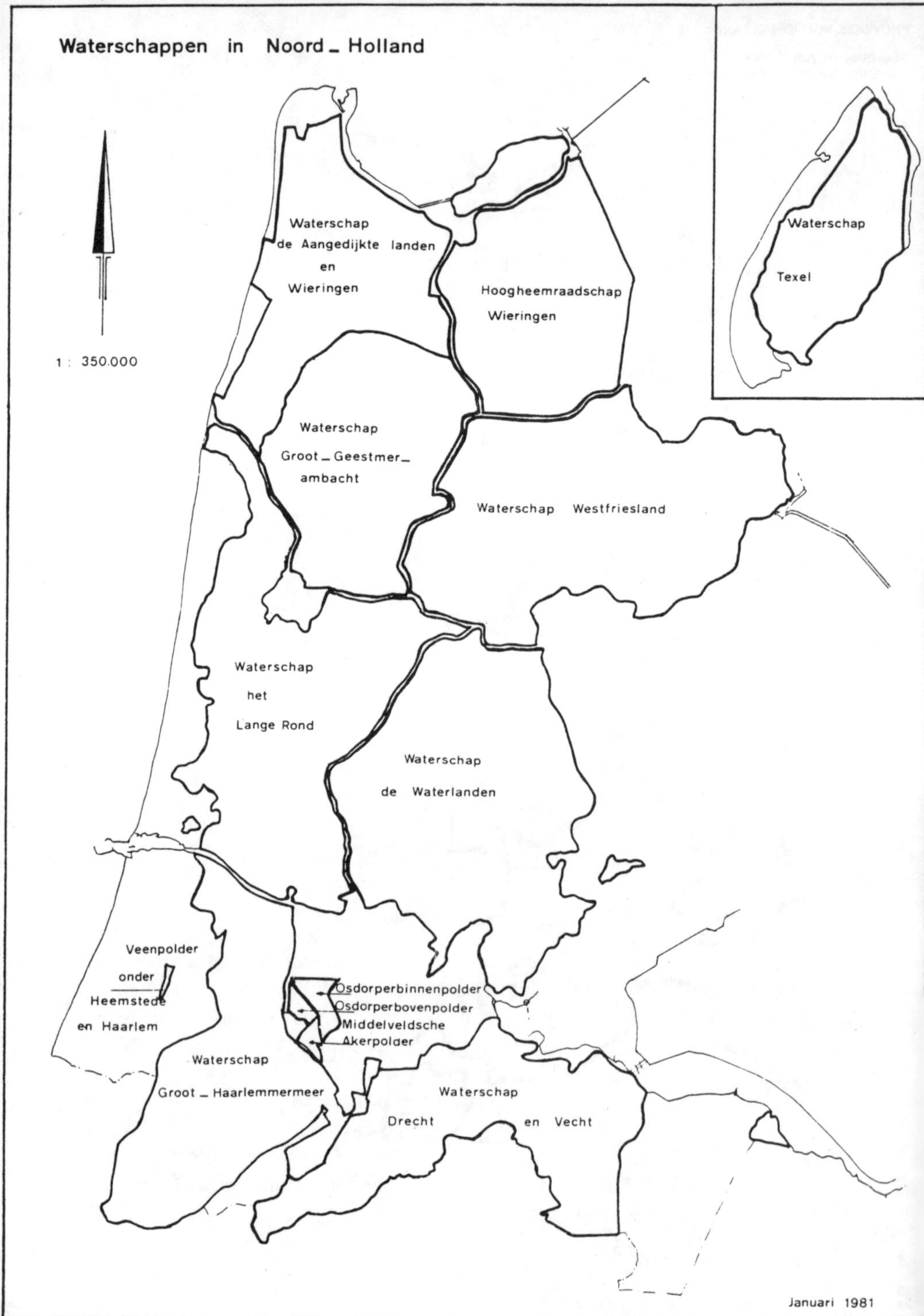
Waterschappen in Noord _ Holland
1 : 350.000
Waterschap
de Aangedijkte landen
en
Wieringen
Hoogheemraadschap
Wieringen
Waterschap
Texel
Waterschap
Groot _ Geestmer_
ambacht
Waterschap Westfriesland
Waterschap
het
Lange Rond
Waterschap
de Waterlanden
Veenpolder
onder
Heemstede
en Haarlem
Osdorperbinnenpolder
Osdorperbovenpolder
Middelveldsche
Akerpolder
Waterschap
Groot _ Haarlemmermeer
Waterschap
Drecht en Vecht
Januari 1981

INLEIDING

1 ALGEMEEN

Dit boek geeft een overzicht van de archieven en verzamelingen die in het rijksarchief in Noord-Holland en de archiefbewaarplaatsen van de gemeenten en waterschappen in Noord-Holland berusten. Alleen de archieven welke in de gemeentelijke archiefbewaarplaats te Amsterdam zijn opgenomen, worden wegens de grote omvang in een afzonderlijk deel beschreven. Om de bruikbaarheid van dit overzicht te vergroten volgen hier een aantal opmerkingen over archieven in het algemeen, een schets van de ontwikkeling van het archiefwezen in Nederland en in het bijzonder in Noord-Holland, een kort overzicht van de belangrijkste instellingen die in Noord-Holland archief hebben gevormd en nog vormen en tenslotte een toelichting op de gegevens die in dit overzicht zijn opgenomen.

2 ARCHIEFWET 1962

2.1 Archieven en collecties

Een *archief* is het geheel van bescheiden die zijn opgemaakt of ontvangen door een instelling of persoon en die bestemd zijn om door die instelling of persoon bewaard te worden. Archieven zijn te verdelen in overheids- en niet-overheidsarchieven. Een archief onderscheidt zich van een *verzameling* of *collectie* of dit nu een bibliotheek, een museumcollectie of een postzegelverzameling is: archiefstukken vormen het bewijsstuk van de handelingen, de rechten en verplichtingen van de instantie of persoon, door wie het archief al dan niet doelbewust is gevormd. Een verzameling mist de nauwe, als het ware oorzakelijke relatie met de verzamelaar: de in een bibliotheek verzamelde boeken bijvoorbeeld zijn door de uitgever niet uitsluitend voor die bibliotheek bestemd. Archiefstukken echter zijn door de afzender wel aan een bepaalde instelling of persoon gericht. Vooral in particuliere archieven komen naast archiefstukken ook verzamelde stukken voor. Zo ook vinden we in de archiefbewaarplaatsen allerlei verzamelingen, bijvoorbeeld van kaarten, kranten en krantenknipsels, foto's en geluidsmateriaal, verzamelingen die zijn aangelegd om de geschiedenis van stad, streek of geslacht te documenteren en zo het historisch onderzoek te steunen.

2.2 Archiefbewaarplaatsen en archiefdiensten

De Archiefwet 1962 verplicht alle overheidsorganen hun archieven in goede en geordende staat te bewaren. Archiefbescheiden die ouder zijn dan 50 jaar moeten in beginsel worden overgebracht (eerdere overbrenging is wel toegestaan) naar een openbare *archiefbewaarplaats*, d.w.z. naar een ruimte welke het betreffende bestuur daartoe in een officieel besluit heeft aangewezen. Zo worden de archieven van de centrale overheid overgebracht naar het Algemeen Rijksarchief in 's-Gravenhage. De bescheiden van de rijksinstellingen in de provincie en van de provinciale instellingen gaan naar het rijksarchief in de betreffende provinciehoofdstad, in Noord-Holland dus naar het Rijksarchief in Haarlem. De archieven van de gemeentelijke instellingen gaan naar de door de gemeenteraad aangewezen archiefbewaarplaats van de gemeente. De archieven van de waterschappen gaan naar de door het dagelijks bestuur aangewezen archiefbewaarplaats van het waterschap.

Sommige gemeenten hebben voor het beheer van de naar de archiefbewaarplaats overgebrachte archieven een gemeentearchivaris aangesteld. Deze staat aan het hoofd van een *gemeentelijke archiefdienst*. In dat geval is de archiefbewaarplaats in dit overzicht aangeduid als gemeentearchief: Alkmaar, Haarlem, Hoorn, Velsen en Zaanstad en (in deel VIII) Amsterdam.

Sommige gemeenten hebben hun archieven in bewaring gegeven bij de archiefdienst van de centrumgemeente, met name in de regio's Alkmaar en Haarlem. De gemeenten in het Waterlandse gebied hebben via een gemeenschappelijke regeling een *streekarchiefdienst* voor dit gebied gevormd, gevestigd in Purmerend. De Westfriese gemeenten hebben bijna alle hun archieven geconcentreerd in de gemeentelijke archiefbewaarplaats van Hoorn en zo een gemeenschappelijke archiefdienst opgericht.

Noord-Holland is een van de weinige provincies waar het college van Gedeputeerde Staten via de provinciale inspectie streeft naar een regionalisering van de archiefdiensten, aansluitend bij de regionalisering op vele andere gebieden. Deze gids is dan ook volgens dat plan ingedeeld (zie hierna 5.2). In het totaal telt Noord-Holland momenteel 81 gemeenten. Hiervan hebben 40 gemeenten een eigen archiefdienst of nemen deel aan een gezamenlijke archiefdienst.

Wat de archieven van de waterschappen betreft, in het kort het volgende. Het Hoogheemraadschap Noordhollands Noorderkwartier

heeft reeds sinds de dertiger jaren zijn kluisdeur opengezet voor de archieven van kleinere polders. Door de reorganisatie van de laatste jaren zijn andere concentraties ontstaan op archiefgebied. Het Hoogheemraadschap van de Uitwaterende Sluizen in Kennemerland en Westfriesland te Edam participeert ten volle aan het streekarchief Waterland. Het per 1 januari 1978 opgerichte waterschap Het Lange Rond heeft als eerste van de nieuw gevormde waterschappen het besluit genomen de oude polderarchieven onder te brengen bij de drie archiefdiensten in dit gebied. Zo berusten de archieven van de polders uit de regio Alkmaar bij de gemeentelijke archiefdienst van die stad, de archieven van de polders in de IJmond-gemeenten berusten bij de gemeentelijke archiefdienst van Velsen. De archieven van de Zaanse polders zullen naar Zaanstad worden overgebracht, zodra deze gemeente een definitieve, door Gedeputeerde Staten goedgekeurde, archiefbewaarplaats zal hebben gerealiseerd. In afwachting daarvan berusten deze archieven deels bij het waterschap zelf te Koog aan de Zaan en deels bij het hoogheemraadschap te Edam.
Voor zover de waterschapsarchieven niet zijn overgebracht naar een centrumgemeente of door opheffing in eigendom aan een gemeente zijn overgedragen, berusten zij in de archiefbewaarplaats van het waterschap en staan onder beheer van de secretaris. Zij zijn in dit overzicht dan ook opgenomen per regio, naar gelang de plaats van vestiging van het waterschap. Om snel te weten waar een bepaald waterschapsarchief berust doet men er goed aan eerst de index op namen te raadplegen. Niet-aangetroffen of zoekgeraakte waterschapsarchieven zijn echter niet opgenomen.
In de openbare archiefbewaarplaatsen berusten behalve de overgebrachte archieven van de tegenwoordige overheidsinstellingen ook de archieven (voor zover bewaard gebleven) van de voorgangers van die instellingen. In de meeste archiefbewaarplaatsen bevinden zich voorts *niet-overheidsarchieven*. Dat zijn archieven van personen of particuliere instellingen die of aan de overheid in bewaring dan wel in eigendom zijn gegeven of door aankoop of anderszins zijn verworven.

2.3 Openbaarheid en toegankelijkheid

Archieven in een archiefbewaarplaats van de overheid zijn op grond van de Archiefwet 1962 in beginsel *openbaar*, dat wil zeggen iedereen heeft het recht die archieven kosteloos te raadplegen. Ten aanzien van de openbaarheid kunnen echter beperkende maatregelen zijn ge-

troffen. Dit gebeurt meestal ten aanzien van gegevens over nog levende personen.
Veel archieven die naar de archiefbewaarplaats worden overgebracht zijn niet geordend. In feite zijn ze dan niet *toegankelijk*. Vóór men deze archieven werkelijk kan raadplegen, moeten ze door de archivaris geordend en beschreven worden. Het resultaat van deze ordening en beschrijving vindt zijn neerslag in een *inventaris*: een systematisch ingedeelde beschrijving van de bestanddelen van een archief, voorafgegaan door een inleiding, die een verhandeling bevat over de archiefvormer en een verantwoording van de inventarisatie. Door tijdgebrek zijn nog lang niet alle archieven op deze manier definitief geordend en beschreven. Soms zijn ze wel enigszins toegankelijk gemaakt door een *plaatsingslijst*: een lijst van stukken in de volgorde van aantreffen. Andere archieven zijn in het geheel nog niet beschreven. Tenslotte komt het voor dat bepaalde onderdelen van archieven nader toegankelijk zijn gemaakt, b.v. door indices of regesten.
Uitgebreide informatie over archieven, archiefbewaarplaatsen en het werk van archivarissen wordt geboden door W.J. Formsma en F.C.J. Ketelaar, *Gids voor de Nederlandse archieven*, Haarlem 1981 en in *Nederland in stukken, beeldkroniek van Nederlandse archieven,* Haarlem 1979, samengesteld onder auspiciën van de Vereniging van Archivarissen in Nederland, ter gelegenheid van de Internationale Archiefweken 1979.

3 DE ONTWIKKELING VAN HET ARCHIEFWEZEN

3.1 Nederland

Vóór 1795 kende ons land geen archiefwezen, d.w.z. er waren geen instellingen die het beheer van door andere administraties gevormde archieven tot taak hadden. Ieder orgaan beheerde het eigen archief en putte daaruit om verworven rechten te staven en zijn invloed te verstevigen. Uitgangspunt hierbij was geheimhouding – de archieven waren ontoegankelijk voor derden.
Het in 1795 tot stand gekomen nieuwe staatsbestel beëindigde privileges en vele andere rechten die in de archieven hun neerslag vonden. Als gevolg van het wegvallen van het praktisch nut lagen verwaarlozing en vernietiging op de loer. Anderzijds gaf het verdwijnen van de drang tot strikte geheimhouding liefhebbers van de historie een kans tot de archieven door te dringen.

Aandrang van die zijde op de overheid uitgeoefend, leidde in 1802 tot de tijdelijke benoeming van mr. Hendrik van Wijn (1740-1831), oud-pensionaris van Gouda, tot archivarius. Van Wijn werd belast met het toezicht op de staat waarin de charters en de geschreven staatsstukken van de Generaliteit tot aan de Vrede van Munster in 1648, verkeerden. In 1806 volgde zijn vaste aanstelling en werd de grens van zijn bemoeiingen verlegd naar 1795. Van Wijn werd toen ook van inspecteur beheerder. Hij kreeg bewaarplaatsen toegewezen in Rotterdam en 's-Gravenhage, waarin hij de belangrijkste stukken bijeen bracht. In 1802 had ook het gewestelijk bestuur van Holland hem als archivaris aangesteld. Deze combinatie van functies heeft tot vandaag de dag zijn weerslag gehad op de inhoud van het Algemeen Rijksarchief. De inlijving bij Frankrijk maakte aan deze voorlopers van ons archiefwezen een einde.
In 1814 bepaalde Willem I bij soeverein besluit dat alle archieven van de staat tot en met het jaar 1794 op het Binnenhof in de zgn. Grote Loterijzaal bijeengebracht moesten worden en onder beheer van ''s-Lands Archivarius' gesteld. Van Wijn werd als zodanig benoemd. Hiermee was het Rijksarchief in 's-Gravenhage opgericht. Het soeverein besluit repte niet over gebruik van de archieven door derden. Pas in 1829 werden daarvoor bepalingen gemaakt. De gebruikte formule luidde dat archivarissen raadpleging mochten toestaan aan alle bij hen bekende en vertrouwde personen ten behoeve van het historisch onderzoek. Tot de Archiefwet 1918 bleef dit de basis van de regeling van de openbaarheid.
De archieven van de centrale bestuursorganen van het voormalige gewest Holland waren vanaf 1814 in rijksbeheer te 's-Gravenhage. In de overige provincies werden tussen 1817 en 1866 archivarissen aangesteld. Het beheer van de archieven van de voormalige gewesten werd als een provinciale taak opgevat. Wel onderhielden de archivarissen steeds contact met het Rijksarchief in 's-Gravenhage en verleende het rijk bijdragen in de kosten van een groot aantal provinciale archieven. Geleidelijk werd de rijksinvloed zo groot – mede door toevloed van rijksarchivalia naar de provinciale archieven – dat het nog maar een kleine stap was van provinciaal naar rijksbeheer. In Gelderland werd deze stap het eerst gedaan: in 1877 werd er een rijksarchivaris aangesteld. Zeeland sloot in 1890 de rij. De ontwikkeling kreeg een logische afronding met de benoeming van de rijksarchivaris jhr. mr. Th.H.F. van Riemsdijk tot algemeen rijksarchivaris in 1887. De Archiefwet 1918 gaf aan het gegroeide een wettelijke basis. Voor-

lopig eindpunt in deze ontwikkeling is de Archiefwet 1962, die samen met het Archiefbesluit in 1968 in werking trad. Toch gaat de ontwikkeling verder. Reeds enige jaren is een landelijke commissie bezig met de opstelling van een 'Nota archiefbeleid' om zo te komen tot voorstellen ter herziening en verbetering van de huidige archiefwet. Een van de belangrijkste bezwaren van de archivarissen tegen de huidige wetgeving is de vrijblijvendheid voor de lagere overheden. Wil men komen tot een dekkend net van archiefdiensten in Nederland dan zal elke gemeente en elk waterschap *verplicht* moeten zijn zijn archieven onder het beheer van een archivaris te stellen.

3.2 Het rijksarchief in de provincie Noord-Holland

Het Rijksarchief als zodanig bestaat sinds 1886, toen C.J. Gonnet als eerste rijksarchivaris optrad. Reeds vanaf 1817 echter waren de archieven van de Gecommitteerde Raden (1574-1795) en van de daarop volgende departementale besturen tot 1814 in Haarlem geconcentreerd in het gebouw aan de Jansstraat, waar het provinciaal bestuur zijn zetel had. In 1850 werd dr. P. Scheltema, gemeentearchivaris van Amsterdam, tot provinciaal archivaris benoemd. Een door hem samengesteld overzicht van alle aan zijn zorg toevertrouwde archieven, kaarten en boeken werd in 1873 gepubliceerd. In 1897 werd het Rijksarchief wegens ruimtegebrek overgebracht naar de Vleeshal op de Grote Markt. Nadat het provinciaal bestuur in 1929/30 was verhuisd naar het Paviljoen in de Haarlemmerhout, werd een deel van het gebouw aan de Jansstraat bestemd voor het Rijksarchief, dat daar in 1934 introk. In het door de provincie verlaten gebouw bleef het archief van het provinciaal bestuur over de jaren 1814-1850 achter, dat toen door het rijk in beheer werd overgenomen.
Het nijpende ruimtegebrek, veroorzaakt door de toevloed van overgenomen archieven en een sterke groei van het aantal bezoekers, leidde ertoe dat vanaf de jaren 1960 veel archieven, met name van rijksdiensten, in het hulpdepot van de rijksarchiefdienst te Schaarsbergen moesten worden ondergebracht. Na jarenlang uitstel van de nieuwbouwplannen is eindelijk, medio 1980, de bouw van een geheel nieuw rijksarchiefdepot gestart, zodat in 1982 het Rijksarchief uit een langdurige noodsituatie zal zijn verlost.

3.3 De gemeentearchieven in Noord-Holland

Bij een enquête in 1827 naar de toestand van de archieven in de Noordhollandse steden bleek, dat vrijwel overal de archieven in het stadhuis werden bewaard, soms in een afzonderlijk vertrek, en onder beheer van de gemeentesecretaris stonden. Van de grotere archieven was een (globale) inventaris aanwezig. Een kleinere stad als Edam zag in de enquête aanleiding om een inventaris samen te stellen, maar Medemblik was daartoe niet in staat, omdat sinds 1670 geen registratie of ordening meer had plaats gehad. Steden als Hoorn, Enkhuizen en Purmerend gaven schaarse informatie over hun archief, dat zij historisch van gering belang achtten.
In de 19e eeuw gingen enkele gemeentebesturen in ons land over tot het aanstellen van een archivaris. Vóór 1850 waren dat er slechts vijf, waaronder Amsterdam, een aantal dat geleidelijk groeide.
In Noord-Holland kunnen we de ontwikkeling als volgt kort samenvatten. 7 April 1848 werd de eerste gemeentearchivaris te Amsterdam benoemd: dr. P. Scheltema, die in 1850 tevens provinciaal archivaris werd, zoals reeds boven vermeld. In het Amsterdamse overzicht (deel VIII) zal verder worden ingegaan op de ontwikkeling van de archiefdienst in die gemeente.
Nadat mr. J.L. de Bruyn Kops te Haarlem op verzoek van het Historisch Genootschap een chronologische inventaris van de belangrijkste Haarlemse stukken had samengesteld (uitgegeven in 1850), wilde men kennelijk meer. 25 Maart 1857 had de benoeming plaats van mr. A.J. Enschedé tot gemeentearchivaris. Van zijn hand is de bekende driedelige inventaris, uitgegeven 1865-1867, een inventaris, die tot op heden dienst heeft gedaan. Tot 1936 was het gemeentearchief in een gedeelte van het stadhuis gevestigd, sindsdien in de voormalige Janskerk, die de laatste jaren aanzienlijk werd verbouwd en aangepast aan moderne eisen van archiefbewaring.
Hoewel de gemeenteraad van Alkmaar op 7 mei 1862 besloot de provinciaal archivaris Scheltema opdracht te verlenen een inventaris te maken, welke in 1869 in druk verscheen, duurde het nog tot 1900 eer het college van burgemeester en wethouders bij besluit van 15 februari van dat jaar de toen 71-jarige C.W. Bruinvis, die zich reeds vele jaren had ingezet voor de Alkmaarse geschiedbeoefening, tot onbezoldigd archivaris benoemde. Hij heeft zich tot zijn eervol ontslag per 1 juli 1917 met hart en ziel voor deze taak ingezet. Op zijn verzoek werd wel drs. H.E. van Gelder per 1 augustus 1900 als adjunct aan-

gesteld, waarvoor de raad een krediet van *f* 300,— 's jaars voteerde. Oorspronkelijk geborgen in het gemeentehuis in de zgn. Groote Charterkamer, sinds 1895 in een nieuw archieflokaal, duurde het tot eind 1965 eer het archief naar zijn huidige gebouw, los van de secretarie, kon verhuizen. In 1968 vond ook de scheiding plaats van de twee tot dan toe gekoppelde functies, nl. die van gemeentearchivaris en museumdirecteur.

Jarenlang bleef het bij deze drie gemeentelijke archiefdiensten van Amsterdam, Alkmaar en Haarlem. Wel benoemden enige gemeenten zoals Hoorn, Enkhuizen, Purmerend en Edam een archivaris, maar dit was van korte duur: zij werden niet opgevolgd. Het laatste decennium is er echter een snelle groei en zien we een regionalisatie vorm krijgen, sterk gestimuleerd door het provinciaal bestuur. Alkmaar ontwikkelde zich tot streekarchief en bood de gemeenten in de regio onderdak: 1974 de voormalige gemeenten Koedijk en St. Pancras, 1975 Bergen, 1976 Castricum en Warmenhuizen, 1977 Akersloot, Graft-De Rijp en Heiloo, 1978 Schoorl, 1979 Schermer (met de voormalige gemeenten Oterleek, Schermerhorn en Noord- en Zuid-Schermer), 1980 Egmond (met de voormalige gemeenten Egmond-Binnen en Egmond-Zee).

Nadat Hoorn in 1974 weer een archivaris benoemd had, kon op 1 januari 1976 een gemeenschappelijke archiefdienst voor Hoorn, Enkhuizen en Medemblik van start gaan, in 1978 uitgebreid met de gemeenten Abbekerk, Avenhorn, Berkhout, Blokker, Bovenkarspel, Grootebroek, Hoogwoud, Midwoud, Nibbixwoud, Obdam, Opmeer, Oudendijk, Twisk, Ursem, Venhuizen (met de voormalige gemeenten Hem, Schellinkhout en Wijdenes), Wognum en Zwaag. Na de gemeentelijke herindeling per 1 januari 1979 volgden nog de archieven van de voormalige gemeenten Hensbroek, Opperdoes en Sijbekarspel en in 1980 het archief van Drechterland met de voormalige gemeenten Hoogwoud en Westwoud. Zo omvat de Archiefdienst Westfriese Gemeenten thans 25 van de 27 voormalige gemeenten in deze regio.

Per 1 januari 1975 benoemde de gemeenteraad van Velsen een archivaris, terwijl de raad van Zaanstad bij besluit van 23 september 1976 een archivaris aanstelde, waardoor de oude archieven van de zeven voormalige Zaanse gemeenten: Assendelft, Koog aan de Zaan, Krommenie, Westzaan, Wormerveer, Zaandam en Zaandijk onder beheer van een archivaris kwamen.

In 1978 bracht de gemeente Haarlemmerliede en Spaarnwoude haar archief naar de gemeentelijke archiefbewaarplaats van Haarlem.

Tenslotte trad op 1 januari 1979 de regeling Streekarchief Waterland in werking waaraan dertien gemeenten deelnemen: Beemster, Broek in Waterland, Edam-Volendam, Ilpendam, Jisp, Katwoude, Landsmeer, Marken, Monnickendam, Purmerend, Wijdewormer, Wormer en Zeevang (met de voormalige gemeenten Beets, Kwadijk, Middelie, Oosthuizen en Warder), terwijl ook het Hoogheemraadschap van de Uitwaterende Sluizen te Edam zich aansloot.
Totaal hebben dus 40 van de 81 gemeenten (of 74 van de op 1 januari 1960 bestaande 119 gemeenten) hun archieven onder beheer van een archivaris geplaatst.

3.4 De waterschapsarchieven in Noord-Holland

Geen der waterschappen in Noord-Holland heeft een eigen archiefdienst. Wel zijn er waterschappen, die op een of andere manier deelnemen aan een streekarchief of de archieven in beheer bij een van de bovenvermelde gemeentearchieven hebben gegeven. Bestuurlijke concentratie van de ruim 500 kleine poldertjes tot de ongeveer twaalf grote waterschappen maakt deze deelname wenselijk en ook haalbaar (zie verder 2.2).

4 ARCHIEFVORMENDE INSTELLINGEN

4.1 Gewestelijke instellingen

4.1.1 Vóór 1572

Het gebied van de huidige provincie Noord-Holland maakt eerst sinds ongeveer 1300 in zijn geheel deel uit van het graafschap Holland, dat in die tijd zijn definitieve omvang goeddeels had bereikt. Het kerngebied van de Hollandse graven beperkte zich aanvankelijk tot delen van het huidige Zuid-Holland aan weerszijden van de Maas, de Merwede en de IJssel. De uitbreiding van het grondgebied ging in de 11e en 12e eeuw vooral gepaard met conflicten met de bisschop van Utrecht. Eerst in de loop van de 12e eeuw kon bijvoorbeeld Rijnland definitief bij het graafschap worden ingelijfd. De afronding van het gebied naar het Noorden leidde onder de graven Willem II en Floris V, vanaf het midden van de 13e eeuw, tot langdurige strijd met de Westfriezen.
In 1299 werd het Hollandse gravenhuis opgevolgd door het Hene-

gouwse Huis. Graaf Willem III uit dit Huis slaagde er in 1323 in het langdurige conflict met Vlaanderen over Zeeland bewesten Schelde in zijn voordeel te beslissen. Ook een strook in het noordwesten van de huidige provincie Noord-Brabant behoorde tot het graafschap Holland. Vanaf 1428 maakte Holland deel uit van het Bourgondische statencomplex; de hertogen van Bourgondië lieten zich in Holland vertegenwoordigen door een stadhouder.
De graven van Holland hadden zowel wetgevende als rechtsprekende en uitvoerende bevoegdheden. In onderdelen van hun graafschap delegeerden zij die bevoegdheden aan baljuwen en schouten (zie verder 4.3). In regeringszaken werd de graaf bijgestaan door zijn grafelijke raad, bestaande uit edelen uit zijn omgeving. In belangrijke zaken werd de grafelijke raad uitgebreid met edelen, leenmannen, uit geheel Holland en met vertegenwoordigers van de steden.
De eigenlijke bestuursadministratie van de graven was vanouds in Den Haag gevestigd en beperkte zich lang tot één bureau: de grafelijke kanselarij. Met het optreden van het Bourgondische Huis in 1428 werd een bestuurlijke differentiatie doorgevoerd: er kwam een aparte leen- en registerkamer voor de administratie der beleningen, terwijl de grafelijke raad werd omgevormd tot een ambtelijk college, het Hof van Holland, voor rechterlijke én bestuurszaken. In 1446 werd vervolgens een rekenkamer der domeinen opgericht, met als taak de zorg voor de grafelijke domeinen, waaronder het afhoren van de rekeningen van rentmeesters. De bevoegdheden van deze organen strekten zich ook uit over Zeeland.
Vanaf de 15e eeuw ontwikkelt zich de invloed van de Staten van Holland, geen bestuursorgaan maar een vertegenwoordiging van de standen van de maatschappij tegenover de landsheer, die de toestemming van de Staten nodig had voor het heffen van belastingen.

Bewaarplaats: zie achter 4.1.2.

4.1.2 1572-1795

In de beginjaren van de opstand tegen Spanje ging het landsheerlijk gezag over op de Staten van Holland en West-Friesland; de bijeenkomst van de Staten te Dordrecht in 1572, op eigen initiatief, betekent hier een keerpunt. Vanaf deze jaren fungeren de Staten èn als vertegenwoordigend college èn als besturend en wetgevend college. De vertegenwoordigers van de achttien stemhebbende steden hadden binnen de Staten een groot overwicht boven de Ridderschap, die slechts

één stem uitbracht en geacht werd ook het platteland te representeren. De leiding van de Statenvergadering berustte bij de landsadvocaat, later raadspensionaris genoemd.
De bestuurlijke taak die het Hof van Holland nog resteerde werd het college in de beginjaren van de Opstand vrijwel ontnomen: alleen de rechtsprekende functie bleef het Hof vervullen (zie 4.3). In 1573 werd een tweede rekenkamer opgericht, de Rekenkamer ter Auditie, voor controle op de rekeningen van de gemenelandsmiddelen (de gewestelijke belastingen) en na de opheffing van de Rekenkamer der domeinen in 1728 ook voor het afhoren van de domeinrekeningen.
In het Noorder- en Zuiderkwartier van Holland fungeerden onder toezicht van de Staten van Holland twee colleges van Gecommitteerde Raden voor de dagelijkse bestuurstaken. Het Noorderkwartier omvatte globaal heel Holland boven het IJ en de eilanden Texel, Vlieland en Terschelling; het Zuiderkwartier besloeg het overige deel van Holland, dus inclusief het huidige Noord-Holland ten zuiden van het IJ. Gecommitteerde Raden van het Zuiderkwartier zetelden te Den Haag, die van het Noorderkwartier te Hoorn. Het laatste college is te beschouwen als resultaat van het streven naar een eigen bestuur in Holland boven het IJ, welk gebied in dc beginjaren van de opstand tegen Spanje enige tijd daadwerkelijk van de rest van Holland was afgescheiden. Het Hoornse college was samengesteld uit vertegenwoordigers van de zeven steden: Alkmaar, Hoorn, Enkhuizen, Medemblik, Edam, Monnickendam en Purmerend.
De taken van Gecommitteerde Raden lagen met name op het gebied van de financiën en de waterstaat. Het college in het Zuiderkwartier beschikte voor de gewestelijke boekhouding over het Kantoor van de Financie van Holland en sinds de afschaffing van de verpachting van veel gewestelijke belastingen in 1748 ook over een Kantoor der collectieve middelen. Het Noorderkwartier kende een veel minder omvangrijke financiële administratie: de neerslag daarvan is opgenomen in het archief van Gecommitteerde Raden. Onder toezicht van Gecommitteerde Raden fungeerden o.m. de kwartierontvangers en de plaatselijke gaarders van de gemenelandsmiddelen en sinds het midden van de 18e eeuw de opzichters van 's lands werken te Den Helder en op de eilanden.
Van de overige gewestelijke organen worden hier nog genoemd: de Westfriese Munt, beurtelings in een der drie Westfriese steden gevestigd; de commissarissen van de pilotage benoorden de Maze, belast met het toezicht over het loodswezen; het admiraliteitscollege van het

Noorderkwartier, afwisselend te Hoorn en Enkhuizen.

Bewaarplaats: De archieven van instellingen met als werkterrein de gehele provincie Holland berusten in het Algemeen Rijksarchief te 's-Gravenhage. De archieven van de meeste in Noord-Holland gevestigde organen berusten in het Rijksarchief in Haarlem. Bovendien berusten in Haarlem: een volledige serie (duplicaat-)registers van resoluties en indices van Gecommitteerde Raden van het Zuiderkwartier, naast 17e/18e-eeuwse afschriften van een groot aantal registers van de Leen- en registerkamer en van memorialen van het Hof van Holland.

4.1.3 1795-1813

De Omwenteling van 1795 maakte een eind aan de soevereiniteit van de gewesten en aan het bestaan van vrijwel alle gewestelijke instellingen. Er kwam een eenheidsstaat, waarbinnen de departementen (vanaf 1814 de provincies) ondergeschikt werden aan de centrale regering. Ingevolge de Staatsregeling van 1798 werd de provincie Holland gesplitst in een aantal departementen; zo was het grondgebied van het huidige Noord-Holland verdeeld over het departement van de Amstel, bestaande uit de stad Amsterdam en directe omgeving, en het veel omvangrijker departement Texel, dat ook nog delen van Zuid-Holland en Utrecht tot aan de Oude Rijn omvatte. Van 1802 tot 1807 vormden Noord- en Zuid-Holland bestuurlijk weer één geheel; het departement Holland. Een nieuwe verdeling in 1807 over de departementen Amstelland en Maasland betekende echter een sindsdien niet meer ongedaan gemaakte bestuurlijke scheiding. Ook de grens tussen Noord en Zuid is daarna niet wezenlijk meer gewijzigd. Aan het hoofd van het bestuur in het departement kwam een te Haarlem residerende landdrost te staan, bijgestaan door assessoren; aan het hoofd van het bestuur in de twee kwartieren, waarin Amstelland was onderverdeeld, de kwartierdrosten.
Na de inlijving bij Frankrijk werd begin 1811 uit de voormalige departementen Amstelland en Utrecht het omvangrijke departement van de Zuiderzee geformeerd, verdeeld in vier, later zes, arrondissementen. Aan het hoofd van dit departement stond de te Amsterdam residerende prefect; in de arrondissementen fungeerden onderprefecten. Na de Omwenteling van november 1813 heten deze functionarissen resp. commissaris-generaal en commissaris, al veranderde er verder weinig aan de bestuursinrichting.

Bewaarplaats: De archieven van de departementale besturen 1799-1802 en 1807-1814 berusten in het Rijksarchief in Haarlem.

4.1.4 Vanaf 1814

Van 1814 tot 1840 kende de grondwet weliswaar formeel één provincie Holland, maar de benoeming in 1814 van twee gouverneurs en twee colleges van gedeputeerde staten kwam in feite neer op een bestuurlijke scheiding tussen het noordelijk en zuidelijk gedeelte van Holland. Wel was er één college van provinciale staten, maar dit kwam slechts enkele dagen per jaar bijeen, afwisselend te Haarlem en 's-Gravenhage.

Het zwaartepunt van het provinciaal bestuur in de periode 1814 tot 1850 lag bij de Gouverneur als vertegenwoordiger van het centrale gezag: toezicht op de uitvoering van wetten, op de inning van belastingen en op het gehele overheidsapparaat in de provincie (zowel van het rijk als van de provincie), handhaving van de openbare orde.

Provinciale Staten werden tot 1850 gekozen door de drie standen (ridderschap, steden en landelijke stand); zij kozen op hun beurt de leden van de Tweede Kamer. Voor de dagelijkse bestuurstaken kozen zij uit hun midden een college van Gedeputeerde Staten dat met name met het toezicht op gemeenten en waterschappen was belast.

De Provinciale Wet van 1850 verving de benaming Gouverneur door Commissaris des Konings (der Koningin) en reduceerde diens taak in aanzienlijke mate. Het zwaartepunt verplaatste zich na 1850 naar de nu direct gekozen Provinciale Staten en het uit hun midden geformeerde college van Gedeputeerde Staten.

Vanaf het midden van de 19e eeuw gingen ook eigen provinciale diensten en bedrijven fungeren: het Provinciaal Ziekenhuis Meerenberg dateert al van 1849, de Provinciale Waterstaat werd als eerste dienst ('moeder's oudste') in 1881 opgericht. Uit de 20e eeuw dateren de Provinciaal Planologische Dienst (PPD), de Economisch-Technologische Dienst (ETD), het Provinciaal Electriciteitsbedrijf (PEN) en het Provinciaal Waterleidingbedrijf (PWN).

Archiefbewaarplaats: Het archief van het provinciaal bestuur tot 1850 is volledig overgebracht naar het Rijksarchief; de overbrenging van het omvangrijke archief van het provinciaal bestuur van 1851-1940 is nog niet geheel voltooid: de gedeelten Provinciale Staten, kabinet van de Commissaris en delen van Gedeputeerde Staten zullen de komende jaren volgen. Van een aantal diensten en bedrijven zijn voornamelijk de oudere gedeelten overgebracht.

Literatuur: S.J. Fockema Andreae, De Nederlandse staat onder de Republiek (Amsterdam 1969); I.H. Gosses, De vorming van het graafschap Holland ('s-Gravenhage 1915); T.S. Jansma, Raad en Rekenkamer in Holland en Zeeland tijdens hertog Philips van Bourgondië (Utrecht 1932); P.A. Meilink, Archieven van de Staten van Holland vóór 1572 ('s-Gravenhage 1929); S.J.R. de Monchy, Handboek van het Nederlandse provincierecht (Zwolle 1976); C.W. van der Pot, Bestuurs- en rechtsinstellingen der Nederlandse provinciën (Zwolle 1949); J.C. Ramaer, De Fransche tijd (1795-1815) in: Geschiedkundige Atlas van Nederland ('s-Gravenhage 1926); Th. van Riemsdijk, De tresorie en kanselarij van de graven van Holland en Zeeland uit het Henegouwsche en Beiersche Huis ('s-Gravenhage 1908).

4.2 Plaatselijke bestuursinstellingen

4.2.1 Stadsbestuur vóór 1795

In de loop van de 13e eeuw begonnen de graven van Holland een aantal centra op hun grondgebied in hun ontwikkeling te steunen door het verlenen van stadsrechten, die de betrokken gebieden uit de grafelijke invloedssfeer haalden en de basis werden van de lokale autonomie. In Noord-Holland waren dat eerst Haarlem (1245) en Alkmaar (1254), later gevolgd door Muiden (waarschijnlijk 1274), Medemblik (1289) en Beverwijk (1298). De stadsrechtverlening aan Amsterdam zal circa 1300/1301 gedateerd moeten worden, gevolgd door Naarden (1315). Halverwege de 14e eeuw volgden Weesp (vóór 1355), Enkhuizen en Monnickendam (beide in 1355), Hoorn (1356), Edam (1357) en Broek (1364). In de 15e eeuw sloten Texel (1415) en Purmerend (1434) de rij. Niet bij alle steden betekende de verlening van het stadsrecht ook het begin van een periode van opgang.
De stadsvrijheid bestond uit de stad zelf en een strook grond daarbuiten. Een bijzonder geval vormden de Westfriese steden, waar een aantal dorpen aan de steden werd toegevoegd of tot één stad samengevoegd, waardoor na 1422 bijna geheel West-Friesland in steden was opgedeeld. In de 17e en 18e eeuw begonnen enkele steden heerlijkheden rondom de stad te kopen om zo hun invloedssfeer uit te breiden. Afgezien van variaties in jaartallen, benaming en aantallen kwamen de bestuursorganisaties in de steden tamelijk overeen. In de steden lag oorspronkelijk het hoogste gezag bij de schout, benoemd door de landsheer, en bij de schepenen, eveneens benoemd door de landsheer of ook wel door de schout. Schout en schepenen bestuurden en spraken recht. In de 14e eeuw ontstonden daarnaast vertegenwoordigers uit de burgerij, raden, uit wier midden burgemeesters werden gekozen, die het dagelijkse bestuur der stad vormden. De raden werden een college: de raad. In de loop van de 15e eeuw werden deze raden omgezet in vroedschappen, die het hoogste politieke orgaan in de stad vormden tot 1795. De invloed van de schepenen bleef beperkt tot de rechtspraak en vaststelling van keuren.

De vroedschappen werden op den duur een gesloten college, dat zichzelf aanvulde. De vroedschap deed gewoonlijk uit eigen midden jaarlijks aan de Staten van Holland een voordracht voor de functies van burgemeesters en schepenen. De Staten speelden die voordracht door aan de stadhouder. Tijdens de stadhouderloze tijdperken trokken de vroedschappen deze benoemingen aan zich.
De schout was grafelijk ambtenaar, belast met handhaving van de openbare orde en met de functie van openbare aanklager. De stedelijke besturen probeerden invloed te krijgen op de benoeming van de schout en slaagden daar op den duur vaak ook in.

4.2.2 *Stadsbestuur vanaf 1795*

Nadat bij de omwenteling in 1795 in verschillende plaatsen de regenten waren afgezet door revolutionaire comités, werden provisionele representanten van het volk benoemd, die hun benoeming bij acclamatie door de burgerij bevestigd zagen. Een half jaar later maakten deze representanten plaats voor een gekozen municipaliteit die de functie had van de huidige gemeenteraad. Voor de taken van de vroegere stadsregering kwamen er comités: een comité van algemeen welzijn in plaats van burgemeesters, een comité van justitie in plaats van schepenen, een comité van financiën in plaats van thesauriers. Een maire verving in sommige steden de schout.
Al bezat de municipaliteit verordenende bevoegdheid en moesten haar besluiten door de comités worden uitgevoerd, van een scherpe scheiding van functies was nog geen sprake.
De Staatsregeling van 1798 met een sterk centralistisch karakter liet aan de gemeenten (verzamelnaam van steden, ambachtsheerlijkheden e.d.) weinig zelfstandigheid. De organisatie van het gemeentebestuur werd beheerst door nationale en departementale reglementen. De Staatsregeling van 1801 liet weer meer aan de gemeenteraad zelf ter regeling over. Een college van wethouders werd veelal belast met de taak van de vroegere burgemeesters, terwijl daarnaast de naam van schout en schepenen terugkeerde voor degenen die belast waren met de rechtspraak.
Krachtens de constitutie voor het Koninkrijk Holland van 1806 kwam er een uniforme regeling voor de gemeentelijke organisatie. Er werd onderscheid gemaakt in gemeenten der eerste klasse en tweede klasse. Die der eerste klasse waren steden boven de 5000 inwoners. Zij kregen een burgemeester, wethouders en een vroedschap die door de ko-

ning werden benoemd. De gemeenten waren onderworpen aan het toezicht van de landdrost die aan het hoofd stond van het departementaal bestuur. Tijdens de inlijving bij Frankrijk stond aan het hoofd van de gemeente een maire, bijgestaan door adjoints. Daarnaast een conseil municipal met beperkte bevoegdheden. Allen werden benoemd door de prefect van het departement namens de keizer. De grondwet van 1814 herstelde het onderscheid tussen steden en plattelandsgemeenten. De stadsbesturen waren tamelijk uniform. Tot 1824 twee of meer burgemeesters, daarna één burgemeester en wethouders benoemd door de koning uit de raad die voor het leven werd gekozen in getrapte verkiezingen door de stemgerechtigde burgers. Deze organisatie bleef in stand tot de gemeentewet van 1851, toen, als uitvloeisel van de grondwet van 1848, het onderscheid tussen steden en plattelandsgemeenten werd opgeheven. In alle gemeenten werd de raad voortaan rechtstreeks gekozen door de ingezetenen (aanvankelijk nog beperkt tot censuskiezers). De koning bleef alleen de burgemeester benoemen, de wethouders werden voortaan gekozen door en uit de gemeenteraad.

4.2.3 Bestuursinrichting ten plattelande vóór 1795

De kleinste rechtsgebieden waarin het huidige Noord-Holland, met name Kennemerland, was verdeeld waren de bannen of ambachten. Zij vormden als het ware de cellen waaruit op bestuurlijk, rechterlijk en waterstaatkundig gebied de organisatie ten plattelande was opgebouwd. Een ambacht kon soms meerdere dorpen omvatten, zoals bijvoorbeeld het ambacht of de banne Schoorl en Kamp en in de Zaanstreek de banne West-Zaan bestaande uit West-Zaandam, Koog aan de Zaan, Zaandijk, Wormerveer en tot 1729 ook Krommenie. Binnen deze ambachten of bannen was de schout gerechtigd om te ‘bannen’ volgens het Kennemer landrecht. Dit landrecht gold niet alleen binnen Kennemerland, maar werd ook van toepassing verklaard op de dorpen buiten dit gebied: aangeduid als Kennemergevolgh. Hiertoe behoorden Wieringen, Texel en de dorpen in West-Friesland, de Zaanstreek en Waterland, met andere woorden vrijwel het hele Noorderkwartier. Oorspronkelijk droeg de organisatie in deze ambachten nog sporen van de oud-Friese rechtsgewoonten, waarbij de asing of oordeelvinder samen met de buren rechtsprak, zoals we nog zullen zien. Buren waren allen die in het dorp een erf hadden, grondbezitters en -gebruikers dus. In de rechtspraak verdwijnen asing en buren aan het eind van de 13e eeuw: schepenen gaan hen voortaan vertegenwoordigen. Op bestuurlijk gebied worden de buren vanaf de 14e eeuw veelal vervangen door ambachtsbewaarders, ook wel aangeduid als waarslieden of waarschappen, meestal buiten de buren om benoemd. Toch hebben de buren nog lang enig aandeel in het administratieve bestuur behouden, want bij belangrijke zaken werden ze nog veel betrokken. Nog in 1661 kwamen bijvoorbeeld te Akersloot ordonnanties en keuren tot stand, vastgesteld door schout en schepenen 'ten overstaan van de bueren, daerover wettelijkcken geroepen'. In sommige Kennemer dorpen vormden de 'welgeborenen' in bestuurlijk belangrijke zaken samen met de schout en schepenen de 'magistraat.' In Velsen bijvoorbeeld werden nog in de 18e eeuw de 'welboren mannen' tegelijk met de schepenen en andere functionarissen van Pasen tot Pasen benoemd door de 'Raden en meesters van Reeckeningen der domeynen van de Staten van Holland en Westfriesland.' In de grote ambachten zoals Oostzaan en Westzaan waren de functies van schout, ambachtsbewaarders, schepenen en vroedschappen te vergelijken met die van de steden nl. schout, burgemeesters, schepenen en vroedschappen.

In Noord-Holland treffen we verschillende soorten rechtsgebieden aan:
a. schoutambachten;
b. ambachtsheerlijkheden;
c. hoge of vrije heerlijkheden.
Ad a.
Verbleef het ambacht 'in 's graven boezem', d.w.z. was het ambacht door de graaf niet in leen uitgegeven, dan oefende een schout, benoemd door de graaf, daar het bestuur en de lage rechtspraak uit.
Ad b.
Gaf de graaf een ambacht in erfleen uit, dan kwam daardoor als het ware een stuk overheidsgezag in particuliere handen. Het ambacht werd een ambachtsheerlijkheid en de bezitter daarvan een ambachtsheer. Hij bezat het bestuur en de lage rechtspraak. Deze functies oefende hij niet zelf uit, maar benoemde daartoe op zijn beurt een schout en verder allerlei functionarissen zoals schepenen, secretaris, bode en bekleders van kleine ambten als schoolmeester, koster, kerkmeester, weesmeester enz. Verder genoot de heer een aandeel in de boeten en oefende veelal verschillende rechten en bevoegdheden uit zoals het recht van jacht, visserij, wind, veer en tol en andere heerlij-

ke rechten. Ook had hij vaak het collatierecht, d.w.z. het recht een pastoor, na de Reformatie een predikant, aan te stellen. Tenslotte had hij, eventueel met de regenten (schout, schepenen, vroedschappen of de invloedrijke, gegoede lieden), het recht om verordeningen te maken (het zgn. keurrecht) en op overtreding van deze keuren straffen te stellen. Echter met dien verstande dat deze keuren niet in strijd mochten zijn met de wetgeving van de Staten. Stierf zijn geslacht uit dan keerde het ambacht ook weer in 's graven boezem terug. Wel was het mogelijk om ambachtsheerlijkheden te verkopen, zij het met toestemming van de graaf, later van de Staten.
Ad c.
Het kenmerk van de hoge of vrije heerlijkheid was, dat de leenman naast de lage ook de hoge jurisdictie bezat en naast schout en schepenen tevens een baljuw en mannen, belast met de hoge of criminele jurisdictie kon aanstellen. Ook deze heerlijkheden konden bij gebrek aan erfgenamen weer in 's graven boezem terugvallen.
Vanaf 1580 hebben de Staten veel domeingoederen verkocht zoals tienden, huizen en heerlijkheden. Bij resolutie van de Staten van 19 december 1721 werd tot een grote uitverkoop besloten. De transacties vonden dan ook plaats in de periode 1722-1740. Deze heerlijkheden werden niet alleen aangekocht door adellijke geslachten en regentenfamilies. Ook steden hebben naburige heerlijkheden verworven. In dat geval benoemden de stedelijke besturen een zgn. 'sterfman'.

Gold dit voor het grootste deel van Noord-Holland, het platteland van West-Friesland ontwikkelde zich anders. Verschillende dorpen werden onder één stadsrecht gebracht, zoals Stede Broeck (Grootebroek en Bovenkarspel 1364), Stede Westwoud (Westwoud, Ooster-en Westerblokker, 1414). Niet alle steden groeiden uit tot een stemhebbende stad, zoals de twee dorpen Enkhuizen en Gommerskerspel, die in 1355 tot één stad Enkhuizen werden. Ook kwam het voor, dat een of meer bannen onder het stadsrecht van een bestaande stad werden gesteld. In dat laatste geval zien we dat de bannen dan één of meer schepenen naar de schepenbanken en afgevaardigden naar de raden stuurden. Ook zien we dat de bannen dan een eigen bestuur behielden, gevormd door vredemakers. Deze konden kleine geschillen beslissen, maar namen ook het bestuur van de banne waar. De rechtspraak viel echter toe aan de betreffende stad. Deze structuur zien we bijvoorbeeld in de dorpen van de Zeevang waar de rechtspraak bij Edam berustte.

Principieel verschil met de stemhebbende steden is, dat het platteland geen afgevaardigden zond naar de Staten. De Ridderschap werd geacht het hele platteland daar te vertegenwoordigen met inbegrip dus van de niet-stemhebbende steden.
De werkzaamheden van de ambachtsbesturen weerspiegelen zich in hun archieven. Hun taak was in hoofdzaak drieledig: het bestuur in engere zin, de rechtspraak en de waterstaat. Deze taken gingen later over op afzonderlijke organen, zoals we verderop zullen zien.

4.2.4 Bestuursinrichting ten plattelande na 1795

De emancipatie van het platteland is een van de gevolgen van de Bataafse omwenteling van 1795. Onder de leuze van vrijheid, gelijkheid en broederschap werden in dat eerste jaar van de Bataafse Republiek overal plaatselijke verkiezingen gehouden. In feite veranderde er echter weinig op het platteland. De vertegenwoordigers van het afgedankte stadhouderlijk gezag werden vervangen door een nieuwe schout en nieuwe schepenen. Wel probeerde men vanaf die tijd scheiding tussen bestuur, wetgeving en rechtspraak aan te brengen. Ook streefde men naar afschaffing van de heerlijke rechten, hetgeen werd vastgelegd in de Staatsregeling van 1798. Volgens deze Staatsregeling werden ook de ambachten zelfstandige gemeenten, die hun eigen bestuur kozen en hun vertegenwoordigers in het provinciaal en in het landsbestuur. Deze sterk centraliserende staatsregeling sprak voor het eerst van stadsgemeenten en landgemeenten, opvolgers dus van de steden en ambachten/ambachtsheerlijkheden. Reorganisaties van het staatsbestel volgden elkaar snel op. Uiteraard had dit zijn invloed op de bestuursorganisatie ten plattelande.
Een gevolg van de inlijving bij Frankrijk in juli 1810 was dat door het in werking treden van de Franse wetboeken in ons land uniformiteit van rechtsbedeling ontstond in plaats van de uiteenlopende gewestelijke en stedelijke rechtsbepalingen. De gemeentebesturen hielden per 1 maart 1811 op een rechtsprekend college te zijn. Een ander gevolg van de inlijving was dat de naam schout vervangen werd door maire. Na herstel van de onafhankelijkheid in 1813 werd op aanschrijving van de commissaris-generaal begin 1814 de titulatuur van maire veranderd in die van burgemeester.
De grondwet van 1814 kende ook stedelijke en plattelandsgemeenten. Voor beide zouden afzonderlijke bestuursreglementen worden uitgevaardigd. De organisatie van het bestuur ten plattelande kreeg gestal-

te bij besluit van de koning van 19 februari 1817. Krachtens dit besluit keerde de schout (benoemd door de koning), die tevens secretaris en ontvanger was, terug, bijgestaan door een raad (periodiek aftredend, benoemd door Provinciale Staten uit de aanzienlijken) en twee assessoren, gekozen uit de raad en gecommitteerd door Provinciale Staten. Het besluit van 1817 werd weer vervangen door het reglement van 23 juli 1825: de eeuwenoude betiteling van schout werd binnen het gemeentelijk bestel afgeschaft om definitief plaats te maken voor die van burgemeester, die evenals in 1817 voor het dagelijks bestuur bijstand verkreeg van twee assessoren.

De heerlijke rechten werden in 1814 gedeeltelijk hersteld: de ambachtsheren kregen jacht-, vis- en dergelijke rechten terug, maar van heerlijkheid in de zin van bestuursgezag in particuliere handen bleef slechts een recht van voordracht voor bepaalde ambten en van benoeming in kleinere bedieningen over. De grondwetswijziging van 1848 schreef niet alleen een gemeentewet voor, maar schafte de heerlijke rechten van voordracht en benoeming definitief af. Thans herinneren ons de namen die door de verschillende geslachten aan hun familienaam zijn toegevoegd nog aan de vroegere heerlijkheden.

De gemeentewet van 1851 deed het onderscheid tussen stedelijke en plattelandsgemeenten verdwijnen. In alle gemeenten wordt de raad, het hoofd van de gemeente, voortaan rechtstreeks door de ingezetenen (voorlopig censuskiezers) gekozen. De benoeming van de burgemeester blijft bij de koning. De assessoren op het platteland worden wethouders.

Literatuur: K. Blauw, Historisch overzicht van de gemeentelijke indeling in Noordholland, in: Rapport der provinciale commissie ter bestudering van de gemeentelijke indeling in Noordholland, 1e deel, 1949, 153–321; H.P.H. Camps, De stadsrechten van graaf Willem II van Holland en hun verhouding tot het recht van 's-Hertogenbosch (Utrecht 1948); J.K. de Cock, Bijdrage tot de historische geografie van Kennemerland in de Middeleeuwen op fysisch-geografische grondslag (Groningen 1965); A. van Damme, Verkochte domeinen en ambachtsheerlijkheden in Holland en West-Friesland, 1580-1807 (1904); E.A.M. Eibrink Jansen, De opkomst van de vroedschap in enkele Hollandse steden (Haarlem 1927); S.J. Fockema Andreae, De Nederlandse staat onder de Republiek (Amsterdam 1969); R. Fruin, Geschiedenis der staatsinstellingen in Nederland tot de val der Republiek, uitg. door H.T. Colenbrander ('s-Gravenhage 1922); I.H. Gosses, Welgeboren en huislieden. Onderzoekingen over standen en staat in het graafschap Holland ('s-Gravenhage 1926); G. van Herwijnen, Bibliografie van de stedengeschiedenis van Nederland (Leiden 1978); F.C.J. Ketelaar, Oude zakelijke rechten, vroeger, nu en in de toekomst (Zwolle 1978); M.J.A.V. Kocken, Van stads- en plattelandsbestuur naar gemeentebestuur ('s-Gravenhage 1973); M.S. Pols, Westfriesche stadsrechten ('s-Gravenhage 1888) (OVR I,7); J. van Venetien, Hart van Kennemerland

(IJmuiden 1968); A.M. van der Woude, Het Noorderkwartier. Een regionaal-historisch onderzoek in de demografische en economische geschiedenis van westelijk Nederland van de late Middeleeuwen tot het begin van de negentiende eeuw (Wageningen 1972).

4.3 Rechterlijke instellingen

4.3.1 Vóór 1795

1. Gewestelijke gerechten

Als voortzetting van de landsheerlijke regeringsraad is in 1428 het Hof van Holland en Zeeland als een permanent college ingesteld. Het had zijn zetel in 's-Gravenhage. Allengs is de bestuurlijke taak van dit hof ingekrompen en werd het tot een zuiver rechterlijk college, dat o.m. in beroep rechtsprak in zaken van de lagere gerechten en tot 1519, van 1577-1660 en sedert 1674 tevens als leenhof fungeerde. In 1582 is als vervanging van de Grote Raad van Mechelen de tevens te 's-Gravenhage zetelende Hoge Raad ingesteld als hoogste appelcollege, waarvan het ressort beperkt bleef tot Holland en Zeeland.
Bewaarplaats: De archieven van de Hoge Raad, het Hof van Holland, Zeeland en West-Friesland berusten in het Algemeen Rijksarchief te 's-Gravenhage.

2. Regionale en plaatselijke gerechten

In het tegenwoordige Noord-Holland werd sedert de 15e en 16e eeuw voornamelijk recht gesproken in baljuw- en schoutengerechten. Het baljuwgerecht was voortgekomen uit het oude gravengerecht. De baljuw was vertegenwoordiger van de landsheer en had binnen zijn gebied aanvankelijk dezelfde bevoegdheden als de laatste over diens territoir. Hiervan bleef niet meer over dan de hoge rechtsmacht, de politie en het maken van keuren. Hij presideerde het rechterlijk college van leenmannen of schepenen, doch had zelf geen deel aan de vaststelling van het vonnis. Aan het rechtsgebied van de baljuw waren de steden en hoge heerlijkheden onttrokken. Deze hadden hun eigen rechtsgebied. In de hoge heerlijkheden stelde de heer zelf een baljuw aan.
De baljuwschappen waren verdeeld in schoutambachten of bannen, waar de schout, die evenals de baljuw alleen het rechterlijk college presideerde, met schepenen de lage of civiele jurisdictie uitoefende. Aanvankelijk werd in de schoutengerechten recht gesproken door

asing (asega) en geburen, waarbij de asing als oordeelvinder optrad. Aan het eind van de 13e eeuw (in Amstelland pas in 1388) zijn asing en geburen vervangen door schepenen.
Naast de civiele jurisdictie waren de lagere gerechten tevens belast met de voluntaire jurisdictie, zoals overdracht van onroerend goed, vestiging van hypotheken e.d. De schout fungeerde ook als officier van justitie. In vele ambachten was het schoutambt erfelijk aan zgn. ambachtsheren toegekend, die dit ambt weer verpachtten of verpandden (zie 4.2.3).
Van de vonnissen van de lage gerechten was beroep mogelijk bij de baljuwgerechten en vervolgens op het Hof van Holland. Ook kon men van de vonnissen van de lage gerechten direct in beroep gaan bij het Hof, wat in later tijd steeds meer gebruik werd.
In de 13e eeuw, in West-Friesland in de 15e eeuw, werd aan vele plaatsen, soms ook aan plattelandsdistricten, stadsrecht verleend waardoor zij binnen hun territoir eigen rechtspraak hadden, meestal zowel in criminele (lijfstraffelijke), als civiele (boetstraffelijke en burgerlijke) zaken, met een college van schout en schepenen. Naast deze rechtskringen ontstonden er in de 13e en 14e eeuw ook waterschappen of heemraadschappen met andere grenzen, die op het terrein van de waterstaat tevens met rechtspraak waren belast en keurrecht hadden (zie 4.5).

Noord-Holland kan men verdelen in de volgende landstreken: Kennemerland, West-Friesland, Waterland, Amstelland en Gooiland alsmede diverse eilanden; iedere streek had een eigen karakter.

Kennemerland was een hoog-baljuwschap, waar de baljuw een college van zeven leenmannen presideerde. In dit gebied, waar steeds hoge rechtspraak werd uitgeoefend door baljuw en leenmannen, liggen diverse baljuwschappen, die aanvankelijk hoge heerlijkheden waren doch later aan de grafelijkheid zijn teruggevallen, te weten de baljuwschappen van Brederode, Blois, de Egmonden. Daarnaast bestonden er hoge heerlijkheden, die in leen waren uitgegeven, nl. Assendelft, Bakkum, Wimmenum, Bergen, Petten en Callantsoog, waar baljuw en mannen door de heer werden aangewezen. Verder is er nog het ten dele in Kennemerland gelegen baljuwschap van de Nieuwburgen waar het Kennemer landrecht ook voor het buiten Kennemerland gelegen gebied gold.
De lage rechtspraak werd in de diverse bannen uitgeoefend door

schout en schepenen. Ten aanzien van onroerend goed waren uitsluitend de schoutengerechten bevoegd. Er bestond te dien aanzien berechting door het zgn. zeventuig, waarbij zeven naastgelanden werden aangewezen om te beslissen; bij verschil van mening volgde bevestiging bij schepenvonnis.
Tenslotte waren er nog jachtgerechten in Brederode, Bergen en Wimmenum, waar houtvester en meesterknapen in zaken betreffende de jacht rechtspraken. Alleen van de gerechten van Brederode en Bergen is archief aanwezig.

West-Friesland bestond aanvankelijk uit twee baljuwschappen, het Ooster- en het Westerbaljuwschap. Het Westerbaljuwschap was onder de baljuw van Kennemerland gesteld, de rechtspraak werd door Kennemer mannen verricht. In het Westerbaljuwschap, waar geen welgeboren mannen waren heeft men leenmannen gecreëerd. Nadat in de 13e en 14e eeuw aan Medemblik, Hoorn en Enkhuizen stadsrecht was verleend, zijn in het begin van de 15e eeuw deze baljuwschappen opgeheven. Enkele delen van het platteland werden bij voormelde steden ingelijfd, het overige gebied werd in schoutambachten verdeeld, met de belangrijkste daarin gelegen plaats als middelpunt. Aan deze schoutambachten werd stadsrecht verleend. Naast voormelde steden bestond het platteland van West-Friesland uit plattelandssteden met stadsrecht en eigen schout-civiel en -crimineel, ambachten onder jurisdictie van voormelde grote steden en enige hoge heerlijkheden met eigen gerechten. Ook hier kende men ten aanzien van onroerend goed de procedure van het zeventuig.

Waterland was oudtijds een heerlijkheid, die in de 13e eeuw aan de grafelijkheid is gekomen. Waterland in ruime zin omvat de Zeevang, het baljuwschap Waterland, de hoge heerlijkheden van Purmerend en Ilpendam en de Grote Waterlandse Meren: de Beemster, de Purmer en de Wormer. Evenals in West-Friesland ontbrak het ook hier aan welgeboren mannen, zodat de baljuw met schepenen rechtsprak. De Zeevang was tot 1414 een baljuwschap. Sedertdien viel dit hele gebied onder het hoge rechtsgebied van de stad Edam. Het baljuwschap Waterland bestond uit zes hoofddorpen, die één gemene hoge vierschaar hadden van een baljuw met 24 schepenen. In ieder hoofddorp was een civiele rechtbank van schout en vier schepenen; de ambachtsheerlijkheid van deze hoofddorpen is in 1731 door de respectievelijke regenten gekocht. De vrije heerlijkheid van Purmerland en Ilpendam had een eigen baljuw, schout en schepenen. De Beemster had een eigen baljuw met zeven heemraden, alsmede een lage bank van schout en schepenen; zowel het baljuw- als het schoutengerecht hielden zitting in Purmerend. Het rechtsgebied van de Purmer viel ten dele onder Edam, Purmerend, Monnickendam, ten dele onder de hoge heerlijkheid van Purmerland en Ilpendam. De Wormer tenslotte had een eigen hoge vierschaar van baljuw, zeven schepenen en een civiele bank, beide zittinghoudend in Purmerend.

Amstelland was aanvankelijk een leen van de bisschop van Utrecht en is in het begin van de 14e eeuw aan de graaf van Holland gekomen. De baljuw van Amstelland oefende in ieder ambacht met schepenen uit het betreffende ambacht de hoge rechtspraak uit. De civiele rechtspraak was bij schout en schepenen van ieder ambacht. Amstelland bestond uit de ambachten Ouderkerk of Ouder-Amstel, Amstelveen of Nieuwer-Amstel, Diemen, Waverveen, dat wat de criminele rechtspraak betreft onder schepenen van Ouderkerk viel, en de Watergraafsmeer, waar na de bedijking vanaf 1651 een aparte baljuw kwam, die met heemraden-schepenen de hoge rechtspraak uitoefende. De stad Amsterdam bezat sedert 1529 de ambachtsheerlijkheid van Amstelveen en kocht in 1731 die van Ouderkerk en Diemen.

Gooiland. In dit gebied zijn Muiden met zijn rechtsban, Naarden met het baljuwschap Gooiland, Weesp met Weesperkarspel en Hoog-Bijlmer ieder als een afzonderlijk rechtsgebied aan te merken. De stad Muiden had een door de Staten aangestelde drossaard, die rechtsprak met vijf schepenen en tevens baljuw was van Gooiland, als hoedanig hij met schepenen van Naarden rechtsprak. Onder Gooiland behoorden de stad Naarden en de dorpen Huizen, Blaricum, Laren, Hilversum, 's-Graveland, Bussum en Muiderberg. De civiele rechtspraak was bij schout en schepenen van de dorpen. In Naarden was de criminele rechtspraak bij de baljuw van Gooiland met zeven schepenen van de stad. De schout van Naarden was tevens schout over de voormelde dorpen. In Weesp functioneerde de drossaard van Muiden als hoofdofficier bij de criminele rechtspraak met schepenen. De schout van Weesp was tevens stedehouder van de hoofdofficier. In Weesperkarspel had de hoofdofficier van Weesp met schepenen de criminele jurisdictie. Er waren twee civiele rechtbanken, die van Hoog-Bijlmer en die van Overvecht, het Gein en de Gaasp. De Bijlmermeer was een apart baljuwschap, waar de baljuw-dijkgraaf met heemraden-schepenen zowel de hoge als de lage jurisdictie uitoefende.

De eilanden. Tenslotte waren er nog de Hollandse eilanden Texel, Wieringen en Marken en de vroeger ook tot Holland behorende eilanden Vlieland, Terschelling, Urk en Schokland, benevens het baljuwschap van Den Helder en Huisduinen, dat aanvankelijk een eiland was en als hoge heerlijkheid aan de graven van Egmond heeft toebehoord, maar later door naasting weer onder de graven van Holland, 'in 's graven boezem', is gekomen.
Texel, sedert 1630 verbonden met Eierland, had een schout, die met een college van schepenen zowel de hoge als de lage jurisdictie had. Aanvankelijk was hier een baljuw, maar daar Texel in 1415 stadsrecht was verleend, kwam er een schoutengerecht met hoge en lage rechtsmacht. Wieringen had een schout, door ingezetenen baljuw genoemd, die met veertien schepenen de hoge rechtspraak had. Daarnaast waren er twee civiele rechtbanken, waar dezelfde schout met zeven schepenen rechtsprak.
Het eiland Marken had een baljuw en een schout en drie schepenen. De baljuw was tevens dijkgraaf en oefende als zodanig met drie heemraden het dijkrecht uit.
Het baljuwschap van Den Helder en Huisduinen tenslotte had een baljuw, die tevens schout was en met zeven schepenen zowel de criminele als civiele rechtspraak had.
Bewaarplaats: Een deel van de oud-rechterlijke archieven bevindt zich bij de gemeentelijke Archiefdiensten in Alkmaar, Amsterdam, Haarlem en Velsen, de Archiefdienst Westfriese Gemeenten te Hoorn en het Streekarchief Waterland te Purmerend. De oud-rechterlijke archieven van de gemeenten zonder archivaris berusten in het Rijksarchief te Haarlem.

3. Gerechten in de steden vóór 1795

Verlening van stadsrecht betekende o.m. dat een plaats voortaan over eigen organen van bestuur en rechtspraak kon beschikken. De stad vormde binnen het gebied van de grafelijkheid een immuniteit, waar de grafelijke ambtenaren geen bevoegdheid hadden.
Bestuur en rechtspraak waren oorspronkelijk niet gescheiden, beide waren in handen van schout en schepenen.
De schout werd door de graaf, of waar het een heerlijkheid betrof, door de heer benoemd. Hij vertegenwoordigde diens gezag tegenover de burgerij en trad op als voorzitter van het gerecht, openbaar mi-

nisterie en commissaris van politie tegelijk. Verkeerde de landsheer in geldnood, dan kon het voorkomen dat het schoutambt tijdelijk werd verpacht of in leen gegeven. In de middeleeuwen hebben de steden het echter nooit zelf in handen gekregen. Wel werd veelal bereikt dat de schout uit de poorters benoemd moest worden. In Amsterdam werd sinds 1564 de schout door de vroedschap benoemd.
De schepenen werden gekozen uit de burgerij, later de vroedschap, hetzij door de landsheer zelf (zoals in Haarlem), hetzij door de schout (zoals in Alkmaar en Hoorn). Hoewel hun aantal aanvankelijk van plaats tot plaats verschilde, werd het tenslotte vrijwel overal bepaald op zeven, in Amsterdam echter op negen.
Zij waren het die gestalte gaven aan het eigen stedelijke recht, rechtscheppers zowel bij rechtspraak in een concreet geval als bij vaststelling van regels in abstracto: de keuren.
Nadat in de 14e eeuw door het verschijnen van burgemeesters in het stadsbestuur verschillende administratieve taken zoals de zorg voor de financiën en stedelijke eigendommen aan schout en schepenen waren onttrokken, bleef aan hen als zelfstandige taak alleen de rechtspraak over. In die hoedanigheid droegen zij de naam vierschaar. Waar schout en schepenen met de burgemeesters gezamenlijk optraden sprak men van gerecht. Met name in zaken tegen poorters werden ook de burgemeesters bij de rechtspleging betrokken, terwijl zij optraden als vrederechters en ook het recht bezaten om te verbannen. Anderzijds bleven schout en schepenen een aandeel in de stadsregering houden bij de vaststelling van verordeningen.
Na de opkomst van de vroedschappen, sinds het einde van de 14e eeuw, wisten deze zich op de benoeming van schepenen invloed te verwerven. In Beverwijk werden schepenen gekozen door kiesmannen die door burgemeesters waren benoemd. Vaak bleef sinds de Bourgondische tijd de invloed van de vroedschap echter beperkt tot het voordragen van dubbeltallen, waaruit de landsheer of zijn stadhouder een keuze maakte. Ook tijdens de Republiek bleef deze benoeming in handen van de stadhouder. Tijdens diens afwezigheid nam het Hof van Holland deze taak voor hem waar. Nu was ook de keuze van de schout gebonden aan een nominatie van drie personen, op te stellen door de vroedschap. In stadhouderloze tijdperken ging de schoutsbenoeming over op de Staten, terwijl de stedelijke regeringen verlof kregen zelf hun schepenen te kiezen.
De competentie van de stedelijke schepenbanken omvatte zowel hoge als lage jurisdictie, hetgeen inhield dat zij ook halsmisdrijven konden

berechten. Hoewel over de wijze van procederen de middeleeuwse privileges en keuren wel enige bepalingen bevatten, werd de materie pas in de 16e eeuw uitvoerig geregeld. Voor een deel was dat te danken aan het unificatie- en centralisatiestreven van de Habsburgse landsheren. In juli 1570 werden voor de rechtspraak in criminele zaken enkele ordonnanties voor alle Nederlandse gewesten uitgevaardigd en hoewel de werking daarvan door de Pacificatie van Gent voor onbepaalde tijd werd opgeschort, hebben zij later, waarschijnlijk bij gebrek aan iets beters, ook in Holland toepassing gevonden. Dit verklaart ook waarom latere stedelijke ordonnanties wel uitvoerig de procesgang in civiele zaken, maar slechts zeer summier die in criminele zaken regelen. Verder zijn er op 1 april 1580 door de Staten van Holland twee ordonnanties op het stuk van de justitie vastgesteld.
Overigens bestond er geen onderscheid tussen burgerlijke en strafzaken zoals wij dat kennen. Zowel voor burgerlijke geschillen tussen particulieren onderling, als bij kleinere delicten, waarbij de schout als eiser optrad, bestond dezelfde zgn. civiele procedure, waarbij men uitging van de gelijkwaardigheid van partijen. Anders was het bij de zwaardere strafzaken die in een inquisitoire procedure werden berecht, waarbij de verdachte voorwerp van onderzoek was en verstoken van rechtsbijstand. Omdat de bewijsvoering vaak gebrekkig was, probeerde men steeds een bekentenis te verkrijgen, desnoods door de pijnbank. Kwam die er niet, dan kon een civiele procedure volgen.
Van civiele vonnissen kon men in beroep gaan bij het Hof van Holland, van criminele vonnissen op confessie gewezen echter niet. Voor stedelijke rechtbanken die erg op hun autonomie gesteld waren was dit tijdens de Republiek reden om veelvuldig van de pijnbank gebruik te maken, daar zij controle op hun vonnissen zoveel mogelijk wilden tegengaan. Voor de tenuitvoerlegging van dood- en lijfstraffen moest de beul van Haarlem overkomen, die deze functie in heel Holland uitoefende.

De buitenrechtelijke werkzaamheden van de schepenen omvatten meer dan die van de huidige rechterlijke instanties. Zo moesten overdrachten van onroerend goed geschieden voor het gerecht, doorgaans vertegenwoordigd door schepenen. Hetzelfde gold tijdens de Republiek voor het sluiten van huwelijken door niet-gereformeerden.

Op den duur werden verschillende zaken niet meer door de voltallige vierschaar, maar door commissarissen uit hun midden behandeld. Zo kende men commissarissen voor kleine zaken, voor huwelijkszaken en voor insolvente en desolate boedels. De benoeming van voogden en

het toezicht op het door hen gevoerde beheer werd vaak in handen gegeven van weeskamers.
Opgemerkt moet worden dat binnen een stad een niet onbelangrijk stuk rechtspraak in handen was van de gilden, die niet alleen bevoegdheid hadden over eigen leden, maar ook over anderen die in de uitoefening van een bedrijf de gildekeuren overtraden.
Het rechtsgebied van de vierschaar strekte zich in het algemeen niet verder uit dan de stadsvrijheid. Tijdens de Republiek fungeerden echter een aantal stedelijke schepenbanken tevens als 'commissarissen ter judicature van gemenelandsmiddelen' een belastingkamer waarvan het ressort zich veel verder uitstrekte dan de stadsgrens. Vanaf 1749 wees de stadhouder bij de benoeming van de schepenen tevens degenen aan die belast waren met deze gewestelijke belastingrechtspraak.
Bewaarplaats: zie onder 4.3.1.2.

4.3.2 1795-1811

1. Gewestelijke gerechten

De Hoge Raad ging in 1795 teniet. Op grond van de Staatsregeling van 1801 is in 1802 een Nationaal Gerechtshof ingesteld, dat onder meer als beroepsinstantie voor alle gewestelijke hoven fungeerde van zaken in eerste aanleg door de gewestelijke hoven gewezen. Bij deze staatsregeling werden de provinciale hoven gehandhaafd, voor Holland nu onder de benaming 'Hof van Justitie van Holland.'
Bewaarplaats: De archieven van het Nationaal Gerechtshof en van het Hof van Justitie van Holland berusten in het Algemeen Rijksarchief te 's-Gravenhage.

2. Regionale en plaatselijke gerechten

Zowel in de steden als op het platteland werden de schepenbanken vervangen door comités van rechtsoefening of van justitie, waarvan de leden door de burgerij werden gekozen op grond van de publikatie van Provisionele Representanten van het Volk van Holland van 6 maart 1795. Op vele plaatsen waren overigens de vroegere magistraten al reeds eerder door anderen vervangen. Ook de schouten werden aanvankelijk door de burgerij gekozen zij het onder goedkeuring van de Provisionele Representanten en later van het Provinciaal Bestuur.
De werkzaamheden bleven aanvankelijk nog hetzelfde, hoewel in Haarlem bijvoorbeeld de taak van het comité van justitie alleen tot de

rechtspraak werd beperkt.
Na de staatsgreep van 1798 werden de rechtsprekende organen overal definitief van de bestuurscolleges gescheiden, terwijl het benoemingsrecht in handen werd gegeven van de nationale overheid. Voortaan werd rechtgesproken in naam van het Bataafse Volk. Op grond van de minder unitarische staatsregeling van 1801 werd de regeling van de rechterlijke organisatie weer een gewestelijke aangelegenheid. De inrichting van rechtbanken in de steden geschiedde op grond van reglementen die door de stadsbesturen zelf waren ontworpen en goedgekeurd werden door het Departementaal Bestuur. Deze reglementen kwamen in de loop van het jaar 1803 tot stand. De benoemingen geschiedden door het Departementaal Bestuur op gezamenlijke voordracht van rechterlijke colleges en gemeentebesturen. In 1805 werd de benoeming van publieke aanklagers opgedragen aan de raadpensionaris, welk recht in 1806 toekwam aan de koning, die ook de benoeming van de leden van de rechtbanken aan zich trok. De jurisdictie van de schepenbanken bleef tot 1811 als vanouds.

Bewaarplaats: zie 4.3.1.2.

Literatuur: Behalve de onder 4.2.4 genoemde: A.S. de Blécourt en E.M. Meijers, Memorialen van het Hof (den Raad) van Holland, Zeeland en West-Friesland van den secretaris Jan Rosa (Haarlem 1929); S.J. Fockema Andreae, Bijdragen tot de Nederlandsche rechtsgeschiedenis, 4 (Haarlem 1900); R. Fruin, Overzicht van de rechterlijke organisatie in Noord-Nederland vóór 1795, in: Verslagen en Mededeelingen van de Vereeniging tot uitgaaf der bronnen van het oud-vaderlandsche recht, VIII/6 (1934) 447-464; A.H. Martens van Sevenhoven, De justitieele colleges in de steden en op het platteland van Holland, 1795-1811 (Utrecht 1912); J.Ph. De Monté Ver Loren en J.E. Spruit, Hoofdlijnen uit de ontwikkeling der rechterlijke organisatie in de Noordelijke Nederlanden tot de Bataafse omwenteling (Deventer 1972); J.V. Rijpperda Wierdsma, Politie en justitie (Zwolle 1937); C.W.D. Vrijland, Gerecht in klein bestek. Het kantongerecht Haarlem en zijn voorgangers (Haarlem 1974).

4.3.3 Rechterlijke organisatie vanaf 1811

In juli 1810 werd het Koninkrijk Holland bij Frankrijk ingelijfd. De Franse rechterlijke organisatie trad hier in werking op 1 maart 1811 bij de installatie van het Keizerlijk Gerechtshof te 's-Gravenhage, dat naast beroepsinstantie tevens alle verdachten van misdaden en wanbedrijven in staat van beschuldiging stelde en verwees naar de competente instantie. Voor cassatie was het Cour de Cassation in Parijs bevoegd.
Het huidige Noord-Holland vormde met de provincie Utrecht het de-

partement van de Zuiderzee met Amsterdam als hoofdplaats. Noord-Holland bestond uit twee, later vier arrondissementen, die weer in kantons waren onderverdeeld. In Amsterdam hield op gezette tijden het Hof van Assisen zitting, soms gevolgd door zittingen van het Cour Spécial, voor de berechting van misdaden. In de hoofdplaatsen van de arrondissementen, Amsterdam, Hoorn, Alkmaar en Haarlem, waren rechtbanken van eerste aanleg gevestigd, die onder de benaming correctionele rechtbanken de wanbedrijven berechtten; in civiele zaken behandelden deze rechtbanken persoonlijke vorderingen en zakelijke en gemengde rechtsvorderingen; in hoger beroep namen zij kennis van vonnissen van vrede- en politiegerechten. In 1812 werden te Amsterdam en te Haarlem nog rechtbanken van koophandel opgericht.

In de kantons waren er vrede- en politiegerechten, respectievelijk ter berechting van civiele zaken en overtredingen. Daarnaast had de vrederechter nog een taak bij zaken buiten zijn competentie, nl. partijen te 'bevredigen', tot een compromis te brengen, in zaken die tot de competentie van de rechtbanken behoorden.

In december 1813 is het Keizerlijk Gerechtshof van naam veranderd: het heette in het vervolg Hooggerechtshof. De cassatie werd afgeschaft behalve voor vonnissen van de hoven van assisen, die in het vervolg voor het Hooggerechtshof kwamen. Ook de cours spécials werden afgeschaft, evenals de juryrechtspraak bij de hoven van assisen.

De Franse rechterlijke organisatie bleef verder bestaan tot oktober 1838. In dat jaar werden de hoven van assisen opgeheven en vervangen door provinciale gerechtshoven. Voor de provincie Holland kwam dit hof in Den Haag, maar voor het noordelijk gedeelte van Holland kwam er te Amsterdam een criminele rechtbank, met in strafzaken dezelfde competentie als de gerechtshoven. Na de vorming van de provincie Noord-Holland werd de Criminele Rechtbank per 1 januari 1842 vervangen door het provinciaal gerechtshof te Amsterdam, met als competentie: in eerste aanleg berechting van alle misdaden en in hoger beroep kennisname van vonnissen van de arrondissementsrechtbanken in strafzaken en civiele zaken.

De rechtbanken van eerste aanleg gingen vanaf 1838 arrondissementsrechtbanken heten, met globaal dezelfde competentie als vóór 1838. Bij de invoering van het Wetboek van Strafrecht in 1886 werd de Franse onderscheiding in misdaden, wanbedrijven en overtredingen vervangen door die in misdrijven en overtredingen. De berechting in eerste aanleg van de misdrijven kwam ter competentie van de rechtbanken. Ook de behandeling van overtredingen ter zake van de belastingen ressorteerde onder de rechtbanken. In plaats van de vrede- en politiegerechten kwamen er vanaf 1838 kantongerechten, met in strafzaken competentie inzake de meeste overtredingen en in civiele zaken inzake persoonlijke rechtsvorderingen tot een beperkt bedrag. In 1877 werden de provinciale gerechtshoven vervangen door een vijftal gerechtshoven, waaronder een te Amsterdam voor de provincies Noord-Holland en Utrecht. In hetzelfde jaar werden de rechtbank te Hoorn en een zestal kantongerechten opgeheven, maar twee nieuwe kantongerechten opgericht. In 1911 werden de vier kantongerechten te Amsterdam samengevoegd, in 1933 nog eens vier kantongerechten opgeheven.

Bewaarplaats: De archieven van de rechtbank van eerste aanleg, de rechtbank van koophandel en de vredegerechten te Amsterdam zijn in bewaring gegeven aan het gemeentearchief van Amsterdam, die van de rechtbank van eerste aanleg en het vredegerecht te Alkmaar aan het gemeentearchief van Alkmaar; de archieven van alle overige rechterlijke instellingen vanaf 1811 berusten in het Rijksarchief in Haarlem.

Literatuur: Behalve de onder 4.3.2 genoemde: Ch.M.G. ten Raa, De oorsprong van de kantonrechter (Deventer 1970); C.W.D. Vrijland, De rechtbank te Haarlem (Haarlem 1969).

4.4 Notariaat

In tegenstelling tot de noordelijke en oostelijke provincies van Nederland, waar notarissen vóór 1811 in het geheel niet of nauwelijks voorkwamen, kende de provincie Holland reeds eeuwenlang een notariaat. De notariële archieven zelf vangen in de grotere steden aan in het midden van de 16e eeuw, in de kleine steden en in dorpen in de 17e eeuw. Het aantal notarissen was per standplaats beperkt. Alvorens zich te kunnen vestigen had de notaris een akte van admissie van het Hof van Holland nodig. Tijdens de Republiek moesten de protocollen van overleden notarissen worden overgebracht naar de secretarie van hun standplaats.

Na de inlijving van Nederland bij het Franse keizerrijk in 1810 werden hier met ingang van het jaar 1811 diverse Franse wetten op het notariaat van kracht, waardoor een uniform gereglementeerde organisatie en structuur ontstond. In 1813/14 en in 1842 werden enkele wijzigingen ingevoerd. Zo werden notarissen voortaan bij Koninklijk Besluit benoemd en is vanaf 1842 voorgeschreven, dat de notarissen de archieven van hun voorganger(s), voor zover ouder dan dertig jaar, moeten overbrengen naar de notariële bewaarplaats verbonden aan de rechtbank van het desbetreffende arrondissement. Vandaar zijn de notariële archieven in de 20e eeuw, voor zover ouder dan 75 jaar, overgebracht naar de rijksarchiefbewaarplaatsen, dan wel door het rijk in bewaring gegeven aan een aantal gemeenten met een eigen archiefdienst.

4.5 Waterschappen

Oorspronkelijk was het dijk- en molenbestuur in Noord-Holland een zaak van ambachten, dorpen en buurschappen. Evenals in de gewone rechtspraak trad bij de schouw (rechtspraak in de open lucht) de schout als rechtsvorderaar op, de asing of oordeelvinder met de buren als vonniswijzers. Wanneer in de 13e eeuw de asing langzaamaan in Noord-Holland begint te verdwijnen uit de rechterlijke sfeer, verdwijnt hij ook uit de waterschapswereld. In de landsheerlijke periode wordt het polderbestuur veelal losgekoppeld van het dijkbestuur: belangrijke dijken krijgen afzonderlijke besturen. De droogmakerijen die sinds de 17e eeuw ontstaan hebben in vele gevallen een eigen bestuurscollege.

4.5.1 Polders op het oude land

In de landsheerlijke periode werd het bestuur over de afwatering in de verschillende rechtsgebieden op het oude land (d.w.z. het land dat bestond, in tegenstelling tot het nieuw gewonnen land in de droogmakerijen) opgedragen aan schout en schepenen van de betreffende ambachten of gerechten. Zo was in elk geval de toestand in Kennemerland en West-Friesland, welke bevestigd werd in een handvest van graaf Willem V van 1347 en later nog herhaald o.a. door Jacoba van Beieren in 1426. Deze schout en schepenen traden qualitate qua op als dijkgraaf en heemraden, want de polders waren juridisch niet zelfstandig. De ingelanden konden geen eigen bestuur voordragen of kiezen, geen keuren maken. Zij hadden dus geen publiekrechtelijke bevoegdheden.
Tot de definitieve scheiding tussen gemeente- en waterschapsbestuur in de tweede helft van de 19e eeuw is het waterschapsbestuur over de polders op het oude land een onderdeel van het takenpakket van dorps- of ambachtsbestuur, later van het gemeentebestuur. Evenals de schout of ambachtsheer de kerkmeesters, armmeesters en

weesmeesters aanstelde, zo benoemde hij ook de poldermeesters en molenmeesters. Zij hielden toezicht op de waterstaatswerken en inden de omslag voor het dorpsbestuur. Zij vormden als het ware de schakel tussen de ingelanden en het dorpsbestuur. Op deze structuur bestonden wel enige uitzonderingen. In die streken nl. waar de grondeigenaren zelf polders hadden gesticht zoals bijvoorbeeld in de Niedorperkogge. Hier was de ligging van het terrein dermate ongunstig dat het onmogelijk was de drie dorpen Oude- en Nieuwe Niedorp en Winkel onder één bemaling te brengen, noch een dorpsgewijze afscheiding tot stand te brengen. Daarom hadden de bewoners zelf kaden en molens gebouwd en molenmeesters aangesteld om deze te beheren, alles zonder tussenkomst van het openbare gezag. Op den duur ontstonden er echter moeilijkheden, omdat men geen sancties kon opleggen aan degenen die hun kaden niet onderhielden. Uiteindelijk is het toezicht op deze polders dan ook door de gerechten overgenomen. Een andere uitzondering vinden we indien grote steden als Hoorn, Enkhuizen en Medemblik die jurisdictie bezaten over de omliggende dorpen. Hoewel normaliter de waterstaatszorg hier een zaak had moeten zijn van genoemde steden, was deze echter opgedragen aan de vredemakers, de vertegenwoordigers van deze dorpen die tevens een overheid ter plaatse vormden. Naast hun bevoegdheid om kleine geschillen te beslechten (vandaar de naam) traden zij op waterstaatkundig gebied in de functie van schepenen in de vrije dorpen. Zij hadden het recht om keuren te maken en schouwden samen met de schout van de stad. Hun vonnis werd door de schout overgenomen. Dit verschijnsel vinden we ook in de dorpen onder de jurisdictie van Edam. Ook op Texel en in Amstelland, Rijnland en het Gooi lag het binnenlands waterstaatsbestuur met inbegrip van de veenpolders bij de schepenen van het ambacht.
In 1795 werden dorps- en polderbesturen in principe gescheiden door de Provisionele Representanten van het Volk van Holland. Men stelde dat ook de ingelanden gerechtigd waren een eigen bestuur te kiezen. Over het algemeen is dit slechts op enkele plaatsen, zoals in de Eilandspolder en in de Zaanstreek verwezenlijkt. Meestal werd het polderbestuur overgenomen door de municipaliteiten, later gemeentebesturen. De gemeentewet van 1851 schreef deze scheiding dwingend voor. Ondanks vaak heftige tegenstand is de scheiding in de loop der tijd uitgevoerd, zij het in verschillende vorm. Daar waar de polders niet binnen hogere waterschappen lagen ontstonden onafhankelijke polders. Waar deze hogere waterschappen wel waren, zoals de vier

ambachten in West-Friesland, het hoogheemraadschap van Waterland enz., werden naast onafhankelijke polders voor de bemaling bannen of polderdistricten ingesteld voor de taak die de gemeenten op waterstaatsgebied nog hadden. Daarom vallen deze bannen bijna altijd samen met het gebied van een gemeente en zijn zij zuiver territoriale indelingen in tegenstelling tot de polders, gebieden binnen één bemaling. Een polder kan dus meerdere bannen of gedeelten van bannen omvatten. Vallen banne en polder samen, wat een enkele maal gebeurde, dan was er sprake van 'de banne en polder...' en was het bannebestuur tevens polderbestuur.
De taak van deze bannen bestond in het onderhoud van een weg, een brug, het schoonhouden van de sloten etc. en het innen van de omslag, zowel voor de bannen zelf als voor het (hoog)heemraadschap, waartoe zij behoorden.
Door concentratie van waterschapstaken zijn deze bannen als afzonderlijke waterschappen in de jaren na de oorlog (tot ca. 1965) bijna alle opgeheven.
In het Rijnlandse deel van de provincie werd na 1811 de bemaling van het oude land aan de polders opgedragen. Wat daarna nog aan taken van de voormalige rechtsgebieden op waterstaatkundig gebied overbleef werd toebedeeld aan de zgn. ambachten. Hoewel dit ambachtsbestuur los van het gemeentebestuur stond, was de burgemeester meestal schout en als zodanig dijkgraaf.
De Staten lieten bij de instelling van de banbesturen na 1851 deze ambachten naar Zuidhollands voorbeeld voortbestaan tot hun opheffing in 1869. Toen werd hun taak aan Rijnland overgedragen dat deze op zijn beurt weer overdroeg aan de betreffende gemeenten.
Amstelland heeft noch ambachten, noch banbesturen gekend na 1851.
De archieven van de polders op het oude land en de kleine droogmakerijen zonder eigen bestuur zijn tot de tweede helft van de 19e eeuw onderdeel van het ambachts-, dorps- of gemeentearchief zoals de archivalia van arm- en kerkmeesters. In de meeste gevallen is een groot deel der polderzaken te vinden in de resolutie- en notulenboeken van de gemeente en op de schepenrol. Pas na de scheiding en de reglementering van de polders is er in deze gevallen sprake van polderarchieven, al heeft men bovengenoemde scheiding niet altijd juist uitgevoerd.

4.5.2 Dijkbesturen

In de landsheerlijke periode ontstond veelal een scheiding tussen dijk- en polderbestuur, doordat de landsheer ten behoeve van een beter toezicht op en onderhoud van de zeedijk afzonderlijke dijkbesturen instelde: het hoogheemraadschap van de Hondsbossche en Duinen tot Petten, het hoogheemraadschap van Waterland en de ambachtsgewijze dijkbesturen in West-Friesland. De landsheer rekende deze dijken tot zijn invloedssfeer als beschermers van zijn territoir. Degene die aanmerkelijke schade aan deze dijken bracht verbeurde in principe zijn lijf en goed.
Op hetzelfde niveau stonden de latere besturen over een belangrijke dam of zeedijk, zoals de Nieuwendam te Monnickendam, de St. Aagtendijk en de Assendelverzeedijk alsook de boezembeherende waterschappen van Uitwaterende Sluizen van Kennemerland en West-Friesland en van Amstelland.
Waar deze besturen niet werden opgericht bleven de gerechten voor hun eigen stuk dijk zorgen zoals bijv. in de Eilandspolder tot 1758, toen ook daar de dijkzorg gemeenschappelijk werd gemaakt. In de loop der tijden heeft het idee om het beheer der zeedijken te centraliseren de overhand gekregen. Dit is vrijwel gerealiseerd door de oprichting van het hoogheemraadschap van Noordhollands Noorderkwartier in 1919, waartoe de watersnood van 1916 een sterke impuls heeft gegeven.
De archieven van de dijkbesturen zijn door deze besturen altijd zelf beheerd. Waar deze dijkbesturen en (hoog)heemraadschappen territoriaal in bannen verdeeld waren hebben zij in de meeste gevallen bij de opheffing van de banbesturen hun archieven overgenomen.

4.5.3 Droogmakerijen

Na de opkomst van de windmolens in de 16e eeuw werden voornamelijk in de 17e eeuw de grote meren van het Noorderkwartier in een hoog tempo drooggelegd. Het octrooi voor de bedijking werd meestal verleend door de Staten van Holland, die ook het bestuur benoemden. Lagen deze meren in ambachtsheerlijkheden, dan werden deze rechten door de ambachtsheer uitgeoefend.
Zoals dorpsbesturen naast bestuurlijke zaken ook de waterstaatkundige zaken in hun rechtsgebied moesten behartigen, voerden ook de besturen van de droogmakerijen vaak algemeen burgerlijke taken uit

in hun gebied zoals het aanstellen van onderwijzers, chirurgijns, vroedvrouw e.d. Deze besturen verkregen vaak ook de rechtspraak in andere dan in dijkzaken, variërend van de voluntaire jurisdictie in de kleine droogmakerijen tot de criminele in de Beemster en de Zijpe. De scheiding tussen gemeente- en waterschapsbestuur werkte ook hier door: burgerlijke taken gingen naar de tot gemeente verheven dorpen over, terwijl dijkgraaf en heemraden het waterschapsbestuur behielden, zoals bijv. de Beemster in 1804, de Wieringerwaard en De Zijpe in 1811.
Bij de grote droogmakerijen liggen de zaken omgekeerd. Deze besturen hadden ook een algemeen burgerlijke en een rechterlijke taak. Na de scheiding zijn de archiefbescheiden met betrekking tot deze taken bij die waterschappen gebleven. De toen ontstane gemeenten hebben van dan af een eigen archief gevormd. Wel zijn de rechterlijke archiefbescheiden, evenals die van gemeenten, in het begin van de 20e eeuw naar het Rijksarchief te Haarlem overgebracht.

Literatuur: A.A. Beekman, Het dijk- en waterschapsrecht in Nederland vóór 1795 ('s-Gravenhage 1905-1907); G. de Vries, Het dijks- en molenbestuur in Holland's Noorderkwartier onder de grafelijke regeering en gedurende de republiek (Amsterdam 1876); G. de Vries, De zeeweringen en waterschappen van Noord-Holland, bewerkt door J.W. Schorer (Haarlem 1894).

4.6 Andere plaatselijke en regionale instellingen

4.6.1 Economische instellingen in de steden vóór 1811

De aantrekkelijkheid van steden als afzetgebied en handelscentrum waardoor werkgelegenheid leek gewaarborgd, heeft vanouds een toeloop van handwerkslieden en kooplui tot gevolg gehad. Een voordeel boven vestiging op het platteland was ook de bescherming die een stad aan haar ingezetenen bood. De concentratie van vakgenoten deed op den duur de wens ontstaan zich te organiseren om zo de gemeenschappelijke belangen beter te kunnen behartigen, welke zich aanvankelijk toespitsten op het onderhoud van het altaar van de patroonheilige in de parochiekerk. Zo ontstonden ambachts- en koopmansgilden. Zij moeten worden onderscheiden van andere verenigingen van poorters die eveneens als gilden waren georganiseerd maar met een ander doel, te weten de broederschap met een religieus karakter en de schutterijen. Wat de ambachtsgilden betreft moet erop worden gewezen, dat er niet steeds voor iedere bedrijfstak een gilde

bestond. Zo waren de goud- en zilversmeden in Haarlem aanvankelijk opgenomen in het St. Lucasgilde van de schilders en verenigde in Amsterdam het St. Cosmas en Damianusgilde klompenmakers en barbiers.
In Holland verschijnen de gilden pas in de loop van de 14e eeuw en deze late opkomst is er mede debet aan geweest dat zij, anders dan met name in Vlaanderen, nooit politieke invloed van betekenis hebben weten te verwerven. Daarvoor was de macht van het stedelijk patriciaat, gesteund door de landsheerlijke overheid, te groot. Omgekeerd hadden de stadsbesturen wel grote invloed op de gilden. Alle keuren werden door het stadsbestuur vastgesteld en de benoeming van de bestuurders, 'de dekens' of 'overlieden', geschiedde, op voordracht van het gilde, ook door het stadsbestuur.
Tot in de 17e eeuw werd de nijverheid in de steden voor een groot deel door de gilden beheerst. Niet alleen kon niemand een ambacht uitoefenen zonder zich bij een gilde aan te sluiten maar ook bestonden er voorschriften over kwaliteit van grondstoffen en produkten, over de werkwijze en omvang van produktie en over de prijzen. Bovendien wisten de steden de ontwikkeling van de nijverheid op het platteland tegen te houden.
Een leerling kwam bij een meester in de kost, maar ontving geen loon. Met het getuigschrift dat na afloop van deze leertijd werd verstrekt kon men als gezel in loondienst. Eerst na de meestersproef, het bewijs dat men zijn ambacht beheerste, mocht men zich zelfstandig vestigen en volwaardig lid van het gilde worden. Men betaalde dan een intredegeld.
Een sociale funktie hadden de gilden door de verzekering die zij de gildebroeders en hun gezinnen boden tegen de gevolgen van ongevallen, ziekten of ouderdom. Sinds de eerste helft van de 16e eeuw bestonden daarvoor de zgn. armenbossen, fondsen bijeengebracht door de leden. Parallel hiermee liepen ook de zgn. knechtsbossen. Deze sociale betekenis bleven de gilden behouden ook toen zij als economisch instituut hun betekenis in de 18e eeuw langzamerhand door allerlei oorzaken verloren.
De druk waaraan het gildesysteem (gildedwang) bloot stond leidde ertoe dat de Staatsregeling van 1798 de opheffing van de gilden voorschreef. Toch duurde het nog tot 1811 voordat de gilden definitief aan hun einde kwamen.

A.J.M. Brouwer Ancher, De gilden ('s-Gravenhage 1895); C.W. Bruinvis, De Alkmaarsche bedrijfs- en ambachtsgilden, hun bestaan, vernietiging en nalatenschap

(Haarlem 1906); I.H. van Eeghen, De gilden, theorie en praktijk (Bussum 1965); E.M.A. Timmer, Knechtsgilde en knechtsbosse in Nederland. Arbeidsverzekering in vroegere tijden (Haarlem 1913); C. Wiskerke, De afschaffing der gilden in Nederland, in: Bijdragen voor de economische geschiedenis o.l.v. prof. dr. Z.W. Sneller (Amsterdam 1938).

4.6.2 De erfgooiers

Op 29 juni 968 bekrachtigde keizer Otto I de schenking door graaf Wichman van Nardincklant, een groot gedeelte van het Gooi, aan het nonnenklooster te Elten. In 1280 werd dit gebied door het klooster in eeuwigdurende erfpacht uitgegeven aan Floris V. Wel behield het klooster het aanstellingsrecht van de erfmaarschalk, een beambte welke in erfgooierszaken rechtsprak en de koptienden voor het klooster inde. Het ambt werd in 1795 opgeheven.
Bezaten de Gooiers rond 1300 enkele rechten op de grond, toen zij eigener beweging hun gronden wilden verkopen, bepaalde de graaf in 1380 dat deze ongedeeld moesten blijven. Verkoop mocht alleen met wederzijds goedvinden van beide partijen. Voor het gebruik van de grond, de hoeveelheid te weiden vee, het toezicht daarop en de te volgen procedures bij meningsverschillen werden regels opgesteld in de zgn. schaarbrieven. In de derde schaarbrief (1445) werd bepaald wie gerechtigd waren tot deze gemene gronden. Vanaf dat moment bestaat dus eigenlijk het begrip ‘erfgooier’, een term welke pas in 1702 in de bronnen opduikt. Een erfgooier is dan iemand die via de mannelijke lijn uit een Gooise familie stamt, in het Gooi geboren is en de gemene grond mag gebruiken zodra hij een eigen boerenbedrijf uitoefent. In dat laatste geval is hij scharend, in tegenstelling tot de niet-scharenden die geen eigen boerenbedrijf uitoefenen.
Bij gelegenheid van een proces in de 18e eeuw werd een lijst van gerechtigden opgesteld, die tot het einde toe als grondslag voor het lidmaatschap van Stad en Lande heeft gegolden.
Volgens een uitspraak van de Grote Raad van Mechelen (1474) in een van de vele processen omtrent de bevoegdheid naar eigen dunk over de grond te beslissen, gaat het hier om een grondheerlijke marke, waarvan de graaf, de heer, bloot-eigenaar is en de erfgooiers de gezamenlijke gerechtigden tot gebruik van deze gemeenschappelijke gronden. Deze grafelijke rechten gingen later over op de Staten en na 1798 op het rijk. Vanaf het moment dat deze gronden in 1843 door Domeinen aan Stad en Lande waren overgedragen (in ruil voor een

stuk bos en heide) was de grondheerlijke marke een vrije marke geworden.
Met zekerheid weten we dat er sinds 1326 een bestuursorgaan uit de inheemse bevolking moet zijn gevormd, een zgn. marke. Eerst in 1534 vinden we de naam 'Stad en Lande'. In 1650 is er sprake van een eigen archief wanneer de vergadering met een eigen resolutieboek begint. Het bestuur werd gevormd door burgemeesters en regeerders van de stad Naarden en de buurmeesters en regenten van de dorpen. Sinds 1804 waren dit de zes burgemeesters van de Gooise gemeenten en twee gecommitteerden uit de verschillende raden. Via deze afvaardiging kwamen sinds de tweede helft van de 19e eeuw steeds meer 'niet-Gooiers' in de vereniging van Stad en Lande. Zij zagen hun taak primair in het behartigen van gemeentelijke belangen. Grote stukken grond werden zo aan de gemeenten verkocht, volgens de erfgooiers meestal tegen (te) lage prijzen. De ontevredenheid groeide. In 1903 kozen erfgooiers onder leiding van Floris Vos een eigen bestuur. De moeilijkheden duurden voort totdat de Erfgooierswet in 1912 alles regelde.
Het lidmaatschap van Stad en Lande bood de niet-scharenden geen enkel voordeel meer. Zij verlangden daarom dat de opbrengst van de gronden die voor de boeren van geen belang zijn onder hen verdeeld zou worden. In 1922 verenigden zij zich in 'Macht door recht' met als doel de ontbinding van Stad en Lande, een doel dat bijna vijftig jaar later zou worden bereikt. In 1971 werd namelijk besloten tot ontbinding van de vereniging over te gaan. De nog resterende weidegronden zouden worden verkocht aan de leden en aan de gemeenten.
Voor het beheer van het oude en omvangrijke archief werd een stichting in het leven geroepen. Bepaald werd dat het archief in bewaring zou worden gegeven bij een volgens de archiefwet goedgekeurde archiefbewaarplaats en t.z.t. bij een in het Gooi op te richten streekarchief. Tot die tijd zal het archief in de gemeentelijke archiefbewaarplaats van Huizen berusten. Het koptiendenarchief berust in het Rijksarchief te Haarlem.

Literatuur: J.P. van Erk, De Erfgooierskwestie (Haarlem 1927); E. Luden, Het Gooi en de erfgooiers (Hilversum 1931); A.C.J. de Vrankrijker, Stad en Lande van Gooiland (Bussum 1968); M. Tydeman, De ontbinding van Stad en Lande van Gooiland, in: Tussen Vecht en Eem, 10 (1980) 1e afl..

4.6.3 Kerkelijke instellingen

1. Rooms-katholieke kerk

Tot de nieuwe kerkelijke indeling van 1559 viel Noord-Holland onder het bisdom Utrecht. Dit bisdom was verdeeld in tien aartsdiaconaten en één proosdij: de proosdij van West-Friesland. Behoudens het gebied ten noorden en oosten van Alkmaar (de proosdij), behoorde de rest van het huidige Noord-Holland, met Zuid-Holland, Zeeland, de Betuwe en het Nedersticht ten westen van de Vecht tot het aartsdiaconaat van de domproost.
Zowel de aartsdiaconaten als de proosdij waren onderverdeeld in decanaten (aan het hoofd een landdeken) en vervolgens in parochies.
Sinds 1559 viel het hele gebied van Holland boven de lijn Katwijk-Amsterdam onder het bisdom Haarlem, dat samen met de bisdommen Middelburg, Deventer, Leeuwarden en Groningen de kerkprovincie Utrecht vormde. Ook hier weer een onderverdeling in decanaten en parochies.
Tijdens de Republiek werden de Zeven Provinciën door Rome tot missiegebied verklaard. Hier lag het werkterrein van de Hollandse Zending, gesticht vanuit de pauselijke nuntiatuur te Keulen en bestuurd door een apostolisch vicaris. De territoriale indeling bleef overeenkomstig de bisdommen van 1559, elk met een vicaris-generaal of provicaris. Deze 'bisdommen' zoals ze genoemd werden, waren onderverdeeld in aartspriesterschappen (aan het hoofd een aartspriester) en vervolgens weer in een aantal staties, te vergelijken met parochies.
Het tegenwoordige gebied van Noord-Holland viel onder het bisdom Haarlem, dat als enige zijn kapittel behouden had. Dankzij dit kapittel kwam hier de missie vroeger dan elders tot stand. In 1703 werden echter het kapittel zijn rechtsmacht en bestuur ontnomen, omdat de provicarissen, aangesteld door de in Rome geschorste apostolisch vicaris Codde, pretendeerden het wettig gezag van de kerk 'sede vacante' uit te oefenen.
De organisatie van de Hollandse Zending heeft bestaan tot het herstel van de bisschoppelijke hiërarchie in 1853. Nederland werd verdeeld in vijf bisdommen. Het bisdom Haarlem strekte zich uit over Noord- en Zuid-Holland en Zeeland. Alleen het Gooi viel onder het aartsbisdom Utrecht. Sinds de herindeling in 1955 valt het bisdom Haarlem geheel samen met de provincie Noord-Holland.
De archieven van vóór 1559 berusten in het Rijksarchief te Utrecht.

De archieven vanaf 1559 berusten bij het bisdom en zijn door mgr. P.M. Verhoofstad beschreven: Inventaris van de archieven gevormd door de besturen van het bisdom Haarlem, 1559-1853 (IJmuiden z.j.). Een belangrijke instelling in deze provincie was de abdij van Egmond, in 925 gesticht door Dirk I. Zijn opvolger, Dirk II, verving tussen 950 en 970 de houten gebouwen door stenen en vestigde er Benedictijner monniken. Het klooster was een 'eigenklooster' van de graven van Holland. Zodoende hadden zij grote invloed op de abtskeuze. Bovendien oefenden zij er aanvankelijk de voogdij over uit, schonken het klooster vele voorrechten en goederen, lieten er hun goederen bewaren en kozen er vaak hun laatste rustplaats. In 1560 werd het klooster ingelijfd bij het bisdom Haarlem als bron van inkomsten voor bisschop Nicolaas van Nieuwland. Het werd in 1573 door Sonoy met de grond gelijk gemaakt. Het archief, behorende tot de geestelijke goederen die na de Reformatie door de Staten werden geconfisqueerd, berust in het Algemeen Rijksarchief.
De geestelijke ridderorde van de Johannieters of Hospitaalridders had te Haarlem een commanderije, ressorterend onder de balije van Utrecht. Deze viel op haar beurt weer onder de provincie Duitsland met een groot-prior of vorst aan het hoofd. Algemeen hoofd was de grootmeester, bijgestaan door een generaal kapittel. De commanderije te Haarlem werd in 1625 opgeheven. Het archief berust te Haarlem in het gemeentearchief.

2. Oud-katholieke kerk

In de tweede helft van de 18e eeuw voltrok zich een scheuring in de Rooms-katholieke kerk in Nederland doordat sommigen de apostolisch vicaris Codde, door Rome geschorst op beschuldiging van Jansenistische opvattingen, trouw bleven en eigenmachtig na diens dood een opvolger benoemden. Deze 'Rooms-katholieke kerk van de Oud-Bisschoppelijke Cleresie' heeft een aartsbisdom Utrecht met een aartsbisschop aan het hoofd en een bisdom Haarlem. Het aartsbisdom is verdeeld in drie aartspriesterschappen te weten Utrecht en het Gooi, vervolgens Rijnland en Delfland en tenslotte Schieland met de rest van Zuid-Holland, elk onder leiding van een aartspriester. Deze aartspriesterschappen en het bisdom Haarlem zijn verdeeld in parochies, dertig in totaal, waarvan elf in Noord-Holland.

3. Hervormde kerk

In het laatste kwart van de 16e eeuw heeft de hervormde godsdienst, 'de ware gereformeerde religie' genoemd, zich in heel Holland vrij kunnen ontplooien, omdat deze als enige van de gereformeerde stromingen door de overheid erkend en bevoorrecht werd. Zo betaalde de overheid uit de geconfisqueerde geestelijke goederen het grootste deel van de salarissen van predikanten en schoolmeesters, alsook van de bouw- en onderhoudskosten van de kerken. Daarenboven oefende zij ook druk uit op de benoeming van die predikanten en schoolmeesters en hield toezicht op het financieel beheer door middel van kerkmeesters.
De Nationale Synode van Dordrecht besloot in 1574 tot de volgende organisatie: het land zou worden verdeeld in provinçiale synodes, onderverdeeld in clàsses. Elke classis werd weer onderverdeeld in zelfstandige gemeenten. Zo kende het Noorderkwartier vier classes: Alkmaar, Edam, Enkhuizen en Hoorn. Elke gemeente had een kerkeraad, bestaande uit predikant(en) en ouderlingen. Uit de door de kerkeraad opgestelde dubbeltallen koos de gemeente weer nieuwe ouderlingen of diakenen. De ouderlingen hadden toe te zien op de zuiverheid van de leer van de predikant, de diakenen kregen de armenzorg toebedeeld. In kleine gemeenten werden de diakoniezaken vaak afgedaan door de gehele kerkeraad.
Samen met vertegenwoordigers van de overheid en met advies van de classis beriep de kerkeraad de nieuwe predikant. Verder was zij gehouden de vergaderingen te notuleren, de doopboeken, huwelijksregisters en begraafboeken bij te houden.
Binnen deze kerk bestonden nog een Waalse gemeente, waar in het Frans gepreekt werd en een Engelse. De komst van de Hugenoten in de 2e helft van de 17e eeuw heeft de Waalse gelederen zeer versterkt.
De staatsregeling van 1798 bracht een scheiding tussen kerk en staat. In 1816 stelde Willem I echter een algemeen reglement voor de hervormde kerk vast, waarin de organisatie zó werd geregeld, dat de burgerlijke overheid de kerkelijke in aanzienlijke mate kon controleren. Droegen voorheen de classes en synoden het karakter van vergaderingen van afgevaardigden, nu kwam er een kerkorde waarin de gemeenten ondergeschikt werden aan provinciale en classicale besturen, die op hun beurt weer onder de algemene synode stonden, waarvan de leden door de Koning werden benoemd. Als medium tussen de

classes en gemeenten werden ringen, vergaderingen van predikanten geïntroduceerd.
Hield na 1851 de invloed van de burgerlijke overheid op, de kerkelijke orde bleef tot 1951 hetzelfde.

4. Overige kerkgenootschappen

Hoewel de hervormde kerk lange tijd het enige officieel erkende kerkgenootschap was, bestonden hiernaast nog andere stromingen die vaak, ondanks onderdrukking en vervolging, zijn blijven voortbestaan. Hier volgen de belangrijkste.
In de eerste plaats is dat de Doopsgezinde Kerk of Broederschap, die vooral in Noord-Holland veel aanhang heeft gehad. In verband met het gewelddadig optreden van hun voorgangers 'de wederdopers' of 'anabaptisten' waarmee ze op één lijn werden gesteld, zijn ze nogal vervolgd. Pas in 1577, toen zij onder leiding van Menno Simonsz stonden, hebben zij burgerlijke en godsdienstige vrijheid gekregen. Ze worden dan ook vaak mennonisten of mennonieten genoemd.
Ook de Remonstranten, veroordeeld door de nationale synode in 1619 in Dordrecht en daarna van deze kerk afgescheiden, zijn lange tijd onderdrukt geweest. Na de dood van Maurits in 1625 kregen zij wat meer vrijheid en konden zij hun eerste kerken bouwen.
De lutherse gemeenten in deze provincie hebben aanvankelijk hoofdzakelijk bestaan uit immigranten: vluchtelingen uit Vlaanderen en Oostenrijk en kooplieden en huursoldaten uit Duitsland.
Voor de joden was met name Holland een plaats waar zij, hoewel uitgesloten van beroepen die aan gilden waren verbonden, hun godsdienst vrijelijk konden uitoefenen. Daarom zijn zij vaak van grote afstand naar hier gekomen en hebben zij overal synagogen gebouwd.
In de 19e eeuw hebben veel groeperingen zich van de Hervormde Kerk afgescheiden. In 1834 was dat de Groningse predikant Hendrik de Cock met zijn volgelingen. Zij richtten in 1869 de Christelijk Gereformeerde Kerk op. In 1886 kwam de Doleantie tot stand onder leiding van Abraham Kuyper, die voor een deel met bovengenoemde stroming meeging. Deze twee richtingen verenigden zich in 1892 in de Gereformeerde kerken in Nederland.

Literatuur: J. Hof, De abdij van Egmond van de aanvang tot 1573 ('s-Gravenhage-Haarlem 1973); O. de Jong, Nederlandse Kerkgeschiedenis (Nijkerk 1972); P.A. Meilink, Het archief van de abdij Egmond ('s-Gravenhage 1951); W. Nolet en P.C. Boeren, Kerkelijke instellingen in de middeleeuwen (Amsterdam 1951); P. Polman, Katholiek Nederland in de 18e eeuw (Hilversum 1968); R.R. Post, Kerkgeschiedenis van Nederland in de middeleeuwen (Utrecht 1957); R.R. Post, Kerkelijke verhoudingen in Nederland vóór de Reformatie van ± 1500 tot ± 1580 (Utrecht-Antwerpen 1954); L.J. Rogier, Geschiedenis van het Katholicisme in Noord-Nederland (Amsterdam 1947); Wederdopers, Mennisten, Doopsgezinden in Nederland, 1530-1980, onder redactie van S. Groenveld e.a. (Zutphen 1980).

4.6.4 Instellingen van armenzorg

Voordat in recente tijd een systeem van sociale verzekeringen van de grond kwam, waren velen blootgesteld aan het risico om bij ziekte of gebrekkigheid met name op oudere leeftijd, hun inkomsten te verliezen. Daarnaast konden ook economische tegenslagen iemand tot de bedelstaf brengen. Lange tijd werden deze omstandigheden als onvermijdelijk gezien. In de middeleeuwen werd voor een deel in de behoefte voorzien door kloosters en daarbij behorende gastenverblijven voor arme reizigers, voor een ander deel door een omvangrijke maar ongeorganiseerde particuliere liefdadigheid. Deze uitte zich niet alleen in het geven van aalmoezen aan wie daarom vroeg maar ook in de stichting van gasthuizen, vaak bij testament. Om verzekerd te zijn van de uitvoering van zijn beschikking droeg de stichter deze bij voorkeur niet op aan een particulier maar aan een broederschap, aan kerkmeesters of aan het stadsbestuur. Dit laatste trachtte van zijn kant ook invloed op de stichtingen te krijgen, om ervan verzekerd te zijn dat deze goederen in de dode hand, die voor de belasting onaantastbaar werden, ten goede kwamen van de eigen burgerij. Zo werden veel gasthuizen, die aanvankelijk instellingen waren voor arme passanten, tehuizen voor verpleging van gebrekkige en behoeftige burgers. Ook een deel van de geestelijke goederen was voor de armen bestemd.
Namens de parochiegemeenschap werd het beheer van de fondsen gevoerd door leken onder de naam van H. Geestmeesters, die werden benoemd door het stads- of dorpsbestuur. Zij zagen erop toe dat alleen de z.g. rechte armen werden bedeeld. Vaak beschikten ook de H. Geestmeesters over een eigen gasthuis waarin bepaalde categorieën armen konden worden opgenomen, die niet voldoende hadden aan bedeling maar ook verzorgd moesten worden, met name oude, gebrekkige lieden en weeskinderen. Bij gebreke van een tehuis moesten zij worden uitbesteed bij particulieren.
Na de Reformatie ontstonden diakonieën die belast waren met de bedeling van de armen van de eigen gereformeerde gemeente. Zij die

niet door de diakonie werden geholpen kwamen ten laste van het stads- of dorpsbestuur, dat daarvoor aalmoezeniers of armmeesters aanstelde. Waar H. Geesthuizen bestonden werden de H. Geestmeesters uitsluitend regenten van hun gasthuis, voor zover zij dat, zoals in Alkmaar, niet reeds vroeger waren.
Met name in de steden kregen zowel diakonieën als stedelijke armverzorgers op den duur de beschikking over verzorgingstehuizen. Ook ontstond er een differentiatie waardoor er voor wezen en verlaten kinderen enerzijds en gebrekkige ouden van dagen anderzijds afzonderlijke gestichten kwamen.
Ook voor mensen die om gezondheidsredenen moesten worden afgezonderd, bestonden aparte gasthuizen, leproos-, pest- en dolhuizen. Van de gestichten die door de overheid werden gefinancierd, stelde zij de regenten aan. Verder had de overheid dan een sterk toezichthoudende en controlerende taak: zij stelde veelal de statuten van een dergelijke inrichting vast en hoorde jaarlijkse rekeningen af.
Anders lag het bij de kleinere protestantse kerkgenootschappen die eveneens beschikten over diakonieën en vaak ook eigen wees- of oudeliedenhuizen bezaten. Voor de katholieken was het in de 17e eeuw echter niet mogelijk om een eigen armbestuur te organiseren. Naarmate echter de stedelijke armbestuurders zwaarder werden belast drongen deze erop aan dat ook zij voor hun eigen armen zouden zorgen. Dit heeft er in het begin van de 18e eeuw toe geleid dat in Amsterdam en Haarlem, later ook in andere plaatsen, katholieke armbesturen kwamen, die spoedig eveneens een eigen armenhuis bezaten.
Naast deze armbesturen waren er ook tijdens de Republiek vele particuliere stichtingen, waaraan talrijke hofjes in vele Hollandse steden hun ontstaan danken.
Van de verschillende plannen die in de Franse tijd bestonden om de armenzorg te reorganiseren is weinig terecht gekomen. De bestaande instellingen bleven daarom hun werk voortzetten, zij het onder steeds moeilijker omstandigheden. De onduidelijke verhouding tussen kerk en staat op het gebied van de armenzorg maakte een wettelijke regeling nodig, maar deze kwam pas tot stand naar aanleiding van de grondwet van 1848. De Armenwet van 1854 droeg de armenzorg primair op aan de kerkelijke en particuliere instellingen. Het Burgerlijk Armbestuur mocht pas onderstand verschaffen, als men daar niet terecht kon en dan nog slechts bij gebleken onvermijdelijkheid, terwijl de onderstand het voor het levensonderhoud noodzakelijke niet

mocht overschrijden. De mogelijkheid tot verlening van onderstand werd verruimd door de Armenwet van 1912, die ook de armenraden in het leven riep. De jaren tijdens en vlak na de Eerste Wereldoorlog en later de crisistijd verlegden het zwaartepunt van de armenzorg definitief naar de burgerlijke overheid. De burgerlijke armbesturen werden omgezet in gemeentelijke diensten.

Literatuur: *Algemeen:* E. Bergsma, Over de weeskamers zoals die vroeger in Holland en Zeeland bestonden (Utrecht 1855); P. Bonenfant, Les origines et le caractère de la réforme de la bienfaisance publique aux Pays-Bas sous le règne de Charles-Quint; in: Revue belge de philologie et d'histoire, 5 (1926) 887-904; 6 (1927) 207-230; J. de Bosch Kemper, Geschiedkundig onderzoek naar de armoede in ons vaderland, hare oorzaken en de middelen die tot hare vermindering kunnen worden aangewend (Haarlem 1860**2**); J.C. van Dam, H.J.P.J. Goedmakers, H. Klompmaker en J. de Vries, Honderd jaren Armenwet 1854-1954. Maatschappelijke zorg in historisch perspectief (Alphen aan den Rijn 1955); J.D. Dorgelo, De koloniën van de Maatschappij van weldadigheid (1818-1859). Een landbouwkundig en sociaal-economisch experiment (Assen 1964); H.F.J.M. van den Eerenbeemt, Armoede en arbeidersdwang, werkinrichtingen voor "onnutte" Nederlanders in de Republiek, 1760-1795, een mentaliteitsgeschiedenis ('s-Gravenhage 1977); P.B.A. Melief, De strijd om de armenzorg in Nederland, 1795-1854 (Groningen 1955); G.J. Mentink, Armenzorg en armoede in archivalische bronnen in de Noordelijke Nederlanden, 1531-1854, een schets; in: Tijdschrift voor geschiedenis, 88 (1975) 551-556; H.J. Smit, De Armenwet van 1854 en haar voorgeschiedenis. In: Historische opstellen, aangeboden aan J. Huizinga op 7 december 1942 door het Historisch Gezelschap te 's-Gravenhage (Haarlem 1948) 218-246.

Plaatselijk: G. van Duimen, Het wees- en armenhuis te Heemstede, 1796-1861, Uit de geschiedenis van de wezen- en armenzorg te Heemstede (Bennebroek 1952); A.J. Enschedé, Verslag over de geschiedenis en den eigendom van eenige godshuizen, uitgebragt aan den gemeenteraad der stad Haarlem (Haarlem 1861); J.G.A. Faber, Het R.K. Wees- en Armenhuis te Hoorn (1844); A.A.M. de Jong, Haarlem als voorbeeld van bejaardenzorg in de 17e en 18e eeuw (doctoraalscriptie, Leiden 1974); F. van Loo, Armenzorg in Helder 1840-1860 (doctoraalscriptie, Schagen 1976); Ch.A. van Manen, Armenpflege in Amsterdam in ihrer historische Entwicklung (Leiden 1913).

4.7 Rijksinstellingen in de provincie sinds 1795

De vorming van een centrale overheid in de jaren vanaf 1795 bracht met zich mee dat voor de uitvoering van een toenemend aantal overheidstaken in de provincie werkzame rijksdiensten werden gevestigd, waarvan er hierna slechts enkele worden vermeld.

Op het gebied van de justitie verdwenen als gevolg van de invoering van de Franse rechterlijke organisatie in 1811 de oude regionale en plaatselijke gerechten (zie 4.3.3). Voor de opsluiting of tewerkstelling

van veroordeelden werden door het rijk in de provincie diverse gevangenissen, werkinrichtingen en opvoedingsgestichten ingericht, met name in de steden. Op het terrein van de financiën maakte in het begin van de 19e eeuw de gewestelijke verscheidenheid plaats voor eenheid in belastingstelsel en in organisatie. Voor de registratie van onroerend goed werd in de Franse tijd de dienst van de hypotheken en het kadaster opgericht. Voor het beheer over de eigendommen van de staat werden domeinadministraties in het leven geroepen.
De rijkswaterstaat, in een provincie als Noord-Holland van essentieel belang, dateert ook uit het begin van de 19e eeuw, als de eerste inspecteur, later hoofdingenieur genoemd, wordt aangesteld. Onder de hoofdingenieur te Haarlem fungeerden in de arrondissementen van de waterstaat verschillende ingenieurs en in de dienstkringen opzichters. Tot 1881 verrichtte deze dienst tevens waterstaatstaken, die onder het provinciaal bestuur vielen.
Bij het onderwijs neemt de bemoeienis van het rijk een aanvang in 1801, in welk jaar de eerste schoolwet het rijksschooltoezicht bracht door middel van de departementale (later provinciale) commissies van onderwijs. Op het terrein van de gezondheidszorg kwamen er commissies van geneeskundig staatstoezicht. In de loop van de 19e en nog sterker in de 20e eeuw nam het rijk steeds meer taken op zich.
Bewaarplaats: De archieven van de rijksinstellingen in de provincie zijn veelal overgebracht naar het Rijksarchief in Haarlem.

4.8 Instellingen buiten Noord-Holland en hun archieven

Bij archiefonderzoek dient men erop bedacht te zijn, dat ook buiten de provincie Noord-Holland archieven worden bewaard, die veel gegevens bevatten betreffende Noord-Holland. In een aantal gevallen betreft het zelfs in Noord-Holland gevormde archieven.
De omstandigheid dat Noord-Holland tot circa 1800 deel uitmaakte van het gewest Holland, waarvan de centrale bestuursorganen in 's-Gravenhage gevestigd waren, heeft tot gevolg dat de archieven van de daar gevestigde bestuursorganen in het Algemeen Rijksarchief in Den Haag worden bewaard. Dat betreft de archieven van de grafelijkheid, met name de Leen- en registerkamer, het Hof van Holland en de Rekenkamer der domeinen, welke instanties ook nà de landsheerlijke periode (die circa 1570 afloopt) bleven bestaan; voorts de archieven van de Staten van Holland en van de (na circa 1570) onder de Staten ressorterende organen als Gecommitteerde Raden van het

Zuiderkwartier, de Financie van Holland en de Rekenkamer ter auditie, naast het archief van de Hoge Raad van Holland en Zeeland. Voor de landsheerlijke periode zijn ook van belang de archieven van de bisschoppen van Utrecht en de Utrechtse kapittels, die in het Rijksarchief in Utrecht berusten, en het archief van de abdij van Egmond, dat in het Algemeen Rijksarchief wordt bewaard.
De archieven van de in Noord-Holland gevestigde kamers Amsterdam en West-Friesland (Hoorn/Enkhuizen) van de V.O.C. en de W.I.C., alsmede de archieven van de Amsterdamse en Westfriese admiraliteitscolleges zijn ingevolge bestuurlijke concentraties aan het eind van de 18e eeuw en in het midden van de 19e eeuw in Den Haag samengebracht, waar zij nu in het Algemeen Rijksarchief berusten. Ook moet hier worden genoemd het archief van het Hoogheemraadschap Rijnland, dat van belang is voor de waterstaatkundige geschiedenis van het zuidwesten van Noord-Holland.
Voor de 19e en 20e eeuw zijn de archieven van de hoge colleges van staat en van de ministeries, berustend in het Algemeen Rijksarchief, van belang. Aangezien de meeste van de in Noord-Holland gevestigde rijksdiensten primair een uitvoerende taak hebben, is men voor de eigenlijke beleidsstukken vaak aangewezen op de archieven van de ministeries waaronder deze diensten ressorteren. Voor de meest recente periode worden hier nog genoemd: het Rijksinstituut voor oorlogsdocumentatie en het Internationaal instituut voor sociale geschiedenis, beide te Amsterdam.

5 GEBRUIK VAN HET OVERZICHT

5.1 Rangschikking van de gegevens

De gegevens betreffende de bewaarplaats zijn aan het begin van elk hoofdstuk geplaatst. Daarna volgen de gegevens betreffende de aldaar bewaarde archieven volgens het onderstaande schema, dat voor alle provinciale archievenoverzichten gelijk is. De uitwerking van dit model voor de archieven in Noord-Holland is te vinden in de inhoudsopgave.

A. Voor de rijksarchiefbewaarplaatsen:

1 *Archieven van de overheid*
1.1 Gewestelijke besturen en provinciale instellingen en ambtenaren

- Vóór 1795
- 1795-1813
- Vanaf 1813

1.2 Rechterlijke instellingen
- Vóór 1811
- Vanaf 1811

1.3 Notarissen
1.4 Registers van de burgerlijke stand en retroacta van de burgerlijke stand
1.5 Weeskamers
Registers van eigendomsovergang
1.6 In de provincie werkzame rijksorganen (ingedeeld naar onderwerp van bestuursbemoeienis, wat niet altijd samenvalt met de taakafbakening van een gelijknamig ministerie)
- Justitie
- Binnenlandse zaken
- Financiën
- Verkeer en waterstaat
- Volkshuisvesting en ruimtelijke ordening
- Defensie
- Economische zaken
- Landbouw en visserij
- Sociale en gezondheidszorg
- Onderwijs, wetenschap en cultuur

1.7 Kerspelen en marken
1.8 Gemeenten
1.9 Waterschappen
1.10 Organen van intergemeentelijke samenwerking
1.11 Overige overheidsorganen
2 *Niet-overheidsarchieven*
2.1 Instellingen van economische aard
2.2 Instellingen van sociale zorg
2.3 Vak- en standsorganisaties en -fondsen
2.4 Instellingen op het gebied van de volksgezondheid
2.5 Instellingen op het gebied van onderwijs en cultuur
2.6 Instellingen op het gebied van sport, recreatie en evenementen
2.7 Instellingen op politieke en ideële grondslag
2.8 Geloofsgemeenschappen en andere instellingen van godsdienstig leven
2.9 Huizen en heerlijkheden

2.10 Families
2.11 Personen
3 *Verzamelingen*
3.1 Handschriften
3.2 Bibliotheek
3.3 Kranten
3.4 Prenten en kaarten
3.5 Zegels en lakafdrukken van zegelstempels
3.6 Geluidsbanden en grammofoonplaten
3.7 Overige verzamelingen

B. Voor de gemeentelijke archiefbewaarplaatsen:

1 *Archieven van de overheid*
1.1 Algemeen plaatselijk bestuur (hierbij inbegrepen raadscommissies)
1.2 Plaatselijke instellingen met een specifieke taak (ingedeeld naar onderwerp van bestuursbemoeienis, wat niet altijd samenvalt met de taakafbakening van een gelijknamige afdeling)
- Rechtspraak vóór 1811
- Bevolking
- Financiën
- Openbare werken
- Openbare orde en veiligheid, defensie
- Economische zaken
- Sociale zorg
- Gezondheidszorg
- Onderwijs, wetenschap en cultuur
- Sport, recreatie en evenementen

1.3 Organen van intergemeentelijke samenwerking
1.4 Organen van stadsheerlijkheden, geannexeerde ambachten en gemeenten
1.5 Organen van waterschappen
1.6 Instellingen van voormalige gewesten
1.7 Organen van de centrale overheid
1.8 Organen van andere openbare lichamen
2 *Niet-overheidsarchieven*
2.1 Instellingen van economische aard
2.2 Instellingen van sociale zorg
2.3 Vak- en standsorganisaties en -fondsen

2.4 Instellingen op het gebied van de volksgezondheid
2.5 Instellingen op het gebied van onderwijs, wetenschap en cultuur
2.6 Instellingen op het gebied van sport, recreatie en evenementen
2.7 Instellingen op politieke en ideëele grondslag
2.8 Geloofsgemeenschappen en andere instellingen van godsdienstig leven
2.9 Huizen en heerlijkheden (voor zover niet onder 1.4)
2.10 Families
2.11 Personen
3 *Verzamelingen*
3.1 Handschriften
3.2 Bibliotheek
3.3 Kranten
3.4 Prenten en kaarten
3.5 Zegels en lakafdrukken van zegelstempels
3.6 Geluidsbanden en grammofoonplaten
3.7 Overige verzamelingen

In het algemeen zijn de archieven binnen elke rubriek chronologisch geplaatst, tenzij een alfabetische volgorde praktischer was. Indien in een archiefbewaarplaats slechts een klein aantal archieven aanwezig is, wordt de volgorde van het bovenstaande schema aangehouden, zonder dat dit met rubrieksaanduidingen is aangegeven.

5.2 Regionale indeling

Omdat momenteel reeds 40 van de 81 gemeentearchieven in deze provincie regionaal bewaard worden en er verder gaande plannen in bespreking zijn om te komen tot 9 à 10 (streek)archiefdiensten leek het beter de gemeenten en waterschappen regionaal te behandelen (zie ook de kaart op blz. 33).
Indien er een streekarchief is of een gemeente die als centrale archiefbewaarplaats dient voor de betreffende regio wordt allereerst deze plaats van vestiging behandeld. Daarna volgen in alfabetische volgorde de gemeenten die deelnemen aan het streekarchief of de archieven bij de centrumgemeente hebben gedeponeerd. Per gemeente worden de archieven vermeld volgens de indeling hierboven onder B.
Ook bij de nieuwste samenvoegingen is uitgegaan van de huidige gemeentenaam.

Na de gemeentearchieven worden de waterschappen behandeld, die bij bovengenoemd archief in bewaring zijn gegeven.
Na de centrale archiefbewaarplaats van de regio volgen de archiefbewaarplaatsen van gemeenten die nog niet deelnemen aan dit centraal beheer, om te sluiten met de archieven van de waterschappen voor zover ze nog berusten in een archiefbewaarplaats van het eigen waterschap.
Indien in een regio nog geen centrale archiefbewaarplaats is gerealiseerd worden de archieven in de regio plaatsgewijze behandeld zoals boven.
De regionale volgorde is aldus:
Kop van Noord-Holland;
Noord-Kennemerland: bewaarplaats Alkmaar;
West-Friesland Oost: bewaarplaats Hoorn;
Waterland: bewaarplaats Purmerend, dependance Edam;
Zaanstad en Oostzaan;
IJmond-gemeenten;
Zuid-Kennemerland;
Amstel- en Meerlanden;
Gooi- en Vechtstreek;
Amsterdam (afzonderlijk deel VIII).

5.3 Toelichting op de gegevens per bewaarplaats

1. Openingstijden. Men doet er verstandig aan, alle instellingen zonder archivaris eerst telefonisch (of schriftelijk) te benaderen. Met de verzorging van de oudere archieven is veelal slechts één persoon belast.
2. Faciliteiten. Men kan overal foto- of xerokopieën laten vervaardigen tegen vastgesteld tarief. Dit is dus niet bij elke bewaarplaats opnieuw vermeld.

5.4 Toelichting op de gegevens per archief

1. Naam. Zoveel mogelijk is gekozen voor de aanduiding en de spelling, die door de instelling zelf werd of wordt gevolgd.
2. Jaartallen. De jaartallen, die niet tussen haakjes zijn geplaatst, geven de periode aan waarover het archief aanwezig is. De periode waaruit slechts enkele oudere of jongere stukken aanwezig zijn, is tussen haakjes aangegeven. Zo ook indien de tekst van het oudste stuk slechts in de vorm van een jonger afschrift aanwezig is.

3. Omvang. De omvang van een archief is aangegeven in strekkende meters planklengte. Bij zeer kleine archieven is het aantal eenheden vermeld.
4. Het teken * geeft aan, dat de openbaarheid van het archief beperkt is (zie 2.3). In het algemeen geldt ook de regel, dat archieven jonger dan vijftig jaar alleen openbaar zijn met speciale toestemming. Informatie hierover kan men verkrijgen bij de betreffende archiefbeheerder.
5. De aanduiding 'Onderdeel van het archief van' duidt een dochter-moeder-relatie aan. De archieven van de ambtenaren van de burgerlijke stand zijn als onderdeel van de archieven der gemeentebesturen beschouwd, en daarom niet apart vermeld, mede omdat zij in alle gemeenten aanwezig zijn.
6. De aanduiding 'inventaris' duidt er op dat het archief geïnventariseerd is, ook al wil dit niet altijd zeggen dat de inventarisatie geschied is volgens de huidige opvattingen van de archivistiek. Een eenvoudige opsomming van aanwezige archiefbescheiden is aangeduid als procesverbaal of plaatsingslijst. Indien een inventaris in druk of offset is uitgegeven zijn auteur en titel vermeld. Ontbreken die vermeldingen, dan betekent dit, dat er slechts enkele exemplaren, meestal in getypte vorm, van de inventaris bestaan. Vooral door de rijksarchivarissen jhr. mr. B.M. de Jonge van Ellemeet en R.D. Baart de la Faille en hun medewerkers (met name G. van Es) zijn enige honderden archieven, vooral van kleine gemeenten en van waterschappen, globaal geïnventariseerd. Hoewel deze inventarissen weinig gedetailleerd zijn hebben zij ongetwijfeld bijgedragen tot het behoud van vele kleine archieven. In al deze gevallen zijn de inventarissen in getypte vorm ook te raadplegen in het Rijksarchief en bij de provinciale archiefinspectie te Haarlem.
7. 'Nadere toegang' is een nadere beschrijving van bepaalde onderdelen van een archief. Dat kunnen bijvoorbeeld zijn alfabetische indices op de namen die in bepaalde bescheiden voorkomen, lijsten van procesdossiers of regestenlijsten. Een regest is een beknopte inhoudsopgave van een oorkonde of brief.
8. Bronnenuitgave: vooral middeleeuwse stukken zijn soms in extenso in druk uitgegeven. Indien dat het geval is wordt dat vermeld.
9. Literatuur: bij de archieven van sommige instellingen is verwezen naar literatuur die nadere gegevens verstrekt over de taak en werkkring van die instellingen.
10. Met Rijksarchief zonder meer is overal bedoeld het Rijksarchief in de provincie Noord-Holland te Haarlem.

5.5 Lijst van afkortingen

*	openbaarheid beperkt
c. of ca.	circa
c.a.	cum annexis
DTB	J.R. Persman en J.J. Zonjee, Beschrijving van de doop-, trouw- en begraafboeken... (Haarlem 1973).
IRA	Inventarissen van 's rijks en andere archieven, van rijkswege uitgegeven, voor zoover zij niet afzonderlijk zijn afgedrukt, 4 dln. ('s-Gravenhage 1928-1932).
Not.	G. van Es, Inventaris der notarieele archieven; in: IRA III (1930) 619-680 (betreft notariële archieven tot 1840 met uitzondering van de notarissen van Alkmaar, Amsterdam en Haarlem).
ORW	B.M. de Jonge van Ellemeet, Inventaris der oudrechterlijke en weeskamerarchieven ('s-Gravenhage 1932).
OVR	Werken der Vereeniging tot uitgave (uitgaaf) der bronnen van het oude vaderlandsche (oud-vaderlandsche) recht (Utrecht 1880-1975).
VROA	Verslagen omtrent 's rijks oude archieven, 1-65, tweede serie 1-40 ('s Gravenhage 1878-1965).

RIJKSARCHIEF IN DE PROVINCIE NOORD-HOLLAND

Adres	Ceciliasteeg 12, 2011 RJ Haarlem.
Telefoon	023-321251.
Openingstijden	maandag t/m vrijdag 9.00-17.00 uur, zaterdag 9.00-12.30 uur (behalve in juli en augustus).
Gids	J.R. Persman, Beknopte gids voor genealogisch onderzoek (1979).
N.B.	In afwachting van het gereedkomen van een nieuw gebouw berust een aantal archieven in het hulpdepot van de rijksarchiefdienst te Schaarsbergen, Koningsweg 13c, 6816 TC Arnhem, telefoon 085-455651; openingstijden maandag t/m vrijdag 9.00-16.30 uur.

1 ARCHIEVEN VAN DE OVERHEID

1.1 Gewestelijke besturen en provinciale instellingen en ambtenaren

Vóór 1795

Leen- en registerkamer van Holland, ca. 1300-1580, 14 m.

Inventaris.

Nadere toegang: klapper op geografische namen in Noord-Holland.

Bronnenuitgave: F. van Mieris, Groot charterboek der graaven van Holland en Zeeland (Leyden 1753-1756).

N.B. Betreft de kopie-registers (de originelen berusten in het Algemeen Rijksarchief), in de 17e en 18e eeuw vervaardigd ingevolge resolutie van Gecommitteerde Raden van het Zuiderkwartier van 18 augustus 1660.

Bevat ook leenregisters van Brederode en Egmond.

Hof van Holland, 1428-1559, 4,50 m.

Plaatsingslijst.

N.B. Betreft 18e-eeuwse afschriften van de memorialen (de originele registers en de toegangen berusten in het Algemeen Rijksarchief).

Gecommitteerde Raden van West-Friesland en het Noorderkwartier, 1573-1795, 65 m.

Inventaris.

N.B. Bevat ook de archieven van Magistraten en Gedeputeerden van West-Friesland en het Noorderkwartier, 1573-1788 (1795).

Gecommitteerde Raden van het Zuiderkwartier, 1621-1795, 27 m.

Inventaris.

N.B. Betreft afschriften uit de 17e en 18e eeuw van resoluties en indices; het archief zelf berust in het Algemeen Rijksarchief. Voor de resoluties 1573-1620 raadplege men de minuut-resoluties van de Staten van Holland in het Algemeen Rijksarchief.

Westfriese Munt, 1579-1796, 1 m.

Inventaris.

Commissarissen van de pilotage benoorden de Maze, 1615-1795, 4 m.

Inventaris: J. de Hullu, Het archief van de Commissarissen van de pilotagie benoorden de Maze en het archief van de Commissaris te Amsterdam, tevens ontvanger-generaal der vuurgelden, in: VROA 46 (1923) I, 208-231.

Rentmeester-generaal der domeinen in West-Friesland en het Noorderkwartier, 1728-1811, 2,60 m.

Inventaris.

N.B. Dit rentmeesterschap omvatte geheel Holland boven het IJ met uitzondering van de Zaanstreek en had tot taak het administreren van de grafelijkheidsdomeinen onder toezicht van Gecommitteerde Raden.

Gaarders en ontvangers der gemene middelen, 17e eeuw-1805, ca. 23 m.

Inventaris.

N.B. Bevat de archieven van: de ontvanger van het kwartier Alkmaar, 1759-1799 (0,40 m), de secretarissen van een aantal steden en dorpen in hun hoedanigheid van gaarders van bepaalde gemenelandsmiddelen. Het betreft registers van aangifte, taxatie en ontvangst van o.m.: verkoop van roerend en onroerend goed, collaterale successie, impost op trouwen en begraven (voor deze laatste categorie: zie ook 1.4).

1795-1813 (1815)

Departementaal bestuur van de Amstel, 1799-1802, 4,50 m.

Inventaris: J.R. Persman, Archieven van de Gewestelijke Besturen in Noord-Holland 1799-1802 en 1807-1810 (Haarlem 1977) nrs. 1-43.

Nadere toegang: indices op zaken tot 1801.

Departementaal bestuur van Texel, 1799-1802, 9 m.

Inventaris: als voren, nrs. 44-202.
Nadere toegang: indices op zaken vanaf 1801.

Departementaal bestuur van Amstelland, 1807-1810, 40 m.

Inventaris: als voren, nrs. 203-656.
Nadere toegang: indices op zaken.
N.B. Bevat de archieven van de landdrost, tevens drost van het eerste kwartier, en van de drost van het tweede kwartier.

Departementaal bestuur van de Zuiderzee, 1811-1814, 46 m.

Inventaris: J.R. Persman, Inventaris van het archief van het Departementaal Bestuur van de Zuiderzee 1811-1814 (Haarlem 1978).
N.B. Bevat de archieven van de prefect (jan. 1811-nov. 1813) en de commissaris-generaal (dec. 1813-apr. 1814).

Arrondissementsbestuur Alkmaar, 1811-1815, 8 m.

Inventaris.
N.B. Bevat de archieven van de onderprefect (tot eind 1813) en de commissaris (vanaf eind 1813).

Arrondissementsbestuur Amsterdam, 1811-1813, 8,50 m.

Inventaris.
N.B. Het archief van de commissaris in het arrondissement Amsterdam is (op 1 omslag na) verloren gegaan.

Arrondissementsbestuur Haarlem, 1811-1815, 13 m.

Inventaris.
N.B. Bevat de archieven van de onderprefect (tot eind 1813) en de commissaris (vanaf eind 1813).

Arrondissementsbestuur Hoorn, 1811-1815, 12,50 m.

Inventaris.
N.B. Bevat de archieven van de onderprefect (tot eind 1813) en de commissaris (vanaf eind 1813).

Vanaf 1814

Provinciale Staten, 1815-1850, 1,40 m.

Inventaris.
Nadere toegang: gedrukte indices op de notulen.
Bronnenuitgave: gedrukte notulen vanaf 1815.

Gedeputeerde Staten, 1814-1942, 760 m.

Inventaris.

Nadere toegang: indices op zaken.

N.B. Bevat het chronologisch archief (295 m), de zgn. werkdossiers en codedossiers (vnl. na 1850) (270 m) en de gemeenterekeningen (195 m).

Gouverneur, resp. Commissaris des Konings (der Koningin), 1814-1943, 375 m.

Inventaris.

Nadere toegang: klappers op zaken.

Kabinet van de Gouverneur, 1814-1850, 7 m.

Inventaris.

N.B. Het kabinetsarchief van de commissaris des Konings (der Koningin) na 1850 is nog niet overgedragen.

Griffier der Staten, (1875-)1929-1943, 1,50 m.

N.B. Onderdeel van het archief van het Provinciaal Bestuur vanaf 1814.

Ridderschap, 1814-1860, 0,50 m.

Inventaris.

Militieraad, 1870-1941, 30 m.

Inventaris.

N.B. Onderdeel van het archief van het Provinciaal Bestuur vanaf 1814. Bevat militieregisters.

Provinciale Waterstaat, 1882-1910, 15 m.

Plaatsingslijst.

N.B. Ook vóór 1882 waren een aantal waterstaatswerken in beheer en onderhoud bij de provincie: zie hiervoor de archieven van rijkswaterstaat, blz. 102; zie ook blz. 107.

Provinciaal Electriciteitsbedrijf, 1917-1922, 1 m.

N.B. Opgericht na de liquidatie van de Kennemer Electriciteit-Maatschappij (1916) en de Hollandsche Electriciteits Maatschappij (1917), zie blz. 107.

Commissie van toezicht over het provinciaal ziekenhuis Santpoort (Meerenberg), 1849-1940, 34 m.*

Plaatsingslijst.

N.B. Bevat ook stukken betreffende de ziekenhuizen te Bakkum (vanaf 1909) en Medemblik (vanaf 1923). Zie voor Medemblik vóór 1923 blz. 105.

Scheidsgerecht voor ambtenaren der provincie Noord-Holland, 1927-1942, 0,20 m.

1.2 Rechterlijke instellingen

Vóór 1811

Gerechten 1388-1811 (1814), 166 m.

Inventaris: B.M. de Jonge van Ellemeet, Inventaris der oud-rechterlijke en weeskamer-archieven ('s-Gravenhage 1932).

N.B. Betreft de rechterlijke archieven van:

St. Aagtendijk en Wijkerbroek 1641-1659 (1 deel); Aalsmeer, 1577-1811 (4,90 m); Ankeveen, 1617-1811 (0,60 m); Assendelft, 1556-1811 (3 m);

Barsingerhorn/Haringhuizen, 1565-1811 (2,30 m); Bennebroek, 1654-1811 (0,60 m); Berkenrode, 1618-1809 (0,10 m); Beverwijk, 1560-1811 (4,80 m); Blois, 1668-1811 (2,60 m); Brederode, 1586-1811 (0,20 m); Broek op Langedijk, 1633-1811 (1 m); Burghorn, 1675-1811 (0,10 m); Bijlmermeer, 1633-1808 (0,20 m);

Callantsoog, 1617-1811 (0,20 m);

Diemen, 1585-1811 (3,60 m); Drechterland, 1606-1797 (0,20 m);

Gooiland, 1388-1795 (1 m); 's-Graveland, 1712-1811 (0,60 m);

Haarlemmerliede, 1594-1811 (0,60 m); Harenkarspel, 1599-1810 (1,60 m); Heemskerk, 1557-1811 (2,10 m); Heemstede, 1555-1811 (3,60 m); Heerhugowaard, 1671-1815 (0,50 m); Hilversum, 1758-1811 (2,50 m); Hippolytushoef, 1664-1811 (1 m); Hofambacht, 1578-1811 (0,20 m); Hondsbosch, 1780-1814 (1 deel, 1 omslag); Hoog-Bijlmer, 1669-1805 (0,20 m); Houtrijk en Polanen, 1703-1811 (0,80 m); Huisduinen en Den Helder, 1593-1811 (6,30 m); Huizen, 1645-1811 (2,70 m);

Kalslagen, 1579-1811 (1,70 m); Kennemerland, 1600-1811 (2,30 m); Kortenhoef, 1556-1811 (1,90 m); Krommenie, 1588-1811 (4,80 m); Kudelstaart, 1607-1811 (0,80 m);

Laren en Blaricum, 1660-1811 (1,90 m); Limmen, 1650-1811 (0,20 m);

St. Maarten, Valkoog, Eenigenburg, 1715-1810 (0,20 m); Muiden, 1569-1811 (4,70 m); Muiderberg, 1638-1810 (0,30 m);

Naarden en Bussum, 1584-1811 (6,90 m); Nederhorst den Berg, 1620-1811 (1,10 m); Niedorp, 1553-1811 (5,50 m); Nieuwburgen, 1611-1811 (1,80 m); Nieuwer-Amstel, 1588-1811 (11 m); Nieuwerkerk, Zuid-Schalkwijk en Vijfhuizen, 1633-1811 (0,50 m); Noord-Scharwoude, 1597-1810 (1 m);

Oosterland, 1737-1809 (0,30 m); Oostzaan, 1609-1811 (2,50 m); Oostzaandam (vóór 1795 zie Oostzaan), 1795-1811 (0,50 m); Ouder-Amstel, 1560-1811 (5 m); Oudkarspel, 1574-1811 (2 m);

Petten, 1668-1811 (0,30 m);

Rietwijk en Rietwijkeroord, 1595-1808 (0,20 m);

Schagen, 1554-1811 (5 m); Schrevelsgerecht, 1594-1604 (1 deel); Spaarnwoude, 1575-1811 (0,80 m);

Tetrode, Aalbertsberg en Vogelenzang, 1580-1811 (2,80 m); Texel, 1606-1811 (5 m);

Thamen, 1730-1811 (0,40 m);
Uitgeest, 1580-1811 (3 m); Uithoorn, 1760-1811 (0,10 m); Uitwaterende Sluizen, 1683-1797 (1 deel, 1 omslag)
Veenhuizen, 1723-1811 (0,30 m); De Vier Noorderkoggen, 1666-1804 (2 delen, 1 omslag);
Waterland, 1641-1811 (0,40 m); Weesp, 1554-1811 (6 m); Weesperkarspel, 1628-1811 (2 m); Wervershoof (Hooge en Lage Zwaagdijk), 1796-1804 (0,10 m); Westzaan, 1560-1811 (20,80 m); Wieringen, 1554-1809 (0,20 m); Wieringerwaard, 1611-1811 (1,40 m); Wimmenum, 1622-1784 (0,20 m); Winkel, 1570-1810 (1,80 m); Wijk aan Duin, 1639-1811 (0,80 m); Wijk aan Zee, 1582-1810 (0,90 m);
Zandvoort, 1590-1811 (0,60 m); Zuid-Scharwoude, 1581-1811 (1,10 m); Zijpe en Hazepolder, 1597-1811 (3,30 m).

Vanaf 1811

Hof van Assisen, 1811-1838, 60 m.

Inventaris.
Nadere toegang: klapper op namen.
N.B. Bevat ook het archief van het Cour Spécial, Amsterdam (1811-1813).

Criminele rechtbank Holland, 1838-1841, 7 m.

Inventaris.
Nadere toegang: klapper op namen.

Provinciaal gerechtshof, 1842-1875, 65 m.

Inventaris.
N.B. Bevat ook het archief van de Procureur-generaal (1838-1875).

Gerechtshof te Amsterdam, 1876-1920, 95 m.*

Inventaris.
N.B. Bevat ook de archieven van de Procureur-generaal (1876-1920) en de raden van beroep voor de belastingen te Alkmaar, Amsterdam en Haarlem (1893 (1897)-1920).

Raden van beroep voor de directe belastingen te Alkmaar, Amsterdam en Haarlem, 1920-1957, 36 m.*

Inventaris.
N.B. Deze raden zijn ingesteld in 1915 en opgeheven in 1957. Zie voor de jaren 1915-1920 bij het gerechtshof Amsterdam. De taak van de Raad van beroep te Haarlem is vanaf 1 augustus 1933 overgenomen door die van Amsterdam.

Rechtbank van eerste aanleg te Haarlem, 1811-1838, 13,50 m.

Inventaris.
N.B. Bevat ook het archief van de Officier van Justitie.

Rechtbank van eerste aanleg te Hoorn, 1811-1838, 7,50 m.

Inventaris.

N.B. Bevat voornamelijk het archief van de Officier van Justitie. Het archief is grotendeels door brand verloren gegaan.

Rechtbank van koophandel te Haarlem, 1812-1838, 1,50 m.

Inventaris.

Arrondissementsrechtbank te Alkmaar, 1838-1901, 0,50 m.

Proces-verbaal.

N.B. Dit archief is grotendeels door brand verloren gegaan.

Arrondissementsrechtbank te Amsterdam, 1838-1930, 627 m.*

Plaatsingslijst, over 1921-1930 inventaris.

N.B. Bevat ook de archieven van de Officier van Justitie tot ± 1921.

Arrondissementsrechtbank te Haarlem, 1838-1877, 36 m.

Plaatsingslijst.

Officier van Justitie bij de arrondissementsrechtbank te Hoorn, 1838-1861, 7 m.

Plaatsingslijst.

N.B. Het archief van de rechtbank is door brand verloren gegaan.

Vrede- en politiegerechten, 1811-1838, 23 m.

Inventaris.

N.B. Betreft *a.* vredegerechten te Beverwijk, Bloemendaal, Edam, Enkhuizen, Grootebroek, Haarlem, Heemstede, Hoorn (1e kanton), Medemblik, Monnickendam, Naarden, Ouder-Amstel, Purmerend, De Rijp, Schagen, Texel, Westzaan, Zaandam, alle van 1811-1838; Hilversum (1824-1838), Hoorn (2e kanton) (1811-1819), Kudelstaart (1811), Weesp (1813-1838), Wieringen (1812-1838), Zaandam (2e kanton) (1811-1833); *b.* politiegerechten te Berkhout (1813-1816); Bloemendaal (1819-1833); Broek in Waterland (1811-1813); Edam (1811-1838); Grootebroek (1812-1838); Heemstede (1812-1835); Hilversum (1825-1838); Hoorn (1812-1838); Monnickendam (1811-1838); Naarden (1825-1838); Purmerend (1811-1838); De Rijp (1813-1837); Texel (1816-1838); Weesp (1816-1838) en Zaandam (1818).

Kantongerecht te Amsterdam, 1839-1920, 195 m.*

Plaatsingslijst.

Kantongerecht te Beverwijk, 1838-1877, 3 m.

Plaatsingslijst.

Kantongerecht te Edam, 1839-1877, 6 m.
Plaatsingslijst.

Kantongerecht te Enkhuizen, 1838-1877, 5,50 m.
Plaatsingslijst.

Kantongerecht te Haarlem, 1838-1920, 55 m.*
Plaatsingslijst.

Kantongerecht te Haarlemmermeer, 1877-1933, 25 m.*
Plaatsingslijst.

Kantongerecht te Den Helder, 1838-1920, 28 m.*
Plaatsingslijst.

Kantongerecht te Hilversum, 1877-1920, 27 m.*
Plaatsingslijst.

Kantongerecht te Hoorn, 1838-1920, 21 m.*
Plaatsingslijst.

Kantongerecht te Medemblik, 1838-1933, 12,50 m.*
Plaatsingslijst.

Kantongerecht te Naarden, 1838-1877, 3,50 m.*
Plaatsingslijst.

Kantongerecht te Nieuwer-Amstel, 1841-1876, 0,50 m.*
Plaatsingslijst.
N.B. Zeer onvolledig.

Kantongerecht te Purmerend, 1838-1933, 3 m.*
Plaatsingslijst.

Kantongerecht te Weesp, 1838-1877, 4 m.*
Plaatsingslijst.

Kantongerecht te Zaandam, 1839-1920, 23 m.*
Plaatsingslijst.

Krijgsraden en auditeurs-militair in het 1e en 2e militaire arrondissement, 1798-1830, 9 m.
Inventaris.

Krijgsraden in het provinciaal commandement Noord-Holland, 1830-1858, de 4e militaire afdeling, 1860-1867, de 1e militaire afdeling, 1867-1873, en de 4e militaire afdeling, 1873-1913, 5 m.
Plaatsingslijst.

1.3 Notarissen

Notarissen, 16e eeuw-1895 (1897), 600 m.
Inventaris.
Nadere toegang: indices op namen en zaken.
N.B. Van alle hieronder genoemde plaatsen zijn microfilms beschikbaar van archiefbescheiden van vóór het jaar 1811. Plaatsen, waarvan de archieven over de periode vóór 1811 geheel of ten dele zijn geïndiceerd, zijn cursief gedrukt. Aanwezig zijn de archieven van notarissen te Aalsmeer, 1657-1895; *Abbekerk*, 1671-1787; *Akersloot*, 1788-1811; *Amstelland*, 1673; Andijk, 1878-1896; *Assendelft*, 1654-1844; Avenhorn (Avenhorn, 1659-1728; *Grosthuizen*, 1797-1811); *Barsingerhorn*, 1652-1668; Beemster, 1685-1811; *Beets*, 1680-1699; Benningbroek, 1853-1895; *Bergen*, 1692-1797; *Berkhout*, 1659-1732; Beverwijk, 1619-1894; *Bloemendaal*, 1773-1894; Blokker (Oosterblokker), 1628-1811; *Bovenkarspel*, 1673-1751; Broek in Waterland (Broek in Waterland, 1681-1811; *Zuiderwoude*, 1679-1700); *Broek op Langedijk*, 1618-1624; Bussum, 1883-1895; Castricum, 1638-1811; *Diemen*, 1700-1815; Edam, 1574-1811; Egmond, 1590-1733; *Enkhuizen*, 1557-1811; Graft (Graft, 1616-1811; *West-Graftdijk*, 1675-1716); 's-Graveland ('s-Graveland, 1819-1843, 1861-1883; Ankeveen, 1844-1870); Grootebroek, 1661-1811; Haarlemmerliede (*Nieuwerkerk*), 1713-1737; Haarlemmermeer, 1859-1894; *Heemskerk*, 1646; Heemstede, 1691-1894; Heerhugowaard (*Veenhuizen*), 1651-1654; *Heiloo*, 1684-1711; Den Helder (Den Helder, 1702-1894; *Huisduinen*, 1589-1609; Nieuwediep, 1829-1895); *Hensbroek*, 1681, 1683; Hilversum, 1719-1895; Hoogkarspel, 1680-1895; *Hoogwoud*, 1567-1755; Hoorn, 1552-1811; Huizen, 1822-1837; Ilpendam (Ilpendam, 1798-1811; *Purmerland*, 1659-1675); Jisp, 1640-1814; *Koedijk*, 1660-1667; *Koog aan de Zaan*, 1655-1801; *Kortenhoef*, 1691-1746; *Krommenie*, 1626-1894; Landsmeer, 1628-1811; Laren, 1884-1895; *Marken*, 1802-1811; Medemblik, 1578-1811; *Midwoud* (*Oostwoud*), 1677-1709; Monnickendam, 1582-1811; Muiden (Muiden, 1743-1846; *Muiderberg*, 1744-1796); Naarden, 1627-1895; *Nederhorst den Berg*, 1664-1789; *Nibbixwoud* (*Hauwert*), 1634-1674; Nieuwe Niedorp, 1597-1842; Nieuwer-Amstel, 1679-1895; Noord-Scharwoude, 1636-1708; Obdam, 1694-1811; Oosthuizen, 1659-1811; *Oostzaan*, 1636-1778; *Opmeer*, 1657-1686; Opperdoes, 1660-1697; *Oudendijk*, 1692-1694; *Oude Niedorp*, 1639-1726; Ouder-Amstel, 1780-1895; *Oudkarspel*, 1684-1806; Purmerend, 1607-1894; De Rijp, 1643-1805; Schagen, 1604-1895; Schermerhorn (Oterleek), 1758-1895; *Schoorl* (*Schoorldam*), 1628-1677; *Sijbekarspel* (*Sijbekarspel*, 1682-1762; Ben-

ningbroek, 1717-1810, 1853-1895); Spanbroek, 1687-1742; Texel, 1618-1897; *Twisk*, 1709-1795; *Uitgeest*, 1589-1811, 1844-1895; Uithoorn (Uithoorn, 1671-1895; Thamen, 1739-1819); *Ursem*, 1766-1795; Velsen, 1625-1811; Venhuizen (Venhuizen, 1669-1683; Hem, 1709-1806); Warmenhuizen, 1669-1811; Weesp, 1609-1895; *Weesperkarspel* (*Bijlmermeer*), 1780-1810; *Wervershoof*, 1664-1715; *Westwoud*, 1661-1731; *Westzaan*, 1655-1881; Wieringen, 1801-1895; Wieringerwaard, 1825-1829, 1879-1895; *Wijdenes*, 1672-1677; *Wijk aan Zee*, 1639; Winkel, 1613-1898; *Wormer* (*Wormer*, 1612-1883; *Enge-Wormer*, 1738-1748); *Wormerveer*, 1670-1894; *Zaandam*, 1633-1894; *Zaandijk*, 1645-1895; Zuid- en Noord-Schermer (Zuid- en Noord-Schermer, 1649-1795; *Groot-Schermer*, 1696-1697); *Zuid-Scharwoude*, 1712-1739, 1843-1895; Zijpe, 1656-1895; *Zwaag*, 1733-1769.

1.4 Registers van de burgerlijke stand en retroacta van de burgerlijke stand

Registers van de burgerlijke stand, met bijlagen en tafels, 1811-1902, 1100 m.

Inventaris.

Nadere toegang: klapper op huwelijken 1883-1892, met uitzondering van Amsterdam en Haarlem.

N.B. De bijlagen van de gemeenten in het arrondissement Hoorn 1811-1888 zijn door brand verloren gegaan. De registers en tienjarige tafels van gemeenten in het arrondissement Hoorn 1811-1892 zijn gekopiëerd van bij de gemeenten berustende exemplaren.

Retroacta van de burgerlijke stand, 16e-19e eeuw, 45 m.

Inventaris: J.R. Persman-J.J. Zonjee, Beschrijving van de collectie doop-, trouw- en begraafboeken... (Haarlem 1973).

Nadere toegang: klappers (met name op de trouwboeken).

1.5 Weeskamers; registers van eigendomsovergang

Weeskamers (1428-1852), 20 m.

Inventaris: B.M. de Jonge van Ellemeet, Inventaris der oud-rechterlijke en weeskamerarchieven ('s-Gravenhage 1932).

N.B. Betreft de weeskamers te Aalsmeer, 1533-1810 (1,30 m); Ankeveen, 1617-1815 (1 omslag); Assendelft, 1650-1815 (0,20 m);

Barsingerhorn en Haringhuizen, 1673-1810 (0,20 m); Bennebroek, 1729-1810 (1 deel, 1 omslag); Beverwijk, 1556-1818 (0,50 m); Broek op Langedijk, 1689-1811 (1 deel, 1 pak); Burghorn, 1717-1801 (2 delen); Bijlmermeer, 1653-1782 (1 deel, 1 omslag); Callantsoog, 1620-1694 (1 omslag);

Diemen, 1640-1811 (0,60 m);

Haarlemmerliede, 1617-1778 (1 omslag); Harenkarspel, 1601-1809 (0,30 m); Heemskerk, 1607-1809 (1 pak); Heemstede, 1562-1826 (0,40 m); Heerhugowaard, 1708-1809

(0,10 m); Hilversum, 1772-1805 (1 deel); Hofambacht, 1782-1802 (1 omslag); Houtrijk en Polanen, 1734-1810 (1 deel, 1 omslag); Huisduinen en Den Helder, 1799-1810 (1 deel); Huizen, 1655-1810 (1 omslag);
Kalslagen, 1596-1810 (0,30 m); Kortenhoef, 1610-1811 (0,30 m); Krommenie, 1600-1833 (1,30 m); Kudelstaart, 1648-1803 (1 pak);
Laren en Blaricum, 1740-1817 (1 omslag); Limmen, 1634-1809 (1 deel, 1 omslag);
St. Maarten, Valkoog en Eenigenburg, 1689-1816 (1 deel, 1 omslag); Muiden, 1637-1827 (0,40 m); Muiderberg, 1684-1810 (2 delen);
Naarden en Bussum, 1428-1827 (0,10 m); Niedorp, 1546-1826 (0,90 m); Nieuwer-Amstel, 1625-1852 (0,40 m); Nieuwerkerk, Zuid-Schalkwijk en Vijfhuizen, 1611-1808 (2 delen, 1 omslag); Noord-Scharwoude, 1629-1810 (0,20 m);
Oostzaan, 1559-1848 (1,20 m); Oostzaandam (vóór 1795 zie Oostzaan), 1781-1853 (0,20 m); Ouder-Amstel, 1528-1842 (0,60 m); Oudkarspel, 1577-1824 (0,40 m);
Petten, 1808-1811 (1 band);
Schagen, 1458-1819 (0,80 m); Spaarnwoude, 1596-1819 (0,20 m); Sijbekarspel en Benningbroek, 1642-1807 (0,20 m);
Tetrode, Aalbertsberg en Vogelenzang, 1634-1811 (0,20 m); Texel, 1626-1811 (0,10 m); Thamen, 1714-1818 (0,10 m);
Uitgeest, 1633-1847 (0,60 m);
Weesp, 1546-1824 (1,30 m); Weesperkarspel, 1746-1810 (0,10 m); Westzaan, 1460-1848 (3,90 m); Wieringerwaard, 1612-1811 (0,70 m); Wimmenum, 1767-1805 (1 omslag); Winkel, 1590-1811 (0,30 m); Wijk aan Duin, 1628-1794 (1 omslag); Wijk aan Zee, 1732-1789 (1 omslag);
Zandvoort, 1604-1812 (1 omslag); Zuid-Scharwoude, 1656-1811 (0,10 m); Zijpe en Hazepolder, 1618-1811 (1 m).

Registers van eigendomsovergang, 1812-1836, 2 m.

N.B. Betreft de registers van eigendomsovergang van Aalsmeer, 1812-1836; Ankeveen, 1820-1832; Beverwijk, 1812-1832; Bloemendaal, 1812-1832; Buiksloot, 1812-1832; Bijlmermeer, 1825-1836; Diemen, 1812-1834; Huizen, 1814-1832; Koog aan de Zaan, 1812-1826; Krommenie, 1812-1832; St. Maarten, 1812-1832; Nieuwendam, 1812-1832; Nieuwe Niedorp, 1812-1832; Nieuwer-Amstel, 1812-1834; Oude Niedorp, 1812-1832; Ouder-Amstel, 1812-1832; Petten, 1818-1834; Schagen, 1822-1833; Texel, 1813-1820; Uitgeest, 1812-1832; Weesp, 1812-1831; Westzaan, 1818-1833; Wieringerwaard, 1816-1832.

1.6 In de provincie werkzame rijksorganen

Justitie

Toezichthoudende colleges over de gevangenissen en het rijksopvoedingsgesticht te Alkmaar, 1811-1961, 15 m.*

Inventaris: S.A.L. de Graaff, Archieven van de toezichthoudende colleges over de gevangenissen en het Rijksopvoedingsgesticht in Alkmaar, 1811-1961 (Haarlem 1977, tweede uitgave).

N.B. Bevat ook de archieven van de afzonderlijke gevangenissen.

Huizen van Bewaring te Amsterdam, 1815-1977, 72,50 m.*
Plaatsingslijst.
N.B. Bevat de archieven van de Huizen van Bewaring I (1815-1959), II (1854-1967) en III (1942-1963) en van het college van regenten.

Gevangenis 'Fort Spijkerboor' te Beemster, 1942-1950, 0,80 m.*
Proces-verbaal.

Huis van Bewaring te Edam, 1848-1877, 0,10 m.
Plaatsingslijst.

Huis van Bewaring te Enkhuizen, 1848-1877, 0,50 m.
Plaatsingslijst.

Huizen van Bewaring te Haarlem, 1827-1967, 14,50 m.*
Plaatsingslijst.
N.B. Bevat de archieven van de Huizen van Bewaring I (1827-1967) en II (1902-1961) en van het college van regenten.

Huis van Bewaring te Den Helder, 1860-1902, 0,60 m.
Plaatsingslijst.

Gevangenis/Huis van Correctie te Hoorn, 1812-1932, 35 m.*
Plaatsingslijst.

Huis van Bewaring te Purmerend, 1845-1880, 0,50 m.
Plaatsingslijst.

Huis van Bewaring te Weesp, 1869-1874, 0,10 m.

Financiën

Belastingen

Commissarissen der convooien en licenten te Amsterdam en Hoorn, 1794-1811, 2 m.
Inventaris: Th.P.M. van der Fluit, Inventaris van de archieven van commissaris (-generaal) en substituut-fiscaal der convooien en licenten te Amsterdam, 1794-1811, en te Hoorn, 1798-1805, in: Verzamelinventaris I (Haarlem 1980) 1-11.

Inspectie middelen te lande, ressort Amsterdam, 1806-1811, 0,10 m.
Proces-verbaal.

Gequalificeerden/regulateurs der belasting op het recht van successie, 1806-1817, 20 m.

Inventaris.

Ontvangers van de successiebelasting, 1818-1900 (1926), 235 m.*

Inventaris.

N.B. Betreft de memories van aangifte van de kantoren (afwijkende jaren worden aangegeven): Alkmaar, Amsterdam (1818-1863, 1879, 1881-1899), Edam (1818-1842), Enkhuizen, Haarlem, Den Helder (1842-1900), Hilversum (1889-1900), Hoorn, Medemblik (1822-1841, 1873-1879, 1886-1900), Purmerend (1842-1900), Schagen, Texel (1840-1899), Weesp (1818-1889), Zaandam.

De memories zijn toegankelijk door middel van de volgende eigentijdse toegangen: *a.* Tafels V bis, 1856-1900 ('Alfabetische tafel van overledenen') (ontbreken van Enkhuizen); *b.* Tafels VI, 1818-1926 ('Alfabetische tafel van testamenten') (alleen van Amsterdam, Haarlem, Purmerend, Weesp en Zaandam).

Ontvangers der grondbelasting, 1812-1973, 40 m.

Proces-verbaal.

Domeinen

Administratie der domeinen in het tweede ressort te Amsterdam, (1819) 1824-1841, 39 m.

N.B. Bevat ook de archieven van diverse domeinambtenaren (directeuren, 1819-1823, inspecteurs 1819-1828). Het tweede ressort omvatte Noord- en Zuid-Holland, Utrecht, Friesland, Groningen en Drenthe.

Inspectie der domeinen te Alkmaar, eerste helft 19e eeuw-1959, 32 m.

Plaatsingslijst.

N.B. Bevat de onvolledige archieven van de ontvangers der registratie en domeinen te Alkmaar, Enkhuizen, Den Helder, Hoorn, Medemblik, Schagen en Texel (1e helft 19e eeuw-1941) en van de Inspectie der domeinen te Alkmaar (1942-1959).

Inspectie der domeinen te Amsterdam, c. 1860-1959, 19 m.

Plaatsingslijst.

N.B. Bevat de onvolledige archieven van de ontvangers der registratie en domeinen te Amsterdam, Hilversum en Purmerend (deze tot 1934) en de Inspectie der domeinen te Amsterdam (1935-1959).

Ontvanger der registratie en domeinen te Haarlem en Zaandam, c. 1860-1935, 13 m.

Plaatsingslijst.

N.B. Onvolledig.

Waarborg

Controleur der waarborg der gouden en zilveren werken te Amsterdam, 1813-1852, 1,80 m.
N.B. Onvolledig.

Verkeer en waterstaat

Hoofdingenieur en ingenieurs van Rijkswaterstaat, (1743-) 1807-1849, 35 m en ca. 2000 kaarten.
Inventaris.
Nadere toegang: alfabetisch-topografische catalogus (tot 1850) op de kaarten.
N.B. Bevat ook de archieven van de opzieners over 's lands werken, 18e eeuw.

Commissie tot droogmaking van het Haarlemmermeer, 1839-1858, 12,70 m.
Inventaris.

Directie Noord-Holland van Rijkswaterstaat, 1849-1930, 50 m en ca. 1000 kaarten.
Inventaris.
Nadere toegang: gedeeltelijk door klappers en indices.

Arrondissement Alkmaar van Rijkswaterstaat, 1850-1900, 8 m.
Plaatsingslijst.

Arrondissement Amsterdam van Rijkswaterstaat, 1850-1900, 4,50 m.
Plaatsingslijst.
N.B. Vanaf 1903 genaamd arrondissement Haarlem.

Arrondissement Hoorn van Rijkswaterstaat, 1850-1900, 8 m.
Plaatsingslijst.

Arrondissement Noordzeekanaal van Rijkswaterstaat, 1891-1900, 12,20 m.
Plaatsingslijst.
N.B. Bevat ook het archief van de Eerstaanwezend ingenieur bij de Amsterdamsche Kanaalmaatschappij, 1865-1888. Zie ook blz. 107.

Dienstkring Wieringen van Rijkswaterstaat, 1850-1921, 3 m.

Inspecties en kantoren van het Staatsbedrijf der Posterijen, Telegrafie en Telefonie, 1813-1926(1933), 2,70 m.

Inventaris: W.F.M. Brieffies, Inventaris van de archieven der posterijen in Noord-Holland, 1813-1926(1933) in: Verzamelinventaris I (Haarlem 1980) 39-52.
N.B. Fragment-archiefjes; betreft de kantoren Aalsmeer, Alkmaar, Amsterdam, Anna-Paulowna, Blaricum, Bovenkarspel-Grootebroek, Den Burg, Bussum, Edam, Egmond aan Zee, Enkhuizen, Haarlem, De Haukes (Wieringen), Den Helder, Hilversum, Hippolytushoef, Hoofddorp, Hoorn, Huizen, Medemblik, Monnickendam, Naarden, Rijn-Spoorweg, Schagen, Velsen, Weesp, Winkel, IJmuiden, Zaandam, Zandvoort.

Volkshuisvesting en ruimtelijke ordening

Bewaarder der hypotheken te Alkmaar, 1811-1948, 48 m.

Inventaris.
Nadere toegang: F. Keverling Buisman-E. Muller, "Kadastergids"; gids voor de raadpleging van hypothecaire en kadastrale archieven uit de 19e en de eerste helft van de 20e eeuw ('s-Gravenhage 1979).
N.B. De registers 1811-1838 zijn vrij volledig; die over de periode 1839-1878 zijn nog niet overgedragen (en ten dele vernietigd); over 1879-1948 zijn alleen de registers van inschrijving (nr. 3) en de registers van aanwijzing van kadastrale percelen (nr. 69a) aanwezig. De kadastrale kaarten zijn voornamelijk vervallen nette-plans. De overige registers en kaarten (met inbegrip van de minuut-plans) berusten nog bij de Dienst van het Kadaster en de Openbare Registers.

Bewaarders der hypotheken te Amsterdam en Hoorn, 1811-1948, 170 m en 41 m.

Inventaris.
Nadere toegang: als voren.
N.B. Zie onder Alkmaar.

Bewaarder der hypotheken te Haarlem, 1811-1963, 205 m.

Inventaris.
Nadere toegang: als voren.
N.B. Zie onder Alkmaar, met dien verstande, dat de registers 69a nog niet, de registers 4, 19 en 20 wèl zijn overgedragen.

Defensie

Eerstaanwezend ingenieurs der genie te Amsterdam, Den Helder-Texel en Naarden, 1802-1850, 4,7 m.

Inventaris: B.G.A. van Daalen, Inventaris van de archieven van de eerstaanwezend ingenieurs der genie te Naarden, Amsterdam en Den Helder-Texel, 1802-1850, in: Verzamelinventaris I (Haarlem 1980) 13-31.

Militaire hospitalen te Amsterdam, 1897-1940, te Haarlem, 1893-1940, en te Naarden, 1852-1940, 3,70 m.

Garnizoenscommandanten te Amsterdam, 1858-1913, 1,60 m.

Militaire school Haarlem, 1886-1897, 1 m.
Inventaris: M.D. Lammerts, Inventaris van het archief van de Militaire school Haarlem, 1886-1897, in: Verzamelinventaris I (Haarlem 1980) 33-38.

Duitse militaire instanties in het Gooi, 1940-1945, 1,40 m.

Schutterijen, 1830-1839, 2 m.
Plaatsingslijst.
N.B. Betreft de controleregisters, aangevend naam en rang van de officieren, onderofficieren en manschappen.

Keuringsregisters van ingeschrevenen voor de militie en de landstorm van de keuringsraden in Noord-Holland, 1912-1918, 3,50 m.

Economische zaken

Inspectiekantoren voor het ijkwezen te Alkmaar, 1820-1909, te Amsterdam, 1820-1918, te Enkhuizen, 1822-1835, te Haarlem, 1820-1888, te Hoorn, 1820-1908, en te Naarden-Nieuwer-Amstel, 1850-1869, 9 m.
Plaatsingslijst.

Inspectie prijsbeheersing te Amsterdam, 1941-1952, 5,50 m.
Plaatsingslijst.

Houtgemachtigde rayon Noord-Holland, 1941-1950, 0,80 m.
Plaatsingslijst.

Tuchtgerechten voor de prijzen te Alkmaar, 1945-1949, te Amsterdam, 1945-1951, en te Haarlem, 1945-1951, 14 m.
Plaatsingslijst.

Rijksnijverheidsdienst voor Noord-Holland te Amsterdam, 1946-1959, 5,70 m.
Plaatsingslijst.

Landbouw en visserij

Tiendcommissie in het vijfde tienddistrict te 's-Gravenhage, 1909-1921, 0,40 m.
Literatuur: F.C.J. Ketelaar, Oude zakelijke rechten (Zwolle-Leiden 1978) 99-103.
N.B. Betreft de aangiften enz. van tienden in Noord-Holland. Zie ook de tiendarchivalia in de collectie Aanwinsten, hierna blz. 114.

Sociale en gezondheidszorg

Kamer van arbeid te Hilversum, 1900-1922, 0,40 m.
Plaatsingslijst: VROA, 2e serie 20 (1947) 55.

Geneeskundig staatstoezicht, 1801-1865, 13 m.
Inventaris: R.D. Baart de la Faille, Inventaris der archieven van het geneeskundig staatstoezicht in Noord-Holland 1801-1864, in: VROA 43 (1920) II, 139-156.
N.B. Bevat de archieven van de departementale, later provinciale commissies te Amsterdam (1801-1865) en Haarlem (1806-1865) en de plaatselijke commissie te Zaandam (1837-1865).

Rijkskrankzinnigengesticht te Medemblik, 1884-1923, 28 m.
Inventaris: G. van Es, Inventaris van het archief van het voormalig Rijkskrankzinnigengesticht te Medemblik, in: VROA 48 (1925) II, 258-261.
N.B. Voor na 1923 zie blz. 92.

Onderwijs, wetenschap en cultuur

Departementale schoolbesturen en commissies van onderwijs, 1801-1857, 4 m.
Inventaris: Th.P.M. van der Fluit-E.Th.R. Unger, Archieven van het Rijksschooltoezicht in Noord-Holland 1801-1857 (Haarlem 1975).

Districtsschoolopzieners, 1801-1857, 2,50 m.
Inventaris: als voren.

Rijksakademie voor Beeldende Kunsten Amsterdam, 1870-1927, 8,50 m.
Inventaris.
N.B. Bevat ook het archief van de Commissie van toezicht.

Rijksarchief in Noord-Holland, 1851-1973, c. 15 m.
Inventaris.
N.B. Bevat ook het archief van de provinciale archivaris (1851-1921).

1.8 Gemeenten

Barsingerhorn, 1415-1817, 6 m.
Inventaris.

Oudkarspel, (1486) 1521-1821, 8 m.
Inventaris: H.L. Driessen-G. van Es, Inventaris van het archief der hooge heerlijkheid Oudkarspel, in: VROA 43 (1920) II, 157-172.

Wieringen, 1382-1720, 0,20 m.
Inventaris.

1.9 Waterschappen

Achtersluispolder, 1783-1940, 1 m.
Inventaris.

Polder 's-Graveland, 1625-1925, 4,60 m.
Inventaris.
N.B. Bevat tevens archivalia betreffende het dorpsbestuur vóór 1795.

Heemraadschap van de Amstel en Nieuwer-Amstel, 1569-1908 (1911), 12,50 m.
Inventaris: H.F.M. Fluitman, Inventaris van het archief van het Heemraadschap van Nieuwer-Amstel, vanaf 1823 Heemraadschap van de Amstel en Nieuwer-Amstel, 1569-1908 (1911), in: Verzamelinventaris I (Haarlem 1980) 53-109.

Heintjesrak- en Broekerpolder, 1762-1950, 1 m.
Inventaris.

Hoogheemraadschap Zeedijk beoosten Muiden, 1675-1930, 12,80 m.
Inventaris.

2 NIET-OVERHEIDSARCHIEVEN

2.1 Instellingen van economische aard

Ambacht en industrie

Blauwselfabriek J. Avis te Koog aan de Zaan, 1879-1901, 2 m.
Plaatsingslijst.
N.B. Zie ook blz. 274.

Koninklijke rijtuigfabriek Beynes te Haarlem/Beverwijk, 1839-1959, 18 m.
Plaatsingslijst.
N.B. Zie ook blz. 320.

Chocoladefabriek C.J. van Houten te Weesp, c. 1860-1970, c. 70 m.*
Plaatsingslijst.

Weverijen D. van Leyden te Krommenie, 1853-1963, 22 m.
Plaatsingslijst.

Papierfabriek Westzaan, 1868-1958, 13 m.
Plaatsingslijst.

Timmerbedrijf Van der Stadt te Zaandam, 1792-1870, 1 m.
Plaatsingslijst.

Stoomzuivelfabriek Wilhelmina te Bergen, 1911-1914, 0,30 m.
Plaatsingslijst.

Energievoorziening

Eerste Nederlandsche Electriciteits Maatschappij te Amsterdam, 1899-1904, 2 m.

Hollandsche Electriciteits Maatschappij te Hilversum, 1899-1917, ca. 2 m.
N.B. Overgenomen door de provincie zie blz. 92.

Kennemer Electriciteit-Maatschappij te Bloemendaal, 1904-1916, ca. 10 m.
N.B. Overgenomen door de provincie zie blz. 92.

Verkeer en vervoer

Amsterdamsche Kanaalmaatschappij, 1861-1895, 16,80 m.
Inventaris.
N.B. Zie ook blz. 102.

Colleges tot het beheer van de wegen en vaarten tussen de zes Noordhollandse steden, 1660-1927, 12,50 m.

Inventaris: J.J.F. de Waal, Archieven van de colleges tot het beheer van de wegen en vaarten tussen de zes Noordhollandse steden, 1660-1927 (Haarlem 1977).

N.B. Betreft waterweg Amsterdam–West-Friesland; bevat de archieven van de gecommitteerden van de steden (1660-1819), de directie en de daaronder ressorterende technische functionarissen (1819-1927) en de gecommitteerden tot de directie van het veer tussen de vijf Noordhollandse steden (1832-1856). Taak na liquidatie per 1 mei 1927 overgenomen door de provinciale waterstaat. Zie ook blz. 193, 204, 252, 257 en 259 en deel VIII, blz. 60.

Commissie over het zandpad Amsterdam-Weesp, c. 1840-1930, 3,50 m.

Plaatsingslijst.

N.B. Taak na liquidatie per 1 januari 1929 overgenomen door de provinciale waterstaat.

Commissie van administratie tot de straatweg 's-Graveland-Soestdijk, 1826-1932, 0,60 m.

Inventaris: F.J.M. Otten, Inventaris van het archief van de Commissie van administratie tot de straatweg 's-Graveland-Soestdijk, 1826-1932, in: Verzamelinventaris I (Haarlem 1980) 111-116.

Directie over de straatweg Bloemendaal-Santpoort, 1815-1913, 1,20 m.

Plaatsingslijst.

Directie over de weg Zaandam-Buiksloot, 1820-1895, 0,20 m.

Maatschappij van de Zaanlandsche Communicatieweg, 1842-1924, 1,50 m.

Inventaris.

N.B. Betreft de weg Zaanstreek-Beverwijk.

N.V. Spoor- en tram-weg Wieringen-Schagen, 1899-1937, 2,20 m.

Inventaris: W.F.M. Brieffies, Inventaris van de archieven van het Comité "Tramplan Wieringen-Schagen", 1899-1908 en de N.V. Spoor-(tram-)weg Wieringen-Schagen, 1907-1937, in: Verzamelinventaris I (Haarlem 1980) 145-160.

Overige

Bankiersfirma J. te Veltrup te Zaandam, 1872-1916, 7 m.

Plaatsingslijst.

Boerderij Nieuw Maurick in de Houtrakpolder, 1891-1920, 1 m.
Plaatsingslijst.

Commissie van het Groot Badhuis te Zandvoort, 1826-1918, 1,30 m.
Inventaris.
N.B. Betreft ook de aanleg van de straatweg Haarlem-Zandvoort.

Koptiendenregisters Gooiland, 1502-1852, 9,50 m.
Inventaris.
N.B. De tiende werd berekend met koppen graan en daarom koptiende genoemd. De namen van hen, die jaarlijks het verschuldigde afdroegen, staan in de gaderboeken aangetekend. Zie ook blz. 113.

2.5 Instellingen van onderwijs, wetenschap en cultuur

Montessori-schoolvereniging te Bussum, ca. 1915-1974, 5 m.*

Examencommissie van de Nederlandse Vereniging voor Psychiatrie en Neurologie, c. 1890-1940, 2 m.
N.B. Betreft opleiding voor verpleegkundigen in psychiatrische ziekenhuizen.

Adviescommissie voor bouwontwerpen en uitbreidingsplannen in Noord-Holland, 1914-1948, 64 m.
Plaatsingslijst.
Nadere toegang: via kaartsysteem.

2.7 Instellingen op politieke en ideële grondslag

Nationaal-socialistische Beweging, kring 't Gooi, 1940-1945, 3 m.*
N.B. Bevat ook de archieven van organisaties uitgaande van de N.S.B. en van de Winterhulp Nederland.

Joodse Ereraad, 1945-1949, 0,20 m.*
Inventaris.

2.8 Geloofsgemeenschappen en andere instellingen van godsdienstig leven

Oud-katholieke kerk

Bisdom Haarlem, 17e-20e eeuw, 6 m.*
Plaatsingslijst.

N.B. Bevat ook de archivalia van de parochies Aalsmeer, Amsterdam (diverse), Egmond aan Zee, Enkhuizen, Haarlem, Den Helder, Krommenie-Wormerveer en Zaandam.

Nederlandse Hervormde kerk

Provinciaal college van toezicht op het beheer van de kerkelijke goederen, 1820-1961, 55 m.
Plaatsingslijst.

Classis Alkmaar, 1573-1950, 10 m.
Inventaris.

Classis Edam, 1572-1947, 6,50 m.
Inventaris: J.R. Persman, Inventaris van het archief van de Classis Edam van de Nederlandse Hervormde Kerk, 1572-1947 (Haarlem 1974).

Hervormde gemeente te Uitgeest, 1624-1951, 0,70 m.
Inventaris.

Hervormde gemeente te Watergang, 1640-1900 (1937), 0,60 m.
Plaatsingslijst.

Doopsgezinde Broederschap

Doopsgezinde gemeente te Aalsmeer, 1600-1960, 5 m.
Inventaris: in bewerking.

Doopsgezinde gemeente te Beemster, 18e-20e eeuw, 0,50 m.
N.B. Bevat ook archivalia van de Doopsgezinde gemeenten te Oosthuizen en te Purmerend.

Doopsgezinde gemeente te Den Helder, 1778-1960, 0,80 m.
Plaatsingslijst.

Doopsgezinde gemeente te Texel, 18e-20e eeuw, 1,30 m.

Doopsgezinde gemeente te Wieringen, 1717-1958, 0,50 m.
Inventaris.

Evangelisch-Lutherse gemeenten

Evangelisch-Lutherse gemeente te Edam, 1649-1909, 1,70 m.
Plaatsingslijst.

Evangelisch-Lutherse gemeente te Weesp, 1645-1970, 3,20 m.
Proces-verbaal.

2.9 Huizen en heerlijkheden

Huizen

Boekenrode (Bloemendaal), 1580-1858, 0,50 m.
Inventaris.
N.B. Bevat ook de archivalia van de buitenplaatsen Duin en Vaart, Mariënbosch, Zieltjesveen en Klein Bentvelt te Bloemendaal.

Elswout (Bloemendaal), 1500-1969, 1 m.
Plaatsingslijst.

Welgelegen (Haarlem), 1630-1809, 0,30 m.
Inventaris.

Heerlijkheden

Callantsoog, 1387-1908, 2,40 m.
Inventaris: B.M. de Jonge van Ellemeet, Inventaris van het archief der heerlijkheid Callantsoog, in: VROA 47 (1924) II, 181-186.
Bronnenuitgave, literatuur: H. Schoorl, 't Oge; het Waddeneiland Callensoog onder het bewind van de heren van Brederode en hun erfgenamen, de graven van Holstein-Schaumburg, tot de verkoop aan vier Hollandse heren, ca. 1250-1614 (Hillegom 1979) (Hollandse studiën 11).

Egmond, 1722-1917, 0,30 m.
Inventaris.
N.B. Kopie-leenregisters Egmond bevinden zich in het archief van de Leenkamer (blz. 89).

Harenkarspel en Dirkshorn, 1602-1889, 0,40 m.
Inventaris.

Oosthuizen, 1292-1861, 1,60 m.
Inventaris: C.J. Gonnet, Inventaris van het archief der vrije heerlijkheid Oosthuizen, met Hobreede, Etersheim in: VROA 33 (1910) 175-233.
Nadere toegang: regestenlijst 1292-1510 in inventaris.

Oudkarspel, 1566-nà 1877, 0,50 m.
Inventaris.

Schagen, 1427-1830, 3,20 m.
Inventaris.
Bronnenuitgave: gedeeltelijk: Kronijk Historisch Genootschap (1853) 400-418, (1857) 240-273.
N.B. Bevat de archieven van de heren van Schagen en stukken afkomstig van aanverwante geslachten.

Warmenhuizen, 1648-1780, 0,40 m.
Inventaris.

Wimmenum, 1409-ca. 1850, 0,60 m.
Inventaris.
N.B. Fotokopieën; het originele archief is in particulier bezit.

2.10 Families

Boterkooper, 1579-1846, 1,80 m.
Proces-verbaal.
N.B. Bevat ook stukken over Monnickendam en omgeving.

De Goede, ca. 1900-1956, 8 m.
N.B. Betreft West-Friesland, waaronder de vereniging de West-Friese-Stijk.

Van Harenkarspel, 17e, 19e-20e eeuw, 0,50 m.
Proces-verbaal.
N.B. Betreft o.m. de heerlijkheid Beverwijk, 19e eeuw.

Merens, 17e eeuw-1950, 3 m.
Inventaris.
N.B. Verzameling familiepapieren van een Hoornse regentenfamilie. Bevat tevens archivalia betreffende aanverwante families.

Van der Meulen-Taan, 1677-1805, 1,20 m.

Inventaris.

N.B. Betreft diverse Zaanse families. Onderdeel van het archief van de rechtbank van eerste aanleg te Haarlem.

Nagtglas (Versteeg), 1667-1967, 2 m.

Inventaris.

N.B. Betreft vnl. de stad Naarden, bevat ook stukken over aanverwante geslachten als Harloff, Voss van Zijll en Van Zijll.

Prévinaire, 17e-19e eeuw, 0,20 m.

Roeper, 1310-1713, 1,1 m.

Inventaris: R.D. Baart de la Faille, Inventaris der Roeperpapieren, in: VROA 44 (1921) II, 162-201.

Nadere toegang: regestenlijst 1310-1568 in inventaris.

Semeijns de Vries van Doesburgh, 1487-ca. 1950, 8 m.

Inventaris: Th.P.M. van der Fluit, Collectie Semeijns de Vries van Doesburgh, waarin opgenomen papieren afkomstig van leden van de geslachten Buyskes, Van Doesburgh, Semeijns en aanverwante geslachten (Haarlem 1978).

N.B. Betreft vnl. West-Friesland en de stad Enkhuizen in het bijzonder.

Van Styrum, 1570-1972, 6,50 m.

Inventaris.

2.11 Personen

W.N. Horsman, tekenaar en letterkundige te Haarlem, 1907-1966, 7 m.

N.B. Tekeningen van Horsman zijn opgenomen in de Provinciale Atlas (blz. 115)

A. Louwen Pzn., 1760-1788, 0,80 m.

N.B. Bevat eigentijdse verslagen van gebeurtenissen op politiek, godsdienstig en militair gebied.

G. Nobel, (1871) 1905-1912, 0,10 m.

Plaatsingslijst.

N.B. Betreft verenigingen en organisaties op het gebied van de landbouw en veeteelt.

Jhr. P. Opperdoes Alewijn, lid van Provinciale Staten en lid van de gemeenteraad van Hoorn, 1835-1875, 0,70 m.

Inventaris: W.F.M. Brieffies, Inventaris van de collectie jhr. Pieter Opperdoes Alewijn, 1835-1875, in: Verzamelinventaris I (Haarlem 1980) 161-189.
Nadere toegang: klapper op de brieven.

A. Perk, 16e-19e eeuw, 0,50 m.
Inventaris.
N.B. Bevat ook stukken betreffende het Gooi. Zie ook blz. 109.

Nicolaas Ruychaver, 1570-1577, 0,10 m.
Inventaris: P. Scheltema, Inventaris van het provinciaal archief van Noord-Holland (Haarlem 1873) 140-157.
N.B. Betreft krijgsverrichtingen in de 80-jarige oorlog, voornamelijk in Noord-Holland.

A. Slob, burgemeester van Haarlemmermeer, 1876-1945, 0,80 m.

L.A. Springer, tuinarchitect, 1896-1940, 0,40 m.
Inventaris.

E. Veen, industrieel te Zaandam en A.C. Veen-Brons, leidster van de Vereeniging van Nieuw-Feministen, opgericht 1931, 1900-1958, 3 m.
Inventaris: L.A.A.C. Koning, Inventaris van de collecties Egbertus Veen Azn. en Alida Christina Veen-Brons (Famke), 1900-1958, in: Verzamelinventaris I (Haarlem 1980) 191-223.

3 VERZAMELINGEN

3.1 Handschriften

Verspreide aanwinsten, 14e-20e eeuw, ca. 15 m.
Inventaris.
N.B. Bevat o.a. handvesten, privilegiën, kronieken, transportakten van onroerend goed, lijf- en losrentebrieven, stukken betreffende tienden, betreffende buitenplaatsen (Saxenburg, Schapenburg e.a.) en betreffende families (Van Assendelft, Brederode e.a.) en personen (Sonoy e.a.)

3.2 Bibliotheek

Bibliotheek, c. 30000 delen.
Catalogus op auteur en op onderwerp.
N.B. Bij de bibliotheek is gedeponeerd een verzameling boeken en tijdschriften afkomstig van ir. W. Badon Ghijben betreffende o.m. de geschiedenis van de waterstaat en de techniek.

3.3 Kranten

Nederlandse Staatscourant, 1814-1850 en 1909-1929, 5 m.

Periodieken en pamfletten Tweede Wereldoorlog (collectie N.A. Amse), 1939-1945, 2 m.

3.4 Prenten en kaarten

Kaarten

N.B. Voor de kaarten in de archieven van Rijkswaterstaat en het Kadaster zie resp. blz. 102 en 103.

Kaarten Provinciale Atlas, ten dele afkomstig uit diverse archieven, ten dele aangekocht door de provincie, 16e-20e eeuw, ca. 3000 stuks.
Catalogus.

Tekeningen van gemalen en stoomwerktuigen, ca. 1870-1925, ca. 2000 stuks

Pre-kadastrale (verpondings)kaarten, begin 19e eeuw, ca. 100 stuks.

Kaartboeken en atlassen, 17e-20e eeuw, ca. 30 stuks.

Prenten

Topografische prenten (tekeningen, aquarellen, gravures e.d.) van steden en dorpen in Noord-Holland, 17e-20e eeuw, ca. 4500 stuks.
Alfabetisch-topografische catalogus.

Historieprenten, ca. 1000 stuks.
Geordend volgens Muller's catalogus.

Portretten, ca. 600 stuks.
Geordend volgens Muller's catalogus.

Foto's, dia's, prentbriefkaarten

Foto's en dia's van steden en dorpen in Noord-Holland, ca. 7000 stuks.
Alfabetisch-topografisch geordend.

Foto's van elders berustende kaarten van Noord-Holland, ca. 2500 stuks.

Prentbriefkaarten, ca. 60.000 stuks.

3.5 Zegels en lakafdrukken van zegelstempels

Zegelafgietsels.
Plaatsingslijst.

3.7 Overige verzamelingen

Kopieën-collectie, vnl. fotokopieën van elders berustende archivalia betreffende Noord-Holland, 15e-19e eeuw, 8 m.

Microfilms van elders berustende archivalia, 107 rollen.

Watermerken en papierkappen.
N.B. Zie: VROA (1920) II, 112.

Regesten (op fiches) van oorkonden betreffende Noord-Holland t/m het jaar 1515.
N.B. Zie: VROA (1920) II, 115.

Collectie W. Badon Ghijben, 17e-20e eeuw, c. 5 m.
Inventaris.
N.B. Betreft geschiedenis van de waterstaat en de techniek. Zie ook blz. 114.

Collectie K. Graftdijk, 19e eeuw, 0,80 m.
Inventaris.
N.B. Omvat afschriften van en aantekeningen uit stukken berustende in Noordhollandse archieven.

Collectie H. Schoorl, 20e eeuw, 0,20 m.
N.B. Bevat historische aantekeningen over Callantsoog.

Collectie G. de Vries Azn., 19e eeuw, 0,80 m.
N.B. Betreft de waterstaat in Noord-Holland.

KOP VAN NOORD-HOLLAND

GEMEENTE ANNA PAULOWNA

Adres	Molenvaart 19, postbus 8, 1760 AA Anna Paulowna.
Telefoon	02233-2244.
Openingstijden	maandag t/m vrijdag 9.00-12.00 uur.

1 ARCHIEVEN VAN DE OVERHEID

Gemeentebestuur, 1870-1937, 24 m.

N.B. De gemeente is in 1870 in het leven geroepen. De oudere stukken moet men zoeken in het archief van de polder Anna Paulowna, zie hierna blz. 132.

Gemeentelijk electriciteitsbedrijf, ca. 1930-ca. 1940, 2 m.

Algemeen armbestuur, 1870-1965, 5 m.

GEMEENTE BARSINGERHORN

Adres	Noord-Zijperweg 35, postbus 2, 1766 ZG Wieringerwaard.
Telefoon	02242-1441.
Territoir	met ingang van 1 augustus 1970 werden de gemeenten Barsingerhorn en Wieringerwaard samengevoegd tot een nieuwe gemeente Barsingerhorn.
Openingstijden	na telefonische afspraak.

1 ARCHIEVEN VAN DE OVERHEID

Gemeentebestuur Barsingerhorn, (1613) 1812-1926, 12 m.
N.B. Zie ook blz. 106.

Gemeentebestuur van Wieringerwaard, 1811-1934, 7 m.

Algemeen Armbestuur Barsingerhorn, 1826-1967, 1 m.*

Wezenarmbestuur van Barsingerhorn, 1855-1968, 0,50 m.*

GEMEENTE CALLANTSOOG

Adres Dorpsplein 22, 1759 GN Callantsoog.
Telefoon 02248-2144.
Openingstijden maandag t/m vrijdag 9.00-12.00 uur, 13.30-16.30 uur uitgezonderd donderdagmiddag.

1 ARCHIEVEN VAN DE OVERHEID

Gemeentebestuur, ca. 1790-1935, 35 m.
Plaatsingslijst.
N.B. Zie ook blz. 111.

GEMEENTE HARENKARSPEL

Adres Raadhuisstraat 1, 1746 BE Dirkshorn.
Telefoon 02245-441.
Openingstijden maandag t/m vrijdag 8.30-12.00 uur.

1 ARCHIEVEN VAN DE OVERHEID

Gemeentebestuur, 1817-1945, 39 m.

Algemeen Burgerlijk Armbestuur, 1868-1946, 1,50 m.

2 NIET-OVERHEIDSARCHIEVEN

Onderling Begrafenisfonds voor Plattelands Gemeenten in Nederland, opgericht te Eenigenburg 1 januari 1848, 1848-1912, 1 doos.

Hervormde gemeente van Harenkarspel en Dirkshorn, 1802-1962, 0,50 m.*

GEMEENTE DEN HELDER

Adres	Kerkgracht 1, postbus 36, 1780 AA Den Helder.
Telefoon	02230-15866.
Territoir	in 1835 werd het grondgebied van de gemeente Huisduinen en Helder gevoegd bij de gemeente Den Helder.
Openingstijden	na telefonische afspraak.

1 ARCHIEVEN VAN DE OVERHEID

1.1 Algemeen plaatselijk bestuur

Gemeentebestuur van Huisduinen en Helder, 1588-1835, 7 m.
Inventaris: H.L. Driessen, Inventaris van het archief van Huisduinen en Helder, in VROA, 43 (1919) II, 111-132.
N.B. Bevat ook stukken van particuliere aard m.n. 4 scheepsjournalen, 1748-1750, 1772-1775, 1790-1792, 3 dln. (inv.nrs. 145, 146, 148).

Gemeentebestuur van Den Helder, 1813-1918, 80 m.

Commissie voor het grondbedrijf, 1917-1933, 1 doos.

Commissie van bijstand publieke werken, 1920-1975, 1 m.*

Commissie voor de nutsbedrijven, 1921-1973, 0,65 m.*

Commissie van bijstand voor gemeentereiniging, 1921-1940, 0,25 m.

Commissie van bijstand voor visafslag en vleeskeuring, 1962-1970, 1 doos.*

Commissie voor het onderwijs, 1918-1975, 0,75 m.*

1.2 Plaatselijke instellingen met een specifieke taak

Financiën

Kerkmeesters Den Helder, 1748-1811, 2 bundels.
Inventaris: als voren, nrs. 141-142.

Sociale zorg

Weesvaders en armenvoogden, 1604-1810, 0,25 m.
Inventaris: als voren, nrs. 132-140.

Algemeen weeshuis, 1839-1975, 1,50 m.

Algemeen armbestuur, 1847-1933, 3 m.

Levensmiddelenbedrijf, 1917-1932, 1 portefeuille.

Onderwijs

Commissie schooltoevoorzicht, 1807-1910, 2 dozen.

Schoolopziener, 1831-1853, 3 brievenboeken.

Tekenschool, 1837-1870, 4 notulenboeken.

Commissie Onderwijs, 1918-1975, 0,75 m.*

Dag- en Avond-Handelsschool, 1918-1932, 0,50 m.

Lagere Land- en Tuinbouwschool, 1950-1960, 1,50 m.

1.7 Organen van de centrale overheid

K.L. Kluppell, notaris te Den Helder, 1827-1837, 1 brievenboek.

2 NIET-OVERHEIDSARCHIEVEN

2.1 Instellingen van economische aard

Nederlandsche Handel Maatschappij, 1831-1853, 2 brievenboeken.

2.6 Instellingen op het gebied van sport, recreatie en evenementen

N.V. Zeebad Huisduinen, (1890) 1920-1951, 2 m.

VVV-Den Helder, 1890-1959, 3 notulenboeken.

VVV-Julianadorp, 1954-1973, 1 notulenboek.

2.8 Geloofsgemeenschappen en andere instellingen van godsdienstig leven

Diakonie der hervormde gemeente, 1836-1844, 1 notulenboek.
N.B. Onderdeel van de archieven van de gemeente Den Helder.

GEMEENTE NIEDORP

Adres De Meet 1, postbus 6, 1733 ZG Nieuwe Niedorp.
Telefoon 02261-1541.
Territoir met ingang van 1 augustus 1970 werden de gemeenten Nieuwe Niedorp, Oude Niedorp en Winkel samengevoegd tot de gemeente Niedorp.
Openingstijden na telefonische afspraak.

1 ARCHIEVEN VAN DE OVERHEID

1.1 Algemeen plaatselijk bestuur

Gemeentebestuur van Oude- en Nieuwe Niedorp, (1298) 1539-1813, 7,50 m.

Inventaris: G. van Es, Inventaris der oude archieven van Nieuwe- en Oude-Niedorp, in: VROA 45 (1922) II, 155-169.

Gemeentebestuur van Nieuwe Niedorp, 1814-1970, 18 m.

N.B. Code VNG sedert 1934. Vele oude stukken werden in het code-archief opgenomen. Het grootste deel van het 19e-eeuwse archief is in 1973 verbrand.

Gemeentebestuur van Oude Niedorp, 1814-1970, 15 m.

N.B. Code VNG sedert 1934. Vele oude stukken werden in het code-archief opgenomen. Het grootste deel van het 19e-eeuwse archief is in 1973 verbrand.

Gemeentebestuur van Winkel, (1326) 1452-1970, 27 m.

Inventaris.

N.B. Code VNG sedert ca. 1930. Bevat ook de archieven van de Braakpolder, 1575-1634; Nederlandspolder, 1694-1768; Niedorperkogge, 1557-1797; Strijkmolens van de Niedorperkogge, 1653-1699.

1.2 Plaatselijke instellingen met een specifieke taak

Algemeen Burgerlijk Armbestuur van Nieuwe Niedorp, 1922-1949, 2 delen.

N.B. Het archief is grotendeels verbrand in 1973.

Dienst Maatschappelijk Hulpbetoon, 1958-1966, 1 notulenboek.

1.3 Organen van intergemeentelijke samenwerking

Gecombineerd overleg colleges van B. en W. van Nieuwe Niedorp en Hoogwoud tot stichting en exploitatie van een school in de Langereis, 1881-1910, 1 deel.

GEMEENTE SCHAGEN

Adres Markt 18, postbus 8, 1740 AA Schagen.
Telefoon 02240-96341.
Openingstijden na telefonische afspraak.

1 ARCHIEVEN VAN DE OVERHEID

Gemeentebestuur, 1398-1943, 78 m.
Inventaris.
N.B. Bloemendaalse stelsel, 1910-1943, code VNG 1943.

2 NIET-OVERHEIDSARCHIEVEN

Kerkeraad van de hervormde gemeente te Schagen, 1681-1692, 1 notulenboek.

3 VERZAMELINGEN

Foto's.

GEMEENTE SINT MAARTEN

Adres Hoge Buurt 7, postbus 1, 1744 ZG Sint Maarten.
Telefoon 02246-1203.
Openingstijden na telefonische afspraak.

1 ARCHIEVEN VAN DE OVERHEID

Gemeentebestuur, 1811-1926, 30 m.

Algemeen Burgerlijk Armbestuur, 1865-1962, 2 m.

Commissie Schooltoezicht, 1921-1936, 1 notulenboek.

GEMEENTE TEXEL

Adres Groene Plaat 1, Den Burg.
Telefoon 02220-3041.
Openingstijden maandag t/m vrijdag 9.30-16.30 uur.

1 ARCHIEVEN VAN DE OVERHEID

1.1 Algemeen plaatselijk bestuur

Gemeentebestuur, (1254) 1585-1926 (1943), 51 m.
Inventaris: A.J. Kölker, Inventaris van de archieven van de gemeente Texel (Haarlem-Lisse 1972) nrs. 1-250.

1.2 Plaatselijke instellingen met een specifieke taak

Strandvonderij, 1841-1946, 0,50 m.
Inventaris: als voren, nrs. 1634-1658.

Gemeenteopzichter, 1896-1947, 0,30 m.
Inventaris: als voren, nrs. 1659-1689.

Directie van de haven te Oude Schild, 1751-1854, 0,30 m.
Inventaris: als voren, nrs. 1562-1586.

Tramcomité, 1913-1916, 7 omslagen.
Inventaris: als voren, nrs. 1697-1703.

Gemeentelijk electriciteitsbedrijf, 1919-1927, 0,50 m.
Inventaris: als voren, nrs. 1529-1547.

Algemeen Weeshuis, 1573-1939, 3 m.
Inventaris: als voren, nrs. 1205-1374.

Bank van Lening, 1808-1900, 0,30 m.
Inventaris: als voren, nrs. 1506-1528.

Armenkamers en de Vooghtlanden, 1496-1948, 0,50 m.
Inventaris: als voren, nrs. 1479-1505.

Algemeen Armbestuur en Gesticht van Weldadigheid Texel, 1818-1948, 0,50 m.
Inventaris: als voren, nrs. 1375-1478.

Levensmiddelenbedrijf, 1918-1919, 7 omslagen.
Inventaris: als voren, nrs. 1690-1696.

Plaatselijke schoolcommissie, 1858-1880, 4 omslagen.
Inventaris: als voren, nrs. 1588-1891.

Commissie van toezicht op het middelbaar onderwijs, speciaal de Zeevaartschool, 1913-1933, 1 notulenboek.
Inventaris: als voren, nr. 1592.

Zeevaartschool, 1913-1933, 0,50 m.
Inventaris: als voren, nrs. 1593-1633.

1.4 Organen van stadsheerlijkheden, geannexeerde ambachten en gemeenten

Heerlijkheid Waalenburg, 1784-1791, 3 omslagen.
Inventaris: als voren, nrs. 1705-1707.
N.B. Het archief is zeer fragmentarisch bewaard.

1.5 Organen van waterschappen

Polder Hoorn en Burg, 1772, 1 stuk.
Inventaris: als voren, nr. 1704.

2 NIET-OVERHEIDSARCHIEVEN

Raad van Commissarissen van de N.V. Texelsche Electriciteitsmaatschappij (T.E.M.), 1926-1941, 0,30 m.
Inventaris: als voren, nrs. 1548-1561.

Rederijkerskamer ‘Amicitia’, 1869, 1 notulenboek.
Inventaris: als voren, nr. 1578.

Agnietenklooster, 1440-1572, 1 doos.
Inventaris: als voren, nrs. 1198-1204.

GEMEENTE WIERINGEN

Adres	Mekkenspuinweg 40, postbus 1, 1770 ZG Hippolytushoef.
Telefoon	02279-1241.
Openingstijden	maandag t/m vrijdag 9.00-12.00, 14.00-16.00 uur.

1 ARCHIEVEN VAN DE OVERHEID

Gemeentebestuur, 1815-1930, 5 m.
N.B. Zie ook blz. 106.

Exploitatie van het zeegras der gemeente, 1914-1943, 1 doos.

GEMEENTE ZIJPE

Adres	Grote Sloot 336, postbus 5, 1750 AA Schagerbrug.
Telefoon	02247-241.
Territoir	met ingang van 1 mei 1929 werd het grondgebied van de gemeente Petten gevoegd bij de gemeente Zijpe.
Openingstijden	na telefonische afspraak.

1 ARCHIEVEN VAN DE OVERHEID

Gemeentebestuur van Zijpe, 1817-1938, 40 m.

Gemeentebestuur van Petten, (1701) 1817-1929, 24 m.

WATERSCHAP DE AANGEDIJKTE LANDEN EN WIERINGEN

Adres	Van Eewijkstraat 3, postbus 16, 1760 AA Anna Paulowna.
Telefoon	02233-1201.
Territoir	gemeenten Anna Paulowna, Barsingerhorn, Callantsoog, Den Helder, Niedorp, Wieringen en Zijpe. Per 1 januari 1980 werden de polder Anna Paulowna, de Zijpe en de Hazepolder en de waterschappen Koegras, Wieringen en Wieringerwaard samengevoegd tot het waterschap de Aangedijkte Landen en Wieringen.
N.B.	het grootste deel van de archieven berust tijdelijk bij de Archiefdienst Westfriese Gemeenten te Hoorn.

1 ARCHIEVEN VAN DE OVERHEID

Anna Paulownapolder, 1840-1979, 30 m.*

N.B. Bevat ook het archief van de commissie tot droogmaking, 1840-1846.

Waterschap Koegras, 1975-1979, 3 vierladenkasten.*

N.B. In 1975 ontstaan door samenvoeging van de polders Callantsoog, 't Hoekje, Huisduinen en Het Koegras.
Nadere toegang: op code.

Polder Callantsoog, 1800-1975, 3 m.*

N.B. Bevat ook archiefbescheiden van de Bosker of Boskermolenpolder.

Polder 't Hoekje, 1910-1975, 2 m.*

Polder Huisduinen, (1744) 1790-1975, 3 m.*

N.B. Bevat ook archiefbescheiden van de polder Den Helder en Huisduinen.

Polder Het Koegras, 1873-1975, 5 m.*

N.B. Bevat ook stukken van veiling van domeingoederen, 1849.

Waterschap Wieringen, 1972-1979, 1 m.*
N.B. Ontstaan in 1972 door samenvoeging van het heemraadschap Wieringen en de polder Waard-Nieuwland.

Polder Waard-Nieuwland, 1865-1972, 4 m.*

Heemraadschap Wieringen, 1883-1972, 10 m.*
N.B. Ontstaan in 1882 door samenvoeging van het Dijkbestuur van Wieringen en het Polderbestuur van Wieringen.

Dijkbestuur van Wieringen, 1818-1882, 0,25 m.

Polderbestuur Wieringen, 1866-1883, 0,25 m.

Polder Wieringerwaard, 1597-1925, 18 m.
Literatuur: J. Belonje, De Wieringerwaard. Uit het oud-archief van de polder, 1597-1811, in: Heldersche Courant, 28 mei en 4 juni 1927 (ook als overdruk).
Inventaris.
N.B. Zie ook blz. 94.

Waterschap Wieringerwaard, 1925-1929, 12 m en enige dossierkasten.
N.B. Sinds 1925 heet de polder Wieringerwaard Waterschap Wieringerwaard en vanaf 1971 zijn de polders Waard en Groet hierin opgenomen; vanaf 1925 Code Waterschapsarchieven.

Polder Waard en Groet, 1844-1970, 3 m.*

Braakpolder onder Winkel, 1700-1959, 1 m.*
N.B. Sinds 1959 onderdeel van de polder Waard en Groet.

Schrinkkaag (molengeersen), 1630-1689, 0,15 m.

Zijpe- en Hazepolder, (1386) 1556-1979, 37 m.*
Inventaris: tot 1936; sedert 1935 Code Waterschapsarchieven.
N.B. Zie ook blz. 94.

2 NIET-OVERHEIDSARCHIEVEN

Kaasfabriek 'Klein Begin' te Westerland, 1932-1935, 1 kasboek.

Kaasfabriek 'Nooit Gedacht' op Wieringen, 1905-1936, 2 notulenboeken.

Kaasfabriek 'De Eendracht' te Oosterland, 1904-1935, 1 notulenboek.

Bond van Zuivelfabrieksbesturen te Wieringen, 1916-1934, 1 notulenboek.

Plaatselijke Commissie der verzekeringsvereniging, genaamd 'Noord-Hollandsche Landbouw Onderlinge', gevestigd te Amsterdam, 1910-1951, 1 notulenboek.

WATERSCHAP TEXEL

Adres	Vismarkt 7, postbus 62, 1790 AB Den Burg.
Telefoon	02220-2439.
Territoir	gemeente Texel. Met ingang van 1 juni 1970 werden de polders het Burger Nieuwland, Eijerland, het waterschap de Gemeenschappelijke Polders, Hoornder Nieuwland en de Kuil, Prins Hendrikpolder en Waal en Burg samengevoegd tot het waterschap Texel.
Openingstijden	na telefonische afspraak.

1 ARCHIEVEN VAN DE OVERHEID

Polder het Burger Nieuwland, 1870-1967, 0,50 m.

Waterschap Eijerland, 1834-1970, 10 m.

Waterschap de Gemeenschappelijke Polders, 1805-1970, ca. 1 m.
N.B. Dit waterschap bestaat uit dertig samengevoegde polders, nl.: Otterzaat, Oostergeest, 't Zeeuwenland, Westgeest, Zuidhaffel, Noordhaffel, Operen, Elmenbuurt, 't Klei, Ongeren, de Hal, Wietegeest, Geeritsland, de Koog, Evertskoog, het Binnenspijk, Buitendijk, 't Zoutland, den Aal, 't Wammes, Breem, Bakkum, Trinten en Zuitdorp, de Grie, de Waal, Tienhoven, Dijkmanoog, Oosterend en het Noorden.

Prins Hendrikpolder, ca. 1900-1970, 0,50 m.

Polder Hoornder Nieuwland en de Kuil, ca. 1943-1970, 0,50 m.

Polder Waalenburg/Waal en Burg, ca. 1900-1970, 0,50 m.

NOORD-KENNEMERLAND

GEMEENTEARCHIEF ALKMAAR

Adres	Oudegracht 247, 1811 CG Alkmaar.
Telefoon	072-119349.
Openingstijden	maandag t/m vrijdag 8.45-17.00 uur, dinsdag bovendien 19.00-21.30 uur.
Faciliteiten	kopiëerapparaat, foto-atelier.
N.B.	het gemeentearchief Alkmaar is tevens regionaal archief voor Noord-Kennemerland. De gemeenten Akersloot, Alkmaar, Bergen, Castricum, Egmond, Graft-De Rijp, Heiloo, Schermer, Schoorl, Sint Pancras en Warmenhuizen hebben hun archieven overgebracht naar de archiefbewaarplaats van de gemeente Alkmaar.

1 ARCHIEVEN VAN DE OVERHEID

1.1 Algemeen plaatselijk bestuur

Stad Alkmaar, 1254-1815, 87 m.
Inventaris: W.A. Fasel, Het stadsarchief van Alkmaar, 1254-1815, deel 1: inventaris (Alkmaar 1975).
Nadere toegang: klapper op de poorterboeken en gedeeltelijk op de verpondingskohieren; staten van regeringsleden; W.A. Fasel, Het stadsarchief van Alkmaar, 1254-1815, deel 2: regesten (Alkmaar 1976).

Gemeentebestuur, 1816-1945, 198 m.
Inventaris.
Nadere toegang: klapper op bevolkingsregister.

Ambtsarchief burgemeester H.J. Wytema, 1948-1969, 0,50 m.
Inventaris.

1.2 Plaatselijke instellingen met een specifieke taak

Rechtspraak vóór 1811

Schepenbank, 1517-1811, 31 m.

Inventaris: N.J.M. Dresch, Inventaris der archieven van de colleges, die over het tegenwoordig gebied der gemeente Alkmaar rechtspraak hebben uitgeoefend, 1517-1811, in: VROA 50 (1927) II, 491-564.
Nadere toegang: klapper op de transportakten 1580-1811 (gedeeltelijk).
N.B. Bevat ook het archief van de gaarder.

Bevolking

Doop-, trouw- en begraafboeken, 1540-1811, 5 m.

Inventaris: N.J.M. Dresch, Inventaris van de oude kerkelijke doop-, trouw- en dooden(begraaf)boeken te Alkmaar, 1540-1811 (1896) (Alkmaar 1926).
Nadere toegang: klappers.

Financiën

Gemeenteontvanger, 1900-1946, 0,50 m.

Inventaris.

Openbare werken

Openbare werken, 1830-1951, 21,50 m.

Inventaris.
N.B. Bevat de archieven van Gemeentewerken, 1890-1943; Bouwpolitie, 1906-1918; Havendienst, 1921-1940; Bouw- en Woningtoezicht, 1935-1951; Grondbedrijf, 1930-1945; Reinigingsdienst, 1881-1935; Algemene Begraafplaats, 1830-1950.

Openbare orde en veiligheid, defensie

Gemeentepolitie, 1849-1964, 30 m.*

Inventaris.

Vrijwillige Brandweer, 1879-1949, 1 m.

Inventaris: A.A. Veer, Inventaris van het archief van de Alkmaarse Vrijwillige Brandweer, 1879-1949 (Alkmaar 1979).

Gemeentelijke Luchtbeschermingsdienst, 1939-1940, 1 omslag.

Inventaris.

Economische zaken

Commissie van advies voor het in exploitatie brengen van terreinen voor handel en industrie, 1917-1918, 1 doos.
Inventaris.

Sociale zorg

Zorg voor minderjarigen

Burgerweeshuis, 1503-1966, 5 m.
Inventaris: W.A. Fasel, Verzamelinventaris I (Alkmaar 1978) blz. 63-75.
Nadere toegang: regesten in inventaris.

Weeskamer, 1517-1852, 22 m.
Inventaris.

Bank van lening

Gecommitteerden tot de administratie van de Bank van Lening, 1834-1874, 2 dozen.
Inventaris.

Armen- en werklozenzorg

Burgerlijk Armbestuur, sedert 1931 Gemeentelijke dienst voor maatschappelijk hulpbetoon, 1855-1964, 3 m.
Inventaris.

Gemeentelijk Werklozenfonds, 1912-1917, 3 dozen.
Inventaris.

Armenraad, Sociale Raad, Districts Sociale Raad, 1914-1964, 2 dozen.
Inventaris.

College van Wijkmeesters, 19e eeuw, 1 omslag.
Inventaris.

Verstrekking van levensbehoeften en brandstoffen

Commissie van bijstand voor het Distributiebedrijf, 1915-1920, 1 doos.
Inventaris.

Distributiebedrijf, 1916-1921, 3 m.
Inventaris.

Commissie voor de Centrale Keuken, 1917-1919, 3 dozen.
Inventaris.

Commissie voor de distributie van sajet, klompen en schoeisel, 1917-1918, 1 doos.
Inventaris.

Brandstoffencommissie, 1917-1921, 1,50 m.
Inventaris.

Distributiedienst, 1939-1949, 6 delen en 1 doos.
Inventaris.

Volkshuisvesting

Huurcommissie, 1917-1925, 2 dozen.
Inventaris.

Dienstverlening

Commissie van voorlichting bij beroepskeuze, 1925-1927, 1 doos.
Inventaris.

Gezondheidszorg

Mannen- en Vrouwengast- en Proveniershuis, sedert 1902 Stadsziekenhuis, 1784-1929, 4 m.
Inventaris: Verzamelinventaris I, blz. 57-61.

Plaatselijke Commissie van Geneeskundig Toevoorzigt, 1806-1865, 2 dozen.
Inventaris.

Stadsapotheek, 1852-1928.
Inventaris: Verzamelinventaris I, blz. 61.
N.B. In 1879 verenigd met het Mannen- en Vrouwengast- en Proveniershuis.

Gezondheidscommissie I en II, 1873-1934, 0,50 m.
Inventaris.

Onderwijs, wetenschap en cultuur

Onderwijs

Latijnse School, 1693-1879, 7 deeltjes.
Inventaris.

Curatoren van de Latijnse School, 1764-1855, 2 dozen.
Inventaris.

Plaatselijke Schoolcommissie en Commissie van toezicht op het Lager Onderwijs I en II, 1806-1975, 1,50 m.
Inventaris.

Stedelijk Gymnasium, sedert september 1933 Murmellius Gymnasium, 1904-1960, 0,75 m.
Inventaris.

Curatoren van het Stedelijk Gymnasium, 1904-1968, 1 m.
Inventaris.

Cultuur

Commissie van toezicht op het Muziekcorps, de Muziekschool en de Stedelijke Muziektuin, 1875-1932, 2 dozen.
Inventaris.

Sport, recreatie en evenementen

Gemeentelijk Sport- en Badbedrijf, 1922-1969, 2 m.
Inventaris.

1.4 Organen van stadsheerlijkheden, geannexeerde ambachten en gemeenten

GEMEENTE OUDORP

N.B. De gemeente Oudorp is met ingang van 1 oktober 1972 opgeheven en bij de gemeente Alkmaar gevoegd.

1 ARCHIEVEN VAN DE OVERHEID

1.1 Algemeen plaatselijk bestuur

Dorpsbestuur, 1569-1814, 0,50 m.
Inventaris.

Gemeentebestuur, 1815-1972, 43 m.
Inventaris. (Sedert 1946 code VNG).

1.2 Plaatselijke instellingen met een specifieke taak

Schepenbank en weeskamer, 1608-1811, 0,50 m.
Inventaris: ORW, nrs. 6248-6267.

Doop-, trouw- en begraafboeken, 1645-1841, 1 doos.
Inventaris: DTB, blz. 168.
N.B. Bevat ook het gerechtstrouwboek, 1806-1810; registers van de gaarder en gequalificeerde, 1782-1811.

Burgerlijk armbestuur, sedert 1954 Maatschappelijke zorg, 1950-1972, 1 m.
Inventaris.

1.7 Organen van de centrale overheid

Notarissen ter standplaats Oudorp, 1708-1842, 1 m.
Inventaris: Not., nrs. 4203-4221.

2 NIET-OVERHEIDSARCHIEVEN

Hervormde gemeente, 1645-1970, 2 m.
Inventaris.

1.5 Organen van waterschappen

Polder Overdie en Achtermeer, 1539-1962, 2 m.
Inventaris.

Eendrachtspolder, 1849-1963, 1 m.
Inventaris.

Huiswaarder- en Oosterwezenpolder, 1905-1965, 1 m.
Inventaris.

1.7 Organen van de centrale overheid

Notarissen ter standplaats Alkmaar, 1550-1895, 117 m.
Inventaris: N.J.M. Dresch, De archieven van de notarissen, die in het tegenwoordig gebied der gemeente Alkmaar hebben gefungeerd, 1550-1842, in: VROA 49 (1926) II, blz. 301-437; getypt supplement 1843-1895.
Nadere toegang: klappers op de huwelijksvoorwaarden en testamenten.

Rechtbank van eerste aanleg en Vredegerecht, 1811-1838, 16 m.
Inventaris: N.J.M. Dresch, Nieuw-rechterlijke archieven van Alkmaar, 1811-1838, in: IRA I (1928) blz. 287-296.

2 NIET-OVERHEIDSARCHIEVEN

2.1 Instellingen van economische aard

Nederlandse Huishoudelijke Maatschappij, na 1815 Departement Alkmaar van de Nederlandse Maatschappij ter bevordering van de Nijverheid, 1814-1903, 1 doos.
Inventaris: Verzamelinventaris II (Alkmaar 1978) blz. 11.

Zeepfabriek 'De Ankers' van Fa. J.J. de Lange en Zn., 1836-1937, 10 m.
Inventaris: Verzamelinventaris II, blz. 72-78.

Westfriesche Kanaalvereniging, 1890-1937, 0,50 m.
Inventaris: Verzamelinventaris II, blz. 11-14.

Stoomtrammij. Egmond-Alkmaar-Bergen, 1901-1918, 1,50 m.
Inventaris: Verzamelinventaris II, blz. 15-20.

N.V. Noorder Stoomtramweg Maatschappij, 1904-1940, 1 m.
Inventaris: Verzamelinventaris II, blz. 20-21.

N.V. Alkmaarsche Stadstram, (1921) 1923-1929, 1 m.
Inventaris: Verzamelinventaris II, blz. 21-23.
N.B. Bevat ook stukken betreffende de overneming van de bezittingen van de Alkmaarse tramvereniging.

2.2 Instellingen van sociale zorg

Armen- en werklozenzorg

Fonds Torenburg, 1430-1971, 2 portefeuilles en 3 dozen.
Inventaris: Verzamelinventaris I (Alkmaar 1978) blz. 87-88.
Nadere toegang: regesten in inventaris.

Fonds Stadegaard, 1588-1977, 3 dozen.
Inventaris: Verzamelinventaris I, blz. 84-87.

Huisarmenhuis, 1621-ca. 1750, 1 portefeuille.
Inventaris: Verzamelinventaris I, blz. 61-62.
Nadere toegang: regesten in inventaris.

Fonds Quinting, 1649-1795, 1 portefeuille.
Inventaris: Verzamelinventaris I, blz. 89.

Aalmoezeniershuis, 1693-1846, 0,50 m.
Inventaris: Verzamelinventaris I, blz. 62-63.

Tuchthuis, 1707-1775, 1 deel.
Inventaris: Verzamelinventaris I, blz. 63.

Roomsch Armencomptoir, na 1771 het R.K. Wees- en Armenhuis, na 1852 de R.K. Armenadministratie, sedert 1855 het R.K. Parochiaal Wees- en Armbestuur, 1750-1962, 4 m.
Inventaris: Verzamelinventaris I, blz. 75-83.
Nadere toegang: regesten in inventaris.

Fonds Besemaker, 1756-1914, 3 portefeuilles.
Inventaris: Verzamelinventaris I, blz. 89-90.

Fonds Comans, 1810-1920, 1 portefeuille.
Inventaris: Verzamelinventaris I, blz. 89.

Afdeling Alkmaar van de Maatschappij van Weldadigheid, 1821-1918, 2 dozen.
Inventaris.

Internationaal Damescomité 'Alcmaria', 1901-1903, 1 doos.
Inventaris: Verzamelinventaris II, blz. 31-33.
N.B. Doel: hulpverlening aan noodlijdenden door de oorlog in Zuid-Afrika.

Plaatselijk steuncomité, 1914-1919, 3 dozen.
Inventaris: Verzamelinventaris II, blz. 38.

Comité tot ontwikkeling en ontspanning van werklozen, 1914-1915, 1 portefeuille.
Inventaris: Verzamelinventaris II, blz. 38-39.

Crisiscomité, 1935-1937, 1 omslag.
Inventaris: Verzamelinventaris II, blz. 39.

Nederlandse Volksdienst, 1942-1943, 1 omslag.
Inventaris: Verzamelinventaris II, blz. 39.

Verstrekking van kleding, levensmiddelen en brandstoffen

Commissie van spijsuitdeling I en II, 1812-1855, 1862-1919, 0,50 m.
Inventaris: Verzamelinventaris II, blz. 30-31.

Vereniging Kinderkleding en Kindervoeding, 1901-1940, 1 doos.
Inventaris: Verzamelinventaris II, blz. 33.

Winterhulp Nederland, 1940-1944, 1 doos.
Inventaris: Verzamelinventaris II, blz. 39.

Interkerkelijk overleg (I.K.O.)-Comité; na 1946 Stichting I.K.O., 1945-1974, 1 portefeuille.
Inventaris: Verzamelinventaris II, blz. 39-40.
N.B. Doel van het comité: verstrekken van maaltijden aan ondervoede kinderen; in 1946 omgezet in een studiefonds voor kinderen van gevallen strijders 1940-1945.

Gasthuizen

St. Elisabeths- of Vrouwengasthuis, 1495-1785, 1 m.

Inventaris: Verzamelinventaris I, blz. 50-53.
Nadere toegang: regesten in inventaris.

H. Geest Gasthuis, 1467-1576, 1 deel en 1 portefeuille.

Inventaris: Verzamelinventaris I, blz. 49-50.
Nadere toegang: regesten in inventaris.

Provenhuis van Zessen, (1498) 1509-1580, 1804-1930, 1,50 m.

Inventaris: Verzamelinventaris I, blz. 20-33.
Nadere toegang: regesten in inventaris.
N.B. Het eerste gedeelte betreft 16e-eeuwse archieven van Augustijn en Dirk van Teylingen gevormd bij de vervulling van verschillende rentmeesterschappen, alsmede particuliere stukken van laatstgenoemde.

Mannengasthuis, 1530-1784, 1,50 m.

Inventaris: Verzamelinventaris I, blz. 53-57.
Nadere toegang: regesten in inventaris.

Provenhuis van Paling en Van Foreest, 1540-1921, 5 m.

Inventaris: Th.P.H. Wortel, Inventaris van het archief van het provenhuis Paling en Van Foreest (Alkmaar 1969).

Provenhuis van Van Egmond van de Nijenburg en Van Teylingen, 1573-1921, 1 doos en 2 delen.

Inventaris: Verzamelinventaris I, blz. 33-34.

Leprozenhuis, 1575-1589, 1 deel en 1 portefeuille.

Inventaris: Verzamelinventaris I, blz. 50-53.
Nadere toegang: regesten in inventaris.

Provenhuis van Splinter, 1613-1880, 3 m.

Inventaris: N.J.M. Dresch, De archieven van Jhr. Floris van Jutphaes van Wijnestein en Margaretha Splinter, wed. Willem Burchgraeff, alsmede van ieders boedel en stichting te Alkmaar (Alkmaar 1924).

Provenhuis van Johan van Nordingen (huis van Achten), 1613-1961, 3 m.

Inventaris: Verzamelinventaris I, blz. 34-38.
Nadere toegang: regesten in inventaris.

Kapelgasthuis, 1554-1608, 1 portefeuille.
Inventaris: Verzamelinventaris I, blz. 50.
Nadere toegang: regesten in inventaris.

Provenhuis van Maartje van den Hoorn (Huis van Vieren of Hofje van Fortuyn), 1644-1952, 1 portefeuille en 2 dozen.
Inventaris: Verzamelinventaris I, blz. 39-40.
Nadere toegang: regesten in inventaris.

Provenhuis van Helena van Oosthoorn, 1655-1825, 0,50 m.
Inventaris: Verzamelinventaris I, blz. 42-44.
Nadere toegang: regesten in inventaris.

Provenhuis van Geertruid Bijlevelt, 1657-1970, 0,50 m.
Inventaris: Verzamelinventaris I, blz. 38-39.

Provenhuis van Gerrit Florisz. Wildeman, 1658-1964, 3,50 m.
Inventaris: Verzamelinventaris I, blz. 44-49.
Nadere toegang: regesten in inventaris.

Provenhuis van Lourens van Oosthoorn, 1680-1961, 2 delen en 4 portefeuilles.
Inventaris: Verzamelinventaris I, blz. 41-42.
Nadere toegang: regesten in inventaris.

Provenhuis van Cornelis van Eyck, 1750-1939, 1 portefeuille.
Inventaris: Verzamelinventaris I, blz. 49.
Nadere toegang: regesten in inventaris.

Zorg voor minderjarigen, maatschappelijk werk

Moederlijke Sociëteit, 1828-1961, 1 doos.
Inventaris.
N.B. Doel: onderstand van behoeftige kraamvrouwen en zuigelingen.

Piusstichting, 1872-1972, 1 m.
Inventaris.
N.B. Doel: bejaardenzorg.

Stichting Raad voor Maatschappelijk Werk, 1966-1973, 2 dozen.
Inventaris: Verzamelinventaris II, blz. 40-41.

Dienstverlening

Vereniging 'Band Nederland-Indië', afd. Alkmaar; landelijke vereniging contactgroep, 1947-1950, 1 doos.
Inventaris.
N.B. Doel: het bewaren van het contact tussen de militairen in Nederlands-Indië en hun familieleden in Nederland.

Volkshuisvesting

Onderlinge Huurwaarborgvereniging 'Voor Beider Recht', 1934-1943, 1 omslag.
Inventaris: Verzamelinventaris II, blz. 23.

Hulpverlening in verband met bijzondere omstandigheden

Nederlandse Rode Kruis, afdeling Alkmaar, (1911) 1914-1975, 0,50 m.
Inventaris: Verzamelinventaris II, blz. 33-37.

Comité tot hulp aan vluchtelingen, 1914-1917, 3 dozen.
Inventaris: Verzamelinventaris II, blz. 37-38.

Stichting adoptie eiland Tholen, 1953-1959, 2 dozen.
Inventaris: Verzamelinventaris II, blz. 40.

2.3 Vak- en standsorganisaties en -fondsen

Gilden, 1424-1876, 1 m.
Inventaris: Verzamelinventaris II, blz. 3-10.
N.B. Bevat de archieven van: bakkersgilde, 1630-1843; chirurgijnsgilde, 1552-1806; huidekopers-, leerlooiers- en schoenmakersgilde, 1518-1806; goud- en zilversmidsgilde, 1502-1807; kuipersgilde, 1424-1749; lijnslagersgilde, 1798; peltiers- en bontwerkersgilde, 1595-1712; scheepmakersgilde, 1521-1865; schildersgilde, 1631-1811; schippersgilde, 1557-1869; lakenkopersgilde, 1625-1683; schrijnwerkers- en kistemakersgilde, 1628-1655; timmermanscollege, 1751-1807; vissersgilde, 1790-1807; brouwersvereniging, 1848-1876; commissarissen-directeuren van de Neringen en Hanteringen, 1798-1846.

Geneeskundig Leesgezelschap, sedert 1849 afdeling Alkmaar van de Nederlandse Maatschappij tot bevordering der Geneeskunst, 1847-1855, 1 doos.
Inventaris: Verzamelinventaris II, blz. 25.

Timmermans Ziekenfonds, 1848-1957, 7 delen en 1 portefeuille.
Inventaris: Verzamelinventaris II, blz. 25-26.

Vereniging voor Bouwvakpatroons, 1901-1913, 1 deel.
Inventaris: Verzamelinventaris II, blz. 44.

Algemene Bond van Ambtenaren (ABVA), afdeling Alkmaar, 1905-1936, 1 doos.
Inventaris: Verzamelinventaris II, blz. 44.

Vereniging van Hogere Gemeenteambtenaren, 1921-1942, 1 portefeuille.
Inventaris: Verzamelinventaris II, blz. 45.

Vrouwenbond NVV, afdeling Alkmaar, 1948-1975, 3 dozen.
Inventaris: Verzamelinventaris II, blz. 46-47.

2.4 Instellingen op het gebied van de volksgezondheid

Collegium Medico-Pharmaceuticum, 1723-1805, 1 deel en 1 portefeuille.
Inventaris: Verzamelinventaris II, blz. 23-25.

Stichting Alkmaarsch Neutraal Ziekenhuis met Klasseverpleging, 1924-1961, 1 doos.
Inventaris: Verzamelinventaris II, blz. 26-27.

2.5 Instellingen op het gebied van onderwijs, wetenschap en cultuur

Onderwijs

Geneeskundige School, 1823-1865, 1 deel en 1 portefeuille.
Inventaris: Verzamelinventaris II, blz. 27.

Industrieschool, 1854-1859, 1 doos.
Inventaris: Verzamelinventaris II, blz. 27-28.

Vereniging Algemene Bewaarschool, 1869-1926, 1 doos.
Inventaris: Verzamelinventaris II, blz. 28.

Vereniging Kinderbewaarplaats, 1918-1936, 1 doos.
Inventaris: Verzamelinventaris II, blz. 29.

Commissie Vestiging Technische Hogeschool benoorden het Noordzeekanaal, 1962-1966, 1 omslag.
Inventaris: Verzamelinventaris II, blz. 30.

Wetenschap

Genootschap Physica, 1782-1917, 0,50 m.
Inventaris: Verzamelinventaris II, blz. 47-49.

Genees- en Heelkundig Genootschap, 1804-1815, 1 deeltje.
Inventaris: Verzamelinventaris II, blz. 25.

Kunst en wetenschap bevorderende Maatschappij V.W., 1821-1901, 8 delen en 1 doos.
Inventaris: Verzamelinventaris II, blz. 50-51.
N.B. Doel: bevordering van kunst en wetenschap. Tot 1884 vormde de vereniging de afdeling Alkmaar van de te Amsterdam gevestigde Maatschappij V.W., zie deel VIII, blz. 120.

Vereniging Ex Oriente Lux, studiekring van het Vooraziatisch-Egyptisch Genootschap, 1956-1975, 1 omslag.
Inventaris: Verzamelinventaris II, blz. 56-57.

Cultuur

Beeldende kunst

Tekengenootschap Kunst Zij Ons Doel, 1831-1961, 3 dozen.
Inventaris: Verzamelinventaris II, blz. 52.

Toonkunst

Liedertafel Arion, 1864, 1 stuk.
Inventaris: Verzamelinventaris II, blz. 52.
N.B. Opgericht in 1847.

Afd. Alkmaar van de Maatschappij tot Bevordering der Toonkunst, 1874-1975, 2,50 m.
Inventaris.

Zangvereniging Crescendo, 1902-1908, 1 portefeuille.
Inventaris: Verzamelinventaris II, blz. 53.

Alkmaarse Kamermuziek Vereniging, 1916-heden, 2 dozen.
Inventaris.

R.K. Harmonie 'St. Caecilia', 1923-1975, 1 doos.
Inventaris.

Muziekvereniging Symphonia, 1946-1948, 1 doos.
Inventaris.

Letterkunde

Leesgezelschap 'Leeslust Baart Kunde', 1793-1970, 1 m.
Inventaris: Verzamelinventaris II, blz. 49-50.

Rederijkerskamer Bilderdijk I en II, 1848-1865, 1869-1919, 1 doos.
Inventaris: Verzamelinventaris II, blz. 53.

Vereeniging tot oprichting en instandhouding eener openbare leeszaal en boekerij, later Stichting Openbare Leeszaal, 1908-1967, 0,50 m.
Inventaris: Verzamelinventaris II, blz. 53-55.

Stichting Katholieke Leeszaal en Bibliotheek, 1950-1968, 1 doos.
Inventaris: Verzamelinventaris II, blz. 55.

Diversen

Volksuniversiteit voor Alkmaar en Omstreken, 1925-1956, 1 deel.
Inventaris: Verzamelinventaris II, blz. 30.

Vereniging 'Oud Alkmaar', 1925-1974, 0,50 m.
Inventaris: Verzamelinventaris II, blz. 56.

Vereniging Vrienden van het Stedelijk Museum, 1950-1971, 1 doos.
Inventaris.

Alkmaarse Filmkring, 1951-1977, 1 doos.
Inventaris.

2.6 Instellingen op het gebied van sport, recreatie en evenementen

Sport

Koninklijke Handboogschutterij St. Sebastiaans Doelen, 1824-1923, 3 dozen.
Inventaris: Verzamelinventaris II, blz. 57-58.

Schaakgenootschap Vriendschap door Oefening, 1832-1860, 1 portefeuille.
Inventaris: Verzamelinventaris II, blz. 38.

Schietvereniging Tref Wel, 1845-1853, 1 portefeuille.
Inventaris: Verzamelinventaris II, blz. 58.

Sociëteit St. Joris, 1846-1849, 1 stuk.
Inventaris: Verzamelinventaris II, blz. 59.

N.V. Alkmaarsche Bad- en Zweminrichting, 1880-1934, 0,50 m.
Inventaris: Verzamelinventaris II, blz. 61-62.

Burger IJsclub, 1891-1958, 1 doos.
Inventaris: Verzamelinventaris II, blz. 62.

Schietvereniging Nimrod, 1911-1936, 1 portefeuille.
Inventaris: Verzamelinventaris II, blz. 62.

Alkmaarse Gymnastiek Vereniging 'Turnlust', ca. 1932-1970, 1 m.

Gymnastiekvereniging 'De Halter', 1946-1978, 0,75 m.

Recreatie

Sociëteit Zomervreugd, 1785-1805, 1 stuk.
Inventaris: Verzamelinventaris II, blz. 57.

Sociëteit Eendracht, 1845-1865, 1 doos.
Inventaris: Verzamelinventaris II, blz. 58-59.

Sociëteit De Hereeniging, 1863-1904, 2 dozen.
Inventaris: Verzamelinventaris II, blz. 60.

Gymnasium-Schoolvereniging Autoi Esmen, 1915-1963, 0,50 m.
Inventaris: Verzamelinventaris II, blz. 63.

Buurtvereniging 'Nieuwesloot Vooruit', 1934-1970, 1 portefeuille.
Inventaris: Verzamelinventaris II, blz. 63-64.

Stichting Algemeen Militair Tehuis, 1939-1940, 1 deel.
Inventaris: Verzamelinventaris II, blz. 64.

Nederlandse Vereniging van Postzegelverzamelaars, afdeling Alkmaar, 1936-1976, 1 doos.
Inventaris: Verzamelinventaris II, blz. 64.

Voortrekkersstam St. Adelbertus Magnus, 1945-1951, 1 portefeuille.
Inventaris: Verzamelinventaris II, blz. 64.

Groninger Diesvereniging, 1946-1963, 1 portefeuille.
Inventaris: Verzamelinventaris II, blz. 64.

Stichting afdelingscommissie St. Dominicusgroep, 1948-1971, 1 doos.
Inventaris.
N.B. Rooms-katholieke padvinderij.

Vereniging 'De Verzamelaar', afdeling Alkmaar, 1957-1975, 2 dozen.
Inventaris: Verzamelinventaris II, blz. 64-65.

Nederlandse Bond van Plattelandsvrouwen, afdeling Alkmaar, 1968-1977, 2 dozen.
Inventaris.

Speeltuinvereniging 'De Wieken', 1969-1977, 1 doos.
Inventaris.

Evenementen

Vereeniging tot de viering van den gedenkdag van Alkmaars Ontzet in 1573 en ter bewaring van andere historische herinneringen, sedert 1923 '8 October Vereeniging', 1860-1973, 1 m.
Inventaris: Verzamelinventaris II, blz. 65-68.

Buurtcommissie Illuminatie Langestraat, 1873, 1 portefeuille.
Inventaris: Verzamelinventaris II, blz. 68.

Commissie Kroningsfeesten, 1897-1898, 1 portefeuille.
Inventaris: Verzamelinventaris II, blz. 68.

Commissie Herdenking Geboortedag mevrouw Bosboom-Toussaint, 1912, 1 portefeuille.
Inventaris: Verzamelinventaris II, blz. 68.

Comité Plan 1913, 1912-1913, 1 doos.
Inventaris: Verzamelinventaris II, blz. 69.
N.B. Doel: herdenking van het herstel van Neêrlands onafhankelijkheid in 1813.

Huldigingscomité burgemeester Ripping, 1919-1921, 1 portefeuille.
Inventaris: Verzamelinventaris II, blz. 69.

Comité Huldigingsblijk burgemeester Wendelaar, 1932, 1 portefeuille.
Inventaris: Verzamelinventaris II, blz. 70.

Pelikaan-Comité, 1934, 1 portefeuille.
Inventaris: Verzamelinventaris II, blz. 70.
N.B. Doel: inzameling voor het Nationaal Luchtvaartfonds.

Stichting Alkmaar 700 jaar stad, 1953-1956, 1 m.
Inventaris: Verzamelinventaris II, blz. 70-72.

2.7 Instellingen op politieke en ideële grondslag

Vereniging 'Het Metalen Kruis', 1853-1881, 1 doos.
Inventaris: Verzamelinventaris II, blz. 59-60.
N.B. Vereniging van gerechtigden tot het ter herinnering aan de Tiendaagse veldtocht uitgereikte Metalen Kruis.

Politieke Vereniging 'Vooruitgang', 1891-1901, 1 portefeuille.
Inventaris: Verzamelinventaris II, blz. 43.
N.B. De leden der vereniging behoorden tot de Liberale Unie.

Vereniging Volksweerbaarheid, 1900-1909, 1 portefeuille.
Inventaris: Verzamelinventaris II, blz. 43-44.
N.B. Bevat ook het archief van de Schietvereniging Alkmaar.

Vereeniging Burgerwacht Alkmaar, 1919-1940, 1 portefeuille.
Inventaris: Verzamelinventaris II, blz. 44.

Nationaal Front, 1940-1941, 1 doos.*
Inventaris: Verzamelinventaris II, blz. 45.

Landelijke Organisatie voor hulp aan onderduikers (L.O.), 1942-1945, 2 portefeuilles en 1 doos.
Inventaris: Verzamelinventaris II, blz. 45-46.
N.B. Betreft het archief van de administrateur van de L.O. te Alkmaar en omstreken.

Rotary-Club Alkmaar, 1945-1974, 1 m.
Inventaris.

Partij van de Arbeid, afdeling Alkmaar, 1946-1975, 0,50 m.
Inventaris.

2.8 Geloofsgemeenschappen en andere instellingen van godsdienstig leven

Rooms-katholieke kerk

Klooster de Oude Hof, 1394-1572, 1 doos.
Inventaris: Verzamelinventaris I, blz. 5-14.
Nadere toegang: regesten in de inventaris.
N.B. in fotokopie: het archief bevindt zich in het bisschoppelijk archief te Haarlem.

Parochie Alkmaar, 1397-1572, 2 dozen.
Inventaris: Verzamelinventaris I, blz. 1-5.
N.B. Bevat de archieven van de kerkfabriek en pastorie, en stukken betreffende de memorieën, vicarieën en officieën.

Klooster de Jonge Hof, 1415-1579, 2 dozen.
Inventaris: Verzamelinventaris I, blz. 14-20.
Nadere toegang: regesten in inventaris.

Parochie van St. Laurentius, 1681-1969, 4,50 m.
Inventaris.
N.B. Bevat ook het archief van de statie van St. Mathias, 1737-1856.

Parochie van St. Dominicus, 1857-1975, 4 m.
Inventaris.
N.B. Bevat tevens enige stukken van de voormalige statie, o.a. doop- en trouwboeken.

Nederlandse Hervormde kerk

Hervormde gemeente, 1573-1973, 37 m.

Inventaris: S. Rolle, Inventaris van het archief van de kerkvoogdij, 1573-1945, der Nederlandse Hervormde Gemeente te Alkmaar (Alkmaar 1970); getypt supplement 1946-1964; getypte inventarissen archieven kerkeraad en diakonie.

N.B. Bevat de archieven van de kerkvoogdij, 1573-1964, kerkeraad, 1579-1899, diakonie (met diakonie oude mannen- en vrouwenhuis), 1646-1973.

Christelijke jongelings- en meisjesvereniging, 1857-1955, 3 dozen.

Inventaris: Verzamelinventaris II, blz. 41-42.

N.B. Betreft de verenigingen 'Zacheus' I en II, 'Dient den Heer met blijdschap', 'de jonge Samuel', 'Vooruitgang door Oefening', C.J.V.F. en C.J.M.V.

Vereniging tot bevordering van Christelijke Belangen (Waakt en Bidt), 1893-1973, 2 dozen.

Inventaris: Verzamelinventaris II, blz. 42-43.

Vrijzinnig Christelijke Jeugd Centrale, afdeling Alkmaar, 1934-1961, 2 dozen.

Inventaris.

Evangelisch-Lutherse gemeenten

Evangelisch-Lutherse gemeente, 1685-1943, 6 m.

Inventaris: E.D. Eijken-J.H. Rombach, Inventaris van het archief van de Evangelisch-Lutherse Gemeente te Alkmaar (Alkmaar 1963).

Doopsgezinde Broederschap

Doopsgezinde gemeente, 1605-1955, 3 m.

Inventaris: J.H. Rombach, Inventaris van het archief van de Doopsgezinde Gemeente te Alkmaar (Alkmaar 1965).

Remonstrantse Broederschap

Remonstrantse gemeente, 1612-1966, 5 m.

Inventaris: J.H. Rombach, Inventaris van het archief van de Remonstrantse Gemeente te Alkmaar (Alkmaar 1967).

Israëlitisch kerkgenootschap

Lekoboth Oeletefereth (Vereniging tot versiering van de synagoge), 1902-1940, 1 omslag.
Inventaris: Verzamelinventaris II, blz. 43.

2.10 Families

Van Foreest, 1422-1945, 10 m.
Inventaris.
N.B. Bevat ook het archief van de familie van Egmond van de Nijenburg, ca. 1450-ca. 1720.

Van Vladeracken, ca. 1450-ca. 1911, 1 m.
Inventaris.

De Dieu-Fontein-Verschuir-Van der Feen de Lille, ca. 1700-ca. 1920, 6 m.
Inventaris.

De Lange, ca. 1750-1970, 5 m.
Inventaris.

Boeke, ca. 1750-ca. 1960, 6 m.
Inventaris.

Van Reenen, ca. 1850-ca. 1950, 10 m.
Inventaris.

3 VERZAMELINGEN

3.1 Handschriften

Collectie aanwinsten, 16 m.
Inventaris.
N.B. Verzameling handschriften en archivalia die niet tot enig archief behoren, betreffende Alkmaar en omgeving.

3.2 Bibliotheek

Bibliotheek, ca. 35.000 banden of 800 m.
Alfabetische en systematische catalogus.

N.B. De oudste verzameling boeken is afkomstig van de 16e eeuwse 'Stadslibrije', welke vanaf 1875 als bibliotheek van het stedelijk museum fungeerde.
In het verleden werd een ruim beleid gevoerd m.b.t. de collectievorming, zodat de bibliotheek topografie uit geheel Nederland bevat. Door de vorming van het streekarchief voor de regio Alkmaar wordt de topografie thans beperkt door de grenzen van genoemde regio. Dit echter zonder voorbij te gaan aan de historisch gegroeide taakstelling van de bibliotheek, te weten: het verkrijgen van een representatieve collectie betreffende de geschiedenis van Nederland.

3.3 Kranten

Alkmaarsch Advertentieblad, 1886-1893, 1897-1898, 1905, 1908-1909, 1914, 1917-1920.

Alkmaars Weekblad, 1956 (jrg. 1) - heden.

Alkmaarsche Courant, 1796 (jrg. 1) - heden.

Duinstreek, 1969 - heden.

Noord-Hollands Dagblad, 1905 - heden.
N.B. Incompleet tot 1946.

Noord-Hollandsch Volksblad, 1896-1898, 1905, 1908-1909, 1914, 1917-1920.

Oprechte Langedijker Courant, 1896-1898, 1905, 1908-1909, 1914, 1917-1920.

Stadsblad, 1972 (jrg. 1) - heden.

Uitkijkpost, 1958-1960, 1962-1968, 1978 - heden.

Vrije Alkmaarder, 1945-1950.

3.4 Prenten en kaarten

N.B. In de 19e eeuw legde de Alkmaarder C.P. Bruinvis een uitgebreide verzameling tekeningen en prenten betreffende Alkmaar en omgeving aan. Zijn zoon C.W. Bruinvis, de eerste gemeentearchivaris, breidde deze collectie uit en schonk haar aan de gemeente, met het bijbehorende 'prentenkabinet', zijnde de houten kast met in vertikale vakken de houten prentendozen. Dit oorspronkelijke opbergsysteem is nog steeds in gebruik. Bruinvis publiceerde in 1890 een catalogus van de prentverzameling, gevolgd in 1900 door een supplement. De inhoud van de verzameling wordt bepaald door de volgende, in dergelijke verzamelingen algemeen gangbare hoofdgroepen: topografie, historie, portretten en zeden en gewoonten. Naast Alkmaar zijn met name de dorpen Bergen, Egmond, Heiloo en Schoorl goed vertegenwoordigd. De Alkmaarse verzameling omvat thans de volgende onderdelen:

Plattegronden en kaarten van Alkmaar en omgeving, het Noorderkwartier en het gewest Holland.

Tekeningen en prenten betreffende Alkmaar en omgeving.
N.B. Toegankelijk d.m.v. een kaartsysteem op kunstenaars, uitgevers, plaats- en straatnamen en onderwerpen.

Portretten en bidprentjes.
N.B. Toegankelijk d.m.v. een kaartsysteem op geportretteerden, kunstenaars en fotografen.

Foto's en prentbriefkaarten van Alkmaar en de regio.
N.B. Alfabetisch geordend op straat.

Bouwtekeningen e.d. betreffende gebouwen te Alkmaar.

Dia's betreffende Alkmaar.

Herinneringsalbums e.d. betreffende Alkmaar en omgeving.

3.5 Zegels en lakafdrukken van zegelstempels

Schepenzegels en zegelstempels, ca. 1415-ca. 1795.
Inventaris: C. Schuddeboom, Inventaris van schepenzegels en zegelstempels in het gemeentearchief van Alkmaar (Alkmaar 1967).

3.6 Geluidsbanden en grammofoonplaten

Grammofoonplaten betreffende Alkmaar en/of door Alkmaarders, alsmede betreffende de gemeenten van de regio Alkmaar.

Films van 8 oktoberfeesten, stadsfeesten e.d..

Geluidsbanden, voornamelijk betreffende belangrijke gebeurtenissen.

BIJ HET STREEKARCHIEF ALKMAAR AANGESLOTEN GEMEENTEN

GEMEENTE AKERSLOOT

1 ARCHIEVEN VAN DE OVERHEID

1.1 Algemeen plaatselijk bestuur

Dorpsbestuur, 1390-1849, 4,50 m.
Inventaris: G. van Es, Inventaris van het oud-archief der gemeente Akersloot, in: VROA 49 (1926) II, 281-292.

Gemeentebestuur, ca. 1820-ca. 1965, 16,50 m.
Inventaris. (Sedert 1931 code VNG).
N.B. Bevat ook het archief van de Stichting Jachthaven Akersloot, 1935-1951.

1.2 Plaatselijke instellingen met een specifieke taak

Schepenbank en weeskamer, 1540-1811, 1,50 m.
Inventaris: ORW, nrs. 102-133.

Doop-, trouw- en begraafboeken (met Zuid-Schermeer), 1631-1850, 0,50 m.
Inventaris: DTB, blz. 7-9.
N.B. Bevat ook de gerechtstrouwboeken 1710-1811; registers van de gaarder en gequalificeerde, 1726-1805.

1.7 Organen van de centrale overheid

Notarissen ter standplaats Akersloot, 1823-1831, 0,50 m.
Inventaris: Not., nrs. 145-151.

2 NIET-OVERHEIDSARCHIEVEN

Hervormde gemeente, 1786-1948, 1,50 m.

GEMEENTE BERGEN

1 ARCHIEVEN VAN DE OVERHEID

1.1 Algemeen plaatselijk bestuur

Dorpsbestuur, 1464-1813, 6 m.
Inventaris: R.A. van Iterson, Inventaris oud-archief van de gemeente Bergen (N-H) tot 1813 (Haarlem 1974).

Gemeentebestuur, 1811-ca. 1965, 28,50 m.
Inventaris (sedert 1922 code VNG).
N.B. Bevat ook de archieven van: Burgerlijk Armbestuur, 1813-1956; Distributiebedrijf, 1915-1921; Landbouwcommissie, 1918-1920; Commissie van bijstand voor de gemeentelijke arbeiderswoningen of het gemeentelijk Woningbedrijf, 1917-1933, 1942-1956; Huurcommissie, 1919-1923; gemeentelijk Electriciteitsbedrijf, 1927-1958; gemeentelijk Slachthuis, 1920-1956.

1.2 Plaatselijke instellingen met een specifieke taak

Schepenbank en weeskamer, 1580-1816, 2,50 m.
Inventaris: ORW, nrs. 2142-2192.
N.B. Bevat ook het archief van baljuw en leenmannen, 1644-1810.

Doop-, trouw- en begraafboeken, 1644-1811, 0,50 m.
Inventaris: DTB, blz. 39-40.
N.B. Bevat ook de gerechtstrouwboeken, 1607-1811; registers van de gaarder en gequalificeerde, 1717-1810.

1.7 Organen van de centrale overheid

Notarissen ter standplaats Bergen, 1877-1896, 1 m.
Inventaris.

2 NIET-OVERHEIDSARCHIEVEN

Hervormde gemeente, 1694-1975, 3 m.
Inventaris.

GEMEENTE CASTRICUM

1 ARCHIEVEN VAN DE OVERHEID

1.1 Algemeen plaatselijk bestuur

Dorpsbestuur (met Bakkum), 1607-1813, 1,50 m.
Inventaris.

Gemeentebestuur, 1812-1936, 22 m.

1.2 Plaatselijke instellingen met een specifieke taak

Schepenbank en weeskamer van Castricum, 1556-1823, 1,30 m.
Inventaris: ORW, nrs. 143-183.

Schepenbank en weeskamer van Bakkum, 1672-1810, 0,20 m.
Inventaris: ORW, nrs. 2039-2046.
N.B. Bevat ook de rol van baljuw en leenmannen, 1672-1749.

Doop-, trouw- en begraafboeken (met Bakkum), 1663-1850, 2 dozen.
Inventaris: DTB, blz. 57-59.
N.B. Bevat ook de gerechtstrouwboeken, 1708-1811; registers van de gaarder en gequalificeerde, 1696-1811.

GEMEENTE EGMOND

N.B. Per 1 juli 1978 zijn de gemeenten Egmond aan Zee en Egmond-Binnen samengevoegd tot de gemeente Egmond.

1 ARCHIEVEN VAN DE OVERHEID

1.1 Algemeen plaatselijk bestuur

Dorpsbestuur Egmond-Binnen, 1617-1834, 3 dozen.
Inventaris.

Gemeentebestuur Egmond-Binnen, 1816-1941, 25 m.
Inventaris.
N.B. Vanaf 1926 rubrieksgewijs geordend.

Dorps- c.q. gemeentebestuur Egmond aan Zee, 1734-1940, 25 m.

1.2 Plaatselijke instellingen met een specifieke taak

Schepenbank en weeskamer van Egmond-Binnen, 1602-1812, 2 m.
Inventaris: ORW, nrs. 2082-2132.

Schepenbank en weeskamer van Egmond aan Zee, 1619-1811, ca. 1 m.
Inventaris: ORW, nrs. 2047-2081.
N.B. Bevat ook het archief van baljuw en leenmannen, 1619-1811.

Strandvonderij, 1803-1811, 1 doos.
Inventaris.

Doop-, trouw- en begraafboeken van Egmond-Binnen, 1657-1869, 0,13 m.
Inventaris: DTB, blz. 69-70.
N.B. Bevat tevens gerechtstrouwboek 1684-1811 en register van de gaarder, 1751-1792.

Doop-, trouw- en begraafboeken van Egmond aan Zee, 1726-1933, 0,15 m.
Inventaris: DTB, blz. 68.
N.B. Bevat tevens gerechtstrouwboek, 1734-1794 en register van de gaarder, 1751-1790.

1.4 Organen van stadsheerlijkheden, geannexeerde ambachten en gemeenten

Heerlijkheid Wimmenum, 1576-1811, 3 dozen.

Schepenbank en weeskamer van Wimmenum, 1622-1805, 0,15 m.
Inventaris: ORW, nrs. 2133-2141.

Gerechtstrouwboek van Wimmenum en register van de gaarder en gequalificeerde, 1765-1807, 2 delen.
Inventaris: DTB, blz. 70.

GEMEENTE GRAFT-DE RIJP

N.B. In 1607 werd De Rijp als zelfstandige rechtsban van Graft afgescheiden. Met ingang van 1 augustus 1970 zijn de gemeenten Graft en De Rijp samengevoegd tot de gemeente Graft-De Rijp.

1 ARCHIEVEN VAN DE OVERHEID

1.1 Algemeen plaatselijk bestuur

Dorps- c.q. gemeentebestuur Graft, 1404-1865, 31,50 m.

Inventaris: H.L. Driessen-G. van Es, Inventaris van het oud-archief van de gemeente Graft c.a., in: VROA 44 (1921) II, 129-161; getypte inventaris 1817-1965.
Nadere toegang: regesten.
N.B. Bevat ook de archieven van Burgerlijk Armbestuur, 1825-1953; gemeentelijk Electriciteitsbedrijf, 1918-1930; gemeentelijk Levensmiddelenbedrijf, ca. 1914-1919.

Dorps- c.q. gemeentebestuur De Rijp, 1467-1813, 1817-1925, 25,50 m.
Inventaris.

1.2 Plaatselijke instellingen met een specifieke taak

Schepenbank en weeskamer van Graft, 1521-1832, 4 m.
Inventaris: ORW, nrs. 6426-6505.

Doop-, trouw- en begraafboeken van Graft (met Noordeinde van Graft, Oost- en West-Graftdijk), 1622-1918, 0,70 m.
Inventaris: DTB, blz. 77-80.
N.B. Bevat ook gerechtstrouwboeken, 1633-1811; registers van de gaarder en gequalificeerde, 1710-1813.

Schepenbank en weeskamer van De Rijp, 1600-1852, 2,50 m.
Inventaris: ORW, nrs. 6365-6425.

Doop-, trouw- en begraafboeken van De Rijp, 1611-1870, 0,50 m.
Inventaris: DTB, blz. 173-175.
N.B. Bevat ook gerechtstrouwboek, 1652-1653, 1663-1706; registers van de gaarder en gequalificeerde, 1695-1811.

1.7 Organen van de centrale overheid

Notarissen ter standplaats Graft, 1812-1842, 1 m.
Inventaris: Not., nrs. 1633-1640.

Notarissen ter standplaats De Rijp, 1817-1891, 2 m.
Inventaris: Not., nrs. 4529-4547; getypt supplement, 1843-1891.

2 NIET-OVERHEIDSARCHIEVEN

2.8 Geloofsgemeenschappen en andere instellingen van godsdienstig leven

Hervormde gemeenten en instellingen te Graft-De Rijp, 1593-1951, 7 m.
Inventaris: R.M. de Raat, Inventaris van de archieven van de Nederlandse Hervormde gemeenten en instellingen te Graft-De Rijp, 1593-1951 (1966) (Haarlem 1977).

Doopsgezinde gemeente te De Rijp, 1613-1899, 0,07 m.
Inventaris.

GEMEENTE HEILOO

1 ARCHIEVEN VAN DE OVERHEID

1.1 Algemeen plaatselijk bestuur

Dorpsbestuur, 1455-1826, 2,50 m.
Inventaris.

Gemeentebestuur, 1816-1927, 14,50 m.
Inventaris.
N.B. Bevat ook de archieven van Burgerlijk Armbestuur, 1827-1927; gemeentelijk Electriciteitsbedrijf, 1917-1941.

1.2 Plaatselijke instellingen met een specifieke taak

Schepenbank en weeskamer, 1560-1812, 1,50 m.
Inventaris: ORW, nrs. 59-101.

Doop-, trouw- en begraafboeken, 1751-1812, 1 doos.
Inventaris: DTB, blz. 98-99.
N.B. Bevat ook de gerechtstrouwboeken, 1695-1811; registers van de gaarder en gequalificeerde, 1754-1811.

2 NIET-OVERHEIDSARCHIEVEN

Hervormde gemeente, 1688-1965, 4 m.
Inventaris.

Voetbalvereniging Heiloo, 1924-1929, 1 deel.
Inventaris: Verzamelinventaris II, blz. 63.

GEMEENTE KOEDIJK

N.B. De gemeente Koedijk is met ingang van 1 oktober 1972 opgeheven en met alle rechten en verplichtingen bij de gemeente Sint Pancras gevoegd. Een deel van het grondgebied is met ingang van dezelfde datum aan de gemeente Alkmaar toegewezen.

1 ARCHIEVEN VAN DE OVERHEID

1.1 Algemeen plaatselijk bestuur

Dorpsbestuur, 1560-1813, 1 m.
Inventaris: G. van Es, Inventaris van het oud-archief der gemeente Koedijk, in: VROA 47 (1924) II, blz. 187-189.

Gemeentebestuur, 1814-1972, 20 m.
Inventaris.
N.B. Bevat ook de archieven van Burgerlijk Armbestuur, 1814-1964; gemeentelijk Electriciteitsbedrijf, 1913-1938; gemeentelijk Levensmiddelenbedrijf, 1917, 1919.

1.2 Plaatselijke instellingen met een specifieke taak

Schepenbank en weeskamer, 1580-1811, 2 m.
Inventaris: ORW, nrs. 6209-6247.

Doop-, trouw- en begraafboeken, 1657-1848, 2 dozen.
Inventaris: DTB, blz. 120-121.
N.B. Bevat ook de gerechtstrouwboeken, 1622-1811; registers van de gaarder en gequalificeerde, 1696-1805.

GEMEENTE NOORD- EN ZUID-SCHARWOUDE

2 NIET-OVERHEIDSARCHIEVEN

Hervormde gemeente te Noord- en Zuid-Scharwoude, 1618-1972, 3,50 m.
Inventaris.

GEMEENTE SCHERMER

N.B. Met ingang van 1 januari 1971 werden de gemeenten Oterleek, Schermerhorn en Zuid- en Noord-Schermer samengevoegd tot de gemeente Schermer.

1 ARCHIEVEN VAN DE OVERHEID

1.1 Algemeen plaatselijk bestuur

Dorps- c.q. gemeentebestuur Oterleek, 1670-1970, 20 m.
Inventaris. (Sedert 1939 code VNG).
N.B. Bevat ook de archieven van Burgerlijk Armbestuur, 1866-1964; gemeentelijk Electriciteitsbedrijf, 1921-1931.

Gemeentebestuur Schermerhorn, 1849-1970, 13 m.
Inventaris. (Sedert 1952 code VNG).
N.B. Bevat ook het archief van het Burgerlijk Armbestuur, 1941-1964.

Dorps- c.q. gemeentebestuur Zuid- en Noord-Schermer, 1587-1970, 32,50 m.
Inventaris. (Sedert 1923 code VNG).

1.2 Plaatselijke instellingen met een specifieke taak

Schepenbank en weeskamer van Oterleek, 1598-1810, 0,70 m.
Inventaris: ORW, nrs. 6268-6284a.

Schepenbank van Schermerhorn, 1662-1811, 0,90 m.
Inventaris: ORW, nrs. 6303-6320.

Schepenbank en weeskamer van Zuid-Schermer, 1613-1810, 0,80 m.
Inventaris: ORW, nrs. 6321-6343.
N.B. De weeskamer betreft ook Schermerhorn (Noord-Schermer).

Doop-, trouw- en begraafboeken van Oterleek (met Stompetoren), 1651-1812, 0,10 m.
Inventaris: DTB, blz. 162-163.
N.B. Bevat ook gerechtstrouwboek, 1773-1810; gaardersregister, 1764-1776.

Doop-, trouw- en begraafboeken van Schermerhorn (met Mijzen en Stompetoren), 1699-1823, 0,10 m.
Inventaris: DTB, blz. 178-179.
N.B. Bevat ook gerechtstrouwboek, 1772-1811; registers van gaarder en gequalificeerde, 1772-1811.

Doop-, trouw- en begraafboeken van Zuid- en Noord-Schermer (met Driehuizen en Grootschermer), 1655-1894, 0,30 m.
Inventaris: DTB, blz. 241-243.

1.7 Organen van de centrale overheid

Notarissen ter standplaats Schermerhorn, 1812-1842, 2,20 m.
Inventaris: Not., nrs. 4727-4764.

Notarissen ter standplaats Oterleek, 1843-1895, 5,80 m.
Inventaris.

GEMEENTE SCHOORL

1 ARCHIEVEN VAN DE OVERHEID

1.1 Algemeen plaatselijk bestuur

Dorps- c.q. gemeentebestuur, 1507-1931, 26 m.
Inventaris.
N.B. Bevat ook het archief van Groet, welke gemeente met ingang van 1 januari 1834 bij de gemeente Schoorl werd gevoegd.

1.2 Plaatselijke instellingen met een specifieke taak

Schepenbank en weeskamer, 1528-1811, 1 m.
Inventaris: ORW, nrs. 896-917.

Doop-, trouw- en begraafboeken (met Groet, Hargen en Kamp), 1667-1838, 2 dozen.
Inventaris: DTB, blz. 179-181.
N.B. Bevat ook de gerechtstrouwboeken, 1708-1811; registers van de gaarder en gequalificeerde, 1722-1816.

1.7 Organen van de centrale overheid

Notaris C. Waagmeester te Schoorl, 1826-1832, 3 portefeuilles.
Inventaris: Not., nrs. 4769-4771.

GEMEENTE SINT PANCRAS

1 ARCHIEVEN VAN DE OVERHEID

1.1 Algemeen plaatselijk bestuur

Gemeentebestuur, 1821-1965, 11 m.
Inventaris. (Code VNG sedert 1931).
N.B. Bevat ook de archieven van: Burgerlijk Armbestuur, 1856-1964; gemeenschappelijk Verveningsbedrijf der gemeenten Koedijk en Sint Pancras, 1921-1927.

1.2 Plaatselijke instellingen met een specifieke taak

Schepenbank en weeskamer, 1679-1811, 0,20 m.
Inventaris: ORW, nrs. 6201-6208.

Doop-, trouw- en begraafboeken, 1732-1865, 1 doos.
Inventaris: DTB, blz. 182-183.

GEMEENTE WARMENHUIZEN

1 ARCHIEVEN VAN DE OVERHEID

1.1 Algemeen plaatselijk bestuur

Dorps- c.q. gemeentebestuur, 1290-ca. 1960, 14 m.
Inventaris: C.J. Gonnet, Inventaris van het archief der gemeente Warmenhuizen, in: VROA 24 (1901) blz. 189-228; getypte supplementen. (Code VNG sedert 1937).
Nadere toegang: regesten 1290-1509 in inventaris.
N.B. Bevat ook de archieven van: Burgerlijk Armbestuur, 1825-1965; gemeentelijke Gasfabriek, 1911-1939; gemeentelijke Distributiedienst, 1915-1921; Gemeentetuinbouwbedrijf, 1927-1941.

1.2 Plaatselijke instellingen met een specifieke taak

Schepenbank en weeskamer, 1581-1811, 1,50 m.
Inventaris: ORW, nrs. 5990-6021.
N.B. Bevat ook baljuwsrol, 1729-1810.

Doop-, trouw- en begraafboeken, 1620-1871, 3 dozen.
Inventaris: DTB, blz. 200-202.
N.B. Bevat ook gerechtstrouwboek, 1756-1804; register van de gaarder en gequalificeerde, 1728-1811.

1.7 Organen van de centrale overheid

Notarissen ter standplaats Warmenhuizen, 1811-1832, 2 m.
Inventaris: Not., nrs. 5145-5170; 1843-1892.

Notarissen ter standplaats Schoorldam, 1844-1895, 6,50 m.
Inventaris.

BIJ HET STREEKARCHIEF ALKMAAR IN BEWARING GEGEVEN WATERSCHAPSARCHIEVEN

N.B. Met uitzondering van de Oudorperpolder zijn deze polders met andere per 1 januari 1977 samengevoegd tot het waterschap Het Lange Rond.

Baafjespolder, 1842-1976, 2,50 m.
Inventaris.

Polder de Bergermeer, 1564, 1575-1976, 3 m.
Inventaris: tot 1930; plaatsingslijst.

Vereniging van polders en oningepolderde landen onder Bergen, 1860-1964, 2,50 m.
Inventaris.
N.B. In 1860 werden nagenoemde polders en de oningepolderde landen onder Bergen verenigd in een overkoepelend waterschap, de verenigde polders en oningepolderde landen onder Bergen. Binnen deze vereniging behield elke polder zijn eigen bestuur en taak. Het bestuur van de Vereniging bestond uit de gezamenlijke voorzitters der polders en twee leden, gekozen door de eigenaars der oningepolderde landen. Haar taak bestond in het gemeenschappelijk onderhoud van wegen en bruggen en de zorg voor de helmbeplanting in de duinen. De oningepolderde landen stonden onder het bestuur van de gemeente Bergen.

Damlanderpolder, 1712-1964, 2 m.
Inventaris.

Noorder-Reker- en Mangelpolder, 1628-1964, 1,50 m.
Inventaris.

Oudburgerpolder, 1708-1964, 2 m.

Philisteinschepolder, 1712-1964, 1,50 m.

Sluispolder, 1604-1964, 2 m.

Vier Gecombineerde Polders, 1928-1964, 1 m.
N.B. De Oudburgerpolder, Noorder-Reker- en Mangelpolder, Zuider- en Midden-Rekerpolder en de Zuurvenspolder hadden een gemeenschappelijke bemaling.

Zuider- en Midden-Rekerpolder, 1649-1964, 1,50 m.

Zuurvenspolder, 1645-1964, 1,50 m.

Waterschap Bergen, 1966-1976, 2,50 m.
Inventaris.
N.B. In 1965 opgericht door samenvoeging van de Damlanderpolder, de Noorder-Reker- en Mangelpolder, de Oudburgerpolder, de Philisteinsepolder, de Sluispolder, de Zuider- en Midden-Rekerpolder en de Zuurvenspolder. Het overkoepelende waterschap voor deze landen, de Vereniging van polders en oningepolderde landen onder Bergen en het waterschap de Vier Gecombineerde polders werden bij deze gelegenheid opgeheven.

Binnengeesterpolder, 1871-1975, 2 dozen.

Boekelerpolder, 1893-1976, 1 doos.
Inventaris.

Polder de Boekelermeer, 1894-1976, 1,50 m.
Inventaris: tot 1933; plaatsingslijst.

Bovenpolder onder Egmond-Binnen, 1718-1976, 1 m.
Inventaris.

Castricummerpolder, 1850-1976, 4 m.
Inventaris: tot 1933; plaatsingslijst.

Polder de Egmondermeer, 1598-1976, 8 m.
Inventaris: tot 1936; plaatsingslijst.

Eilandspolder, 1758-1976, 3 m.
Inventaris.
N.B. De Eilandspolder omvat het oude Schermereiland, waar in de 2e helft van de 18e eeuw een dijk- en molenvereniging tot stand kwam. Vóór de watersnood van 1825 lagen er aan de omringdijk van de Eilandspolder twee buitenpolders, De Oosterweide aan de Noordzijde en de polder Menningweer aan de Noord-Westzijde. Beiden werden

bij overeenkomst van 18 augustus 1825 binnen de Eilandspolder getrokken, zij het op verschillende voorwaarden. De polder Menningweer behield zijn eigen bemaling. Binnen de polder liggen de Noordeindermeer, de Sapmeer en de Zuider- of Graftermeer, die niet tot het gebied van de Eilandspolder behoren. Sedert 1857 was de polder verdeeld in polderdistricten, bannen, nl. Graft, De Rijp, Zuid-Schermer en Noord-Schermer en Schermerhorn. Deze bannen werden in 1934 opgeheven.

Banne Graft, 1857-1934, 0,50 m.
Inventaris.

Banne De Rijp, 1857-1934, 4 delen.

Banne Zuid-Schermer, 1857-1934, 4 delen.

Banne Noord-Schermer en Schermerhorn, 1857-1934, 4 delen.

Hempolder onder Akersloot, 1925-1976, 1 doos.
Inventaris.

Graftermeer, 1845-1976, 3 dozen.
Inventaris.

Groot-Limmerpolder, 1814-1976, 4 m.
Inventaris: tot 1935; plaatsingslijst.
N.B. De Bakkumerpolder en de Smalpolder zijn zonder enige afscheiding met de Groot-Limmerpolder verenigd en maken daar deel van uit.

Klaas Hoorn- en Kijfpolder, 1865-1976, 2 dozen.
Inventaris.

Kogerpolder, 1860-1976, 3 dozen.
Inventaris.

Polder het Maalwater, 1903-1976, 1,40 m.
Inventaris.

Marker- en Oostwouderpolder, 1877-1976, 0,50 m.
Inventaris.

Monniken-, Raven- en Robonsbospolder (ook wel genoemd Vrijhoeve), 1752, 1828-1971.
Inventaris: tot 1935; plaatsingslijst.

Heemraadschap Mijzen, 1869-1976, 1,50 m.
N.B. Het heemraadschap bestaat uit de bannen of polderdistricten Oostmijzen of Avenhorn, Schermerhorn en Ursem. Deze bannen werden in 1891 opgeheven.

Banne Oostmijzen of Avenhorn, 1869-1892, 1 doos.

Banne Schermerhorn, 1869-1892, 2 dozen.

Banne Ursem, 1869-1893, 1 doos.

Noordeindermeer, 1607-1976, 2,50 m.
Inventaris: tot 1928.

Oningepolderde landen onder Egmond-Binnen, 1865-1976, 1,50 m.
Inventaris.

Oosterzijpolder, 1863-1976, 2 m.
Inventaris.

Oudorperpolder, 1827-1969, 0,50 m.
Inventaris.

Sammerspolder, 1756-ca. 1970, 0,50 m.
Inventaris.

Waterschap de Schermeer, 1630-1976, 30 m.
Inventaris.

De Vereniging van polders en oningepolderde landen onder Schoorl en Petten, 1866-1967, 1 doos en 4 delen.
Inventaris.
N.B. De vereniging was een overkoepelend waterschap voor: de Verenigde Harger- en Pettemerpolder, de Groeterpolder, de Grootdammerpolder, de Aagtdorperpolder, de Oningepolderde landen onder Schoorl en Petten. Binnen dit waterschap bleven de afzonderlijke polders bestaan en hadden hun eigen bestuur en taak. Het bestuur van de Vereniging bestond uit de voorzitters van de polders en twee leden, gekozen uit de eigenaren van de oningepolderde landen. Taak: de waterhuishouding van de oningepolderde landen, beplanting van de binnenduinen en invordering van het Hondsboschgeld.

Aagtdorperpolder, 1828-1967, 1 doos en 2 delen.
Inventaris: tot 1924.

Groeterpolder, 1812-1967, 1 doos en 2 delen.
Inventaris: tot 1924.

Grootdammerpolder, 1812-1967, 1 doos en 2 delen.
Inventaris: tot 1924.

Verenigde Harger- en Pettemerpolder, 1812-1967, 1 doos en 4 delen.
Inventaris: tot 1924.

Waterschap Schoorl, 1967-1976, 4 dozen en 4 delen.
N.B. Opgericht met ingang van 1 maart 1967 door de vereniging van de Aagtdorper-, Groeter-, Grootdammer-, Verenigde Harger- en Pettemerpolder en de Oningepolderde landen onder Schoorl en Petten. Het overkoepelende waterschap voor deze landen, de Vereniging van polders en oningepolderde landen onder Schoorl en Petten werd bij deze gelegenheid opgeheven.
Inventaris.

Polder Starnmeer en Kamerhop, 1632-1976, 5,50 m.
Inventaris.

Polder Varnebroek, 19e eeuw, 4 leggers.
Inventaris.

Vennewaterspolder, 1861-1976, 8 dozen en 2 delen.
Inventaris.

Westwouderpolder, 1937-1976, 1 m.
Inventaris.

Wimmenummerpolder, 1876-1976, 0,50 m.
Inventaris.

Zwartedijkspolder, 1942-1977, 1 doos.
Inventaris.

GEMEENTE HEERHUGOWAARD

Adres	Raadhuisplein 2, postbus 390, 1700 AJ Heerhugowaard.
Telefoon	02207-18181.
Territoir	met ingang van 1 januari 1854 werd het grondgebied van de gemeente Veenhuizen gevoegd bij de gemeente Heerhugowaard.
Openingstijden	maandag t/m vrijdag 8.00-12.00, 13.00-16.00 uur.

1 ARCHIEVEN VAN DE OVERHEID

Gemeentebestuur, (1738) 1744-1942, 31 m.
Inventaris.
N.B. Bevat ook de archieven van: Electrisch bedrijf, 1913-1942; Algemeen Armbestuur 1897-1937.

Gemeentebestuur van Veenhuizen, 1739-1854, 0,50 m.
Inventaris.

2 NIET-OVERHEIDSARCHIEVEN

Bouwvereniging, 1912-1939, 0,15 m.
Inventaris.

Zijdeteeltvereniging, 1935-1939, 1 deel.
Inventaris.

Vereniging Burgerwacht, 1935-1940, 0,10 m.
Inventaris.

GEMEENTE LANGEDIJK

Adres	Dorpsstraat 575, postbus 1, 1723 ZG Noord-Scharwoude.
Telefoon	02260-2141.
Territoir	In 1941 werden de gemeenten Broek op Langedijk, Oudkarspel, Noord- en Zuid-Scharwoude samengevoegd tot de gemeente Langedijk.
Openingstijden	maandag t/m vrijdag 9.00-12.00, 13.30-17.00 uur.

1 ARCHIEVEN VAN DE OVERHEID

1.1 Algemeen plaatselijk bestuur

Gemeentebestuur Broek op Langedijk, (1788) 1815-1941, 14 m.
Inventaris.

Gemeentebestuur Oudkarspel, 1812-1940, 29 m.
Inventaris.
N.B. Bevat ook archiefbescheiden van: Algemeen burgerlijk armbestuur, 1830-1940; Dergmeerpolder, 1827-1859; Diepsmeerpolder, 1858-1868; Kerkmeerpolder, 1827-1859; Koog en Bleekmeerpolder, 1827-1856; Nieuwepolder, 1857-1867; Banne Oudkarspel, 1859-1869; Schaapskuilmeerpolder, 1857-1867; Woudsmeerpolder, 1858-1868. Zie ook blz. 182 e.v..

Gemeentebestuur Noord-Scharwoude, (1326) 1592-1941, 37 m.
N.B. Bevat ook het archief van: Algemeen burgerlijk armbestuur, 1845-1941.

Gemeentebestuur Zuid-Scharwoude, 1578-1811, 1817-1941, 30 m.
Inventaris.

1.2 Plaatselijke instellingen met een specifieke taak

Algemeen burgerlijk armbestuur van Broek op Langedijk, 1835-1941, 0,30 m.
Inventaris.

Algemeen burgerlijk armbestuur van Zuid-Scharwoude, 1838-1941, enkele stukken.
Inventaris.

1.3 Organen van intergemeentelijke samenwerking

Gemeenschappelijk gasbedrijf voor de Langedijk en Sint Pancras, 1918-1968, 10 m.

2 NIET-OVERHEIDSARCHIEVEN

N.B. Zie ook blz. 166.

Oranjecomité te Noord-Scharwoude, 1925-1938, 1 omslag.

Hervormde gemeente te Broek op Langedijk, 1774-1803, 1 deel.

3 VERZAMELINGEN

Nieuwe Langedijker Courant, 1920-1925, 1928-1933, 11 banden.
N.B. Zie ook blz. 158.

GEMEENTE LIMMEN

Adres Middenweg 3a, postbus 9, 1096 ZG Limmen.
Telefoon 02205-1456.
Openingstijden na telefonische afspraak.

1 ARCHIEVEN VAN DE OVERHEID

1.1 Algemeen plaatselijk bestuur

Gemeentebestuur, (1733) 1799-1930, 10,50 m.
Inventaris.

1.2 Plaatselijke instellingen met een specifieke taak

Plaatselijke Commissie ter aanmoediging en ondersteuning van den gewapenden dienst in Nederland, 1821-1822, 1 omslag.

Gemeentelijk Electriciteitsbedrijf, 1920-1943, 3 dozen.

Subcommissie der Maatschappij van Weldadigheid, 1821-1822, 2 stukken.

Armenvoogden/Burgerlijk Armbestuur, 1761-1935, 1,80 m.
Inventaris.

Distributie/levensmiddelenbedrijf, 1914-1921, 1 m.
Inventaris.

HOOGHEEMRAADSCHAP NOORDHOLLANDS NOORDERKWARTIER

Adres	Gemeenlandshuis, Kennemerstraatweg 13, postbus 22, 1800 AA Alkmaar.
Telefoon	072-118742.
Territoir	Noord-Holland boven het Noordzeekanaal.
Openingstijden	maandag t/m vrijdag 8.00-12.30, 13.30-17.00 uur.
N.B.	het hoogheemraadschap is in 1919 opgericht ten behoeve van een betere zorg voor de dijken van het Noorderkwartier. Tegelijkertijd werden de verschillende afzonderlijke dijkbesturen opgeheven.

1 ARCHIEVEN VAN DE OVERHEID

Heemraadschap van de St. Aagtendijk, 1582-1921, 2 m.

Inventaris: N.J. Pabon, Verzamelde inventarissen van de archieven der waterschappen, waarvan de taak is overgegaan op het hoogheemraadschap van Noord-Hollands Noorderkwartier (Alkmaar 1935) blz. 76-81.
N.B. Zie ook blz. 93 en 302.

Heemraadschap van de Hazedwarsdijk, (1598) 1747-1922, 2 dozen.

Inventaris: als voren, blz. 36-38.

Hoogheemraadschap van de Hondsbosbossche en Duinen tot Petten, 1503-1921, 37 m.

Inventaris: als voren, blz. 4-35.
N.B. Zie ook blz. 93.

College van Dammeesteren van den Nieuwendam bij Monnickendam, 1765-1921, 2 m.

Inventaris: als voren, blz. 68-71.

Dijkvereniging Noorder IJ- en Zeedijken, 1843-1922, 5 m.

Inventaris: als voren, blz. 53-60.
N.B. De dijkvereniging omvatte alle oorspronkelijke zeewerende dijken tussen de Sint Aagtendijk en de West-Friese omringdijk.

Ambacht van West-Friesland, genaamd de Schager- en Niedorperkoggen, 1486-1929, 7 m.

Inventaris: als voren, blz. 45-53.

N.B. Het ambacht bestond uit de bannen Schagen, Barsingerhorn, Haringhuizen, Burghorn, Oude Niedorp, Nieuwe Niedorp en Winkel.

Archief van het heemraadschap van de Etersheimer Keukendijk, 1809-1862, 0,30 m.

Inventaris: als voren, blz. 65-66.

Heemraadschap van den Schardam en Keukendijk, 1772-1921, 3,50 m.

Inventaris: als voren, blz. 61-67.

N.B. Bevat ook de archieven van: de Etersheimer Keukendijk (1809-1962); de Schardamse dijk afdeling Akersloot en afdeling Noord- en Zuid-Schermer (1 deel, ca. 1830) en de Koekendijk en Stranden tot Schardam (1772-1862), welke heemraadschappen in 1861 verenigd werden tot het heemraadschap van den Schardam en Keukendijk.

Colleges van toezicht op den West-Frieschen omringdijk, 1729-1921, 7,50 m.

Inventaris: als voren, blz. 30-44.

Banne Barsingerhorn, 1738-1939, 2 m.

Inventaris.

Waterschap De Berkmeer, (1633) 1690-1929, 2 m.

Inventaris.

Banne Haringhuizen, 1842-1941, 1 m.

Inventaris.

Banne Nieuwe Niedorp, 1854-1940, 1,50 m.

Inventaris.

Banne Oude Niedorp, 1755-1941, 3 m.

Inventaris.

Polder de Oosterkoog, ca. 1950-ca. 1970, 2 m.

Banne Winkel, 1852-1940, 1 m.

Inventaris.

Polder Heerhugowaard, 1625-1922, 24 m.
Inventaris.
N.B. Zie ook blz. 93.

3 VERZAMELINGEN

Bibliotheek.
Catalogus: in bewerking.
N.B. Betreft voornamelijk Noordhollandse waterschapsgeschiedenis.

Prenten en kaarten.
Catalogus.

WATERSCHAP GROOT-GEESTMERAMBACHT

Adres	Dorpsstraat 108, 1749 ZG Warmenhuizen.
Telefoon	02269-2644.
Territoir	gemeenten Barsingerhorn, Harenkarspel, Heerhugowaard, Langedijk, Niedorp, Schagen, Sint Maarten, Sint Pancras, Warmenhuizen. Met ingang van 1 januari 1980 opgericht door samenvoeging van de Berkmeerpolder, polder Burghorn, polder Geestmerambacht, polder Heerhugowaard, Hooglandspolder, polder de Kaag onder Barsingerhorn, waterschap de Niedorperkogge, banne en polder Schagen met polder Westerkaag, polder Schagerwaard, Schrinkkaagpolder, Slikvenpolder, heemraadschap Strijkmolens van de Schagerkogge, polder Valkoog met Westerendspolder, polder Veenhuizen, waterschap Waarland, waterschap Woudmeer.
Openingstijden	na telefonische afspraak.
N.B.	een deel van de archieven berust bij Uitwaterende Sluizen zie blz. 266 e.v., een deel bij Noordhollands Noorderkwartier, zie blz. 179 e.v.

1 ARCHIEVEN VAN DE OVERHEID

Polder Berkmeer, zie blz. 180.

Polder Burghorn, zie blz. 268.

Polder Geestmerambacht, 1817-1940, 0,50 m.*

Banne Broek op Langedijk, 1853-1963, 0,50 m.*
N.B. Per 1 januari 1965 gevoegd bij de polder Geestmerambacht.

Banne Eenigenburg, 1843-1964, 0,50 m.*
N.B. Per 1 januari 1965 gevoegd bij de polder Geestmerambacht.

Banne Harenkarspel, zie blz. 268.
N.B. Per 1 januari 1965 gevoegd bij de polder Geestmerambacht.

Banne Koedijk, 1852-1963, 0,50 m.*
N.B. Per 1 januari 1965 gevoegd bij de polder Geestmerambacht. Bevat ook archiefbescheiden van de ambachtsheerlijkheid Koedijk, 1732-1781.

Banne Noord-Scharwoude, 1853-1963, 0,50 m.*
N.B. Per 1 januari 1965 gevoegd bij de polder Geestmerambacht.

Banne Oudkarspel, 1853-1963, 1 m.*
N.B. Per 1 januari 1965 gevoegd bij de polder Geestmerambacht.

Banne Sint-Pancras, 1854-1964, 1 m.*
N.B. Per 1 januari 1965 gevoegd bij de polder Geestmerambacht.

Banne Warmenhuizen, 1861-1965, 0,30 m.*
N.B. Per 1 januari 1965 gevoegd bij de polder Geestmerambacht.

Banne Zuid-Scharwoude, 1853-1964, 0,50 m.*
N.B. Per 1 januari 1965 gevoegd bij de polder Geestmerambacht.

Polder de Daalmeer (met De Mare en Oudie), 1599-1829, 3 delen.
N.B. Per 1 januari 1966 gevoegd bij de polder Geestmerambacht.

Dergmeer- en Kerkmeerpolder, 1925-1965, 0,20 m.*
N.B. Per 1 januari 1966 gevoegd bij de polder Geestmerambacht.

Diepsmeer en Moorsmeerpolder, 1847-1964, 1 m.*
N.B. Per 1 januari 1966 gevoegd bij de polder Geestmerambacht.

Grebpolder, 1877-1965, 0,50 m.*
N.B. Per 1 januari 1966 gevoegd bij de polder Geestmerambacht.

Polder De Kleimeer, 1831-1964, 0,50 m.*
N.B. Per 1 januari 1966 gevoegd bij de polder Geestmerambacht.

Polder De Vroonermeer, 19e eeuw-1964, 0,50 m.*
N.B. Per 1 januari 1966 gevoegd bij de polder Geestmerambacht.

Warmerhuizer Kerk- of Debbemeertje, 1925-1965, 0,20 m.*
N.B. Per 1 januari 1966 gevoegd bij de polder Geestmerambacht.

Polder Westbeverkoog, 1871-1964, 0,50 m.*
N.B. Per 1 januari 1966 gevoegd bij de polder Geestmerambacht.

Ringpolder, 1864-1964, 2 m.*
N.B. Per 1 januari 1975 gevoegd bij de polder Geestmerambacht.

Polder Heerhugowaard, zie blz. 181.

Hooglandspolder, 1862-1980, 0,50 m.*

Polder de Kaag onder Barsingerhorn, 1861-1980, 0,50 m.*

Waterschap De Niedorperkogge, 1970-1980, 2 m.*

Kostverlorenpolder, 1718-1970, 1,20 m.*
Inventaris: Th.M.P. van der Fluit, Inventaris van de archieven van de voormalige polders die per 1 januari 1970 verenigd zijn tot het waterschap De Niedorperkogge (Niedorp 1977) nrs. 540-589.

Lagelandspolder, 1873-1948, 0,25 m.*
Inventaris: als voren, nrs. 466-539.

Leyerpolder, 1826-1930, 0,40 m.
Inventaris: als voren, nrs. 855-906.

Moerbeekerpolder, 1654-1970, 0,40 m.*
Inventaris: als voren, nrs. 652-753.

Nederlandspolder, 1788-1948, 0,40 m.*
Inventaris: als voren, nrs. 361-400.

Niedorperpolder, 1695-1970, 1,50 m.*
Inventaris: als voren, nrs. 590-651.

Waterschap De Niedorperkogge, 1840-1930, 0,35 m.
Inventaris: als voren, nrs. 811-854.

Oosterlandspolder, 1788-1947, 0,35 m.*
Inventaris: als voren, nrs. 401-465.

Oosterpolder onder Winkel en Nieuwe Niedorp, 1547-1970, 8 m.*
Inventaris: als voren, nrs. 112-360.

Polder het Oude Dijkje, 1923-1970, 0,25 m.*
Inventaris: als voren, nrs. 754-766.

Tjaddinxrijtpolder, 1654-1970, 1 m.*
Inventaris: als voren, nrs. 1078-1181.

Vogelzangpolder, 1637-1970, 0,10 m.*
Inventaris: als voren, nrs. 1182-1193.

Weerepolder, 1687-1969, 2 m.*
Inventaris: als voren, nrs. 1-111.

Westerkamperpolder, 1748-1930, 0,40 m.
Inventaris: als voren, nrs. 767-810.

W.O.L. Polder, 1919-1970, 3 m.*
Inventaris: als voren, nrs. 907-1077.

Banne en polder Schagen, 1617-1930, 2 m.

Polder De Schagerwaard, (1631) 1858-1970, 1 m.*
Toegang: op code.

Schrinkkaagpolder, zie blz. 268.

Slikvenpolder, zie blz. 268.

Heemraadschap van de Strijkmolens van de Schagerkogge, 19e eeuw, 1 m.

Polder en banne Valkkoog, 1843-1980, 1 m.*

Waterschap Waarland, zie blz. 267.

Polder Woudmeer en Koetenburg, 1850-1965, 2 m.*

WEST-FRIESLAND OOST

ARCHIEFDIENST WESTFRIESE GEMEENTEN

Adres	Nieuwe Steen 1, postbus 603, 1620 AR Hoorn.
Telefoon	02290-31234.
Openingstijden	maandag t/m vrijdag 9.00-17.00 uur; elke tweede en vierde woensdag van de maand van 19.00-22.00 uur (behalve juli en augustus).
Territoir	gemeenten Drechterland, Enkhuizen, Hoorn, Medemblik, Noorder-Koggenland, Obdam, Opmeer, Stede Broec, Venhuizen, Wester-Koggenland en Wognum. De gemeenten Andijk en Wervershoof behoren tot het territoir, maar zijn nog niet bij de archiefdienst aangesloten.
Faciliteiten	vervaardigen van xerokopieën, raadpleging van microfilms en microfiches.

GEMEENTE ANDIJK

N.B. Zie ook blz. 238.

2 NIET-OVERHEIDSARCHIEVEN

Christelijke landbouwhuishoudschool, 1955-1965, 1 deel.*
Plaatsingslijst.

Fanfarekorps ‘Kunstmin’ te Andijk-Oost, 1899-1938, 1 doos.
Plaatsingslijst.

Departement Oosterdijk van de Maatschappij tot Nut van ’t Algemeen te Andijk-Oost, 1951-1968, 2 dozen.
Plaatsingslijst.

Gereformeerde Kerk van Andijk, 1836-1973, 4,30 m.*
Plaatsingslijst.
Literatuur: R. Prins, Het vijf- en zeventig-jarig bestaan der Gereformeerde Kerk van Andijk (Andijk 1912); J. Trompetter-K. Nierop, Strijd en zegen (Andijk 1961).

Jongelingsvereeniging op gereformeerde grondslag 'Bidt en Werkt', 1879-1960, 1 m.*
Plaatsingslijst.

Zondagschoolvereniging 'De Zaaier', 1926-1955, 2 delen.*
Plaatsingslijst.

Gereformeerde evangelisatiecommissie, 1930-1964, 3 delen.*
Plaatsingslijst.

Bijbelclubs te Andijk-Oost en Andijk-West, 1944-1946, 2 deeltjes en 2 omslagen.*
Plaatsingslijst.

GEMEENTE DRECHTERLAND

N.B. Per 1 januari 1979 opgericht als gemeente Bangert door samenvoeging van de gemeenten Hoogkarspel en Westwoud en het dorp Oosterblokker (zie onder Blokker). De naam van de gemeente is per 1 januari 1980 gewijzigd in Drechterland.

HOOGKARSPEL

1 ARCHIEVEN VAN DE OVERHEID

Gemeentebestuur, 1569-1924, 26 m.
Proces-verbaal; plaatsingslijst bevolkingsregisters en burgerlijke stand.

Doop-, trouw- en begraafboeken, 1637-1848, 9 delen.
Inventaris: DTB, blz. 105-106.

Burgerlijk armbestuur, 1930-1953, 6 delen en 1 portefeuille.

Maatschappelijk hulpbetoon, 1954-1964, 1 deel.

Notarissen ter standplaats Hoogkarspel, 1812-1895, 5 m.
Inventaris: Not., nrs. 1970-1991; getypt supplement 1843-1895.

2 NIET-OVERHEIDSARCHIEVEN

Eerste Coöperatieve Vereniging tot aankoop van land- en tuinbouwbenodigdheden, 1914-1967, 1 deel.*
Plaatsingslijst.

Zanggezelschap 'Concordia' en 'Thalia', 1880-1896, 2 delen.
Plaatsingslijst.

Departement Hoogkarspel van de Maatschappij tot Nut van 't Algemeen, 1850-1971, 3 dozen.
Plaatsingslijst.

Hervormde gemeente, 1574-1965, 2 m.*

Familie de Jong, 1869-1931, 2 dozen en 2 delen.
N.B. Bevat voornamelijk stukken afkomstig van Jb. de Jong, agent van de Haarlemsche Brandwaarborg Maatschappij te Hoogkarspel.

WESTWOUD

1 ARCHIEVEN VAN DE OVERHEID

Gemeentebestuur, 1493-1950, 9,50 m.
Plaatsingslijst.

Schepenbank en weeskamer, 1553-1813, 2,70 m.
Inventaris: ORW, nrs. 4710-4766.

Doop-, trouw- en begraafboeken, 1687-1848, 9 delen.
Inventaris: DTB, blz. 210-212.

Gaarder, 1599-1809, 0,70 m.
Plaatsingslijst.

2 NIET-OVERHEIDSARCHIEVEN

Vereniging ter voorziening in de dienst der springstieren, 1853-1909, 1 deel en 1 omslag.
Plaatsingslijst.

Bootsgezellenbeurs, ca. 1880-1970, 1 doos en 2 delen.

Zangvereniging 'Nut en Genoegen', 1894-1907, 1 deel.

Zangvereniging 'De Woudzangers' te Binnenwijzend, 1945-1966, 2 delen.
Plaatsingslijst.

Floraliavereniging, 1929-1958, 1 deel.
Plaatsingslijst.

Sociëteit 'De Roos' te Binnenwijzend, 1910-1973, 1 deel.
Plaatsingslijst.

GEMEENTE ENKHUIZEN

1 ARCHIEVEN VAN DE OVERHEID

1.1 Algemeen plaatselijk bestuur

Stad Enkhuizen, 1356-1813, 55 m.
Inventaris: C.J. Gonnet, Inventaris van het archief der stad Enkhuizen (Haarlem 1892).
Nadere toegang: klapper op inv. nr. 762C (register van mannelijke ingezetenen, 1811).

Gemeentebestuur, 1813-ca. 1920, 74 m.
Plaatsingslijst: van de bevolkingsregisters en de burgerlijke stand.

1.2 Plaatselijke instellingen met een specifieke taak

Rechtspraak vóór 1811

Schepenbank, 1580-1811, 7,80 m.
Inventaris: ORW, nrs. 4838-4992, 7043-7046.

Bevolking

Doop-, trouw en begraafboeken, 1572-1890, 3,30 m.
Inventaris: DTB, blz. 71-77.
Nadere toegang: klappers op voor- en achternamen inv. nr. 20 (lijst van lidmaten die met attestatie zijn vertrokken, 1624-1736), en op inv. nr. 85 (huwelijksintekenboek, 1795-1810).

Financiën

Boekhouder der gemeentebedrijven, ca. 1910-1970, ca. 35 m.
Plaatsingslijst.
N.B. De boekhouder der gemeentebedrijven voerde de financiële administratie van het Electriciteitsbedrijf, het Gasbedrijf, de Stichting Recreatieoord 'Enkhuizer Zand', de Reinigingsdienst, de Visafslag, de Vleeskeuringsdienst en het Woningbedrijf. Archivalia van deze bedrijven zijn met dit archief vermengd geraakt.

Openbare orde en veiligheid, defensie

Dienstdoende schutterij, 1812-1905, 1,30 m.

Economische zaken

Gemeentelijke Fruittuin, 1918-1937, 2 dozen.

Commissie voor het Gasbedrijf, 1912-1960, 3 dozen.

Sociale zorg

Weeskamer, 1501-1858, 9 m.
Inventaris: ORW, nrs. 4993-5104.

Bank van Leening, 1778-1903, 1 doos.
Plaatsingslijst.

Algemeen Armbestuur, 1862-1952, 1,10 m.

Levensmiddelenbedrijf, 1916-1921, 0,70 m.

Commissie van toezicht op het Woningbedrijf, 1924-1940, 2 delen.

Gezondheidszorg

Commissie voor de Reinigingsdienst, 1913-1936, 1 deel.

Onderwijs, wetenschap, cultuur

Onderwijs

Plaatselijke Schoolcommissie, 1805-1869, 3 dozen.
N.B. Betreft de plaatselijke schoolcommissies 1805-1854 (toezicht op alle scholen, behalve de Latijnse school) en 1854-1869 (toezicht op alle scholen inclusief het gymnasium). In 1869 werd een aparte commissie van toezicht op het middelbaar onderwijs ingesteld; de plaatselijke schoolcommissie werd daarmee een commissie van toezicht op het lager onderwijs.

Curatoren van de Latijnsche school, 1823-1854, 1 doos.
Plaatsingslijst.

Commissie van toezicht op het lager onderwijs, 1869-1956, 3 dozen.

Commissie van toezicht op het middelbaar onderwijs, 1869-1962, 0,70 m.
N.B. De notulen zijn slechts aanwezig van 1869-1879 en 1891-1906.

Commissie tot wering van schoolverzuim, 1901-1967, 1 doos.

Commissie van toezicht op het nijverheidsonderwijs, 1939-1955, 1 deeltje.

Stads Arme-Kinderschool, 1753-1805, 4 delen.
Inventaris: C.J. Gonnet, Inventaris van het archief der stad Enkhuizen (Haarlem 1892) nrs. 509-510.
Literatuur: D. Harting, Een Arme-Kinderschool der vorige eeuw (Enkhuizen 1875).

Stads Bouwkundige Teekenschool, 1853-1870, 1 doos.

Cultuur

Waag- en Stadhuismuseum, 1908-1963, 2 dozen.

Gemeentearchief, 1925-1974, 0,90 m.

N.B. Enkhuizen heeft zich per 1 september 1974 aangesloten bij de Archiefdienst Westfriese Gemeenten te Hoorn.

1.3 Organen van intergemeentelijke samenwerking

Gecommitteerden over de wegen en vaarten tussen de zes Noordhollandse steden, 1860-1927, 3 dozen.

N.B. Zie ook blz. 107, 108, 204, 252, 257, 259 en deel VIII, blz. 60.

Plaatselijke Commissie ingevolge art. 86 der Ongevallenwet 1901, 1903-1912, 1 omslag.

N.B. De Commissie was ingesteld voor de gemeenten Enkhuizen, Bovenkarspel, Grootebroek, Andijk, Wervershoof, Hoogkarspel, Westwoud, Venhuizen, Urk, Vlieland en Terschelling.

Gezondheidscommissie, 1903-1933, 3 dozen.

N.B. De commissie was werkzaam voor de gemeenten Terschelling, Vlieland, Enkhuizen, Bovenkarspel, Grootebroek, Hoogkarspel, Wervershoof, Andijk, Venhuizen, Wijdenes, Schellinkhout, Blokker, Nibbixwoud, Westwoud en Urk.

1.7 Organen van de centrale overheid

Notarissen ter standplaats Enkhuizen, 1812-1895, 17,50 m.

Inventaris: Not., nrs. 1494-1512, 1519-1608; getypt supplement 1843-1895.

College van zetters voor 's Rijks directe belastingen, 1870-1927, 2 delen en 1 pak.

2 NIET-OVERHEIDSARCHIEVEN

2.1 Instellingen van economische aard

Bevordering van het economisch leven

Genootschap 'Oeconomia Enchusana', 1778/1779-1931, 5 delen en 2 dozen.

Inventaris: B.J. van der Saag, Inventarissen van de archieven van...het genootschap 'Oeconomia Enchusana'...(Hoorn 1978) (Westfriese inventarisreeks nr. 1) blz. 23-32.

Departement Enkhuizen van de Oeconomische Tak van de Hollandsche Maatschappij van Wetenschappen, 1778-1794/1796, 1 doos.
Inventaris: B.J. van der Saag, Inventarissen van de archieven van...het departement Enkhuizen van de Oeconomische Tak van de Hollandsche Maatschappij van Wetenschappen (1778-1794/1796)...(Hoorn 1978) (Westfriese inventarisreeks nr. 1) blz. 18-22.

Ambacht en industrie

Boerderij en Houtzaagmolen 'De Valk', 1740-1748 en 1777-1780, 1 deel.

W. Over de Linden, boekdrukker en -handelaar, 1842-1909, 0,70 m.
N.B. Bevat ook stukken betreffende de dienst van Willem Over de Linden bij de schutterij en zijn lidmaatschap van de schuttersraad, 1842-1857.

Lijnbaan 'De Groote Visscherij', 1844-1878, 4 delen en 5 omslagen.
Plaatsingslijst.

Pieter Bais, kruidenier, 1874-1888, 3 deeltjes.

Handel en scheepvaart

Commissie tot oprichting van een maatschappij tot exploitatie van schepen voor de haringvisscherij, 1892, 1 pak.
N.B. De plannen zijn kennelijk niet uitgevoerd.

2.2 Instellingen van sociale zorg

Armen- en werklozenzorg

Oude Armen Gasthuis, 1775-1810, 3 delen.
Plaatsingslijst.

Oeconomisch Werkhuis, 1780-1872, 1,80 m.
Inventaris: B.J. van der Saag, Inventarissen van de archieven van...het Oeconomisch Werkhuis...(Hoorn 1978) (Westfriese inventarisreeks nr. 1) blz. 33-49.

Commissie ter verschaffing van werkzaamheden aan de behoeftige klasse binnen de stad Enkhuizen, 1843-1849, 1 omslag.

Vereeniging tot werkverschaffing, 1895-1938, 2 dozen.
Plaatsingslijst.

Hulpbank, 1906-1919, 3 delen.

Plaatselijk steuncomité, 1915-1929, 1 pak.

Commissie van samenwerking voor bijzondere noden in de gemeente Enkhuizen, 1936-1965, 3 dozen.

Zorg voor minderjarigen en ongehuwde moeders, maatschappelijk werk.

Oude Armen Weeshuis, 1617-1810, 1,20 m.
Inventaris.

Aalmoezeniers- en Nieuwe Armen Weeshuis, 1650-1810, 0,60 m.
Inventaris.

Wees- en Armhuis, 1810-1862, 1,10 m.
Inventaris.
N.B. Het Wees- en Armhuis is in 1810 ontstaan door vereniging van het Oude Armen Weeshuis, het Aalmoezeniers- en Nieuwe Armen Weeshuis, het Oude Armen Gasthuis en het Guldenhoofd- of Leprozenhuis. Per 1 januari 1842 kwam er een scheiding van de fondsen van de algemene armen en de wezen, echter nog onder één bestuur. In 1862 werd bij raadsbesluit besloten tot scheiding van het beheer van de Algemene Armen en het Weeshuis. Het Weeshuis werd overgedragen aan de Hervormde gemeente; het heette sedertdien: Gereformeerd Weeshuis der Nederduitsch Hervormde gemeente. De gemeente Enkhuizen stelde een Algemeen Armbestuur in, dat het beheer van het fonds van de algemene armen overnam.

Vereniging 'Moederlijke Weldadigheid', 1861-1961, 2 dozen.*
Plaatsingslijst.

Gereformeerd Weeshuis der Nederduitsch Hervormde Gemeente, 1862-1970, 5 m.
Inventaris.
N.B. Bevat ook een register met de boekhouding van de familie Stam te Buiksloot (1854-1872). Het Weeshuis ontving in 1872 een legaat uit de nalatenschap van Geerarda Stam te Buiksloot.

Nederlands Volksherstel, rayon Enkhuizen, 1945-1949, 1 pak.

Volkshuisvesting

Stichting verbetering volkshuisvesting, 1905-1957, 1 doos en 1 deel.
Plaatsingslijst.

2.3 Vak- en standsorganisaties en -fondsen

Commissie tot steun aan de weduwen en wezen van de verongelukte visschers, 1858-1865, 1 omslag.

Tuindersvereniging 'Onderlinge Hulp', 1902-1976, 1 deel, 9 deeltjes en 1 omslag.

2.5 Instellingen op het gebied van onderwijs, wetenschap en cultuur

Vereeniging tot bevordering van getrouw schoolbezoek, 1876-1970, 3 dozen.
N.B. Bevat ook het archief van het Nederlandsch Schoolverbond, afdeling Enkhuizen (1869-1875).

Armen-Bewaarschool, 1851-1858, 1 deeltje.

Handelsavondschool, 1913-1980, 0,50 m.
Proces-verbaal.

Heerenleesgezelschap, 1830-1977, 1 doos.
Plaatsingslijst.

Departement Enkhuizen van de Maatschappij tot Nut van 't Algemeen, 1862-1936, 1 doos, 1 deeltje en 1 omslag.
N.B. Betreft de Commissie van beheer en exploitatie van het Nutsgebouw 1885-1936 en de Commissie tot de Leeskamer 1862-1867.

Christelijke tamboers-, pijpers- en mandolineclub 'Concordia', 1934-1972, 5 delen en 1 omslag.
Plaatsingslijst.

2.6 Instellingen op het gebied van sport, recreatie en evenementen

Sport

N.V. Enkhuizer Bad- en Zweminrichting, 1910-1938, 3 deeltjes en 1 omslag.
N.B. Bevat ook het archief van het Comité tot oprichting van een Bad- en Zweminrichting te Enkhuizen, 1910-1913.

Tentoonstellingscomité van de Enkhuizer IJsclub, 1926, 1 omslag.

Evenementen

Plaatselijke commissie voor de oprichting van een nationaal gedenkteeken voor november 1813, 1863-1869, 1 omslag.

Feestcommissie 1572-1872, 1871-1872, 1 deeltje en 1 stuk.

Plaatselijke commissie tot viering van het 300-jarig jubileum van de Unie van Utrecht, 1878, 1 omslag.

Feestcommissie voor de viering van het eeuwfeest van Neerlands onafhankelijkheid, 1912-1913, 1 deeltje en 1 omslag.
N.B. Bevat ook de notulen van de commissie van de Kroningsfeesten (1897-1898), de commissie van de feesten t.g.v. het huwelijk van koningin Wilhelmina (1900-1901) en het comité van de feesten t.g.v. de geboorte van prinses Juliana (1909).

Commissie tot herdenking der afwerping van het Spaansche juk door Enkhuizen in 1572, 1922, 1 deeltje en 1 omslag.

Paulus Potter-comité, 1925, 1 omslag.

Huldigings-comité dr. H.C. van der Lee, 1935-1936, 1 omslag.
N.B. Geneesheer-directeur van het Snouck van Loosen ziekenhuis.

2.7 Instellingen op politieke en ideeële grondslag

Vereeniging voor vrouwenkiesrecht (later: Vereeniging van Staatsburgeressen), afdeling Enkhuizen, 1907-1929, 2 dozen.
Literatuur: Y. Kortlever-E. Siebers, Koekjes en vingerhoeden; de afdeling Enkhuizen van de Vereniging voor Vrouwenkiesrecht (Amsterdam 1980).

Vereeniging 'De Enkhuizer Burgerwacht', 1919-1940, 3 dozen.
Proces-verbaal.

2.8 Geloofsgemeenschappen en andere instellingen van godsdienstig leven

Ring Enkhuizen van de Nederlandse Hervormde Kerk, 1816-1973, 2 dozen.*
Plaatsingslijst.

2.10 Families

Moll, 1790-1870, 2 dozen en 1 deel.

2.11 Personen

G. Bruijnis, burgemeester van Enkhuizen, 1868-1883, 1844-1905, 1 omslag.
Plaatsingslijst.

GEMEENTE HOORN

N.B. Per 1 januari 1979 opgericht door samenvoeging van de gemeenten Hoorn en Zwaag en het dorp Westerblokker.

BLOKKER

1 ARCHIEVEN VAN DE OVERHEID

Gemeentebestuur, 1401-1978, 86 m.
Plaatsingslijst: van de bevolkingsregisters en de burgerlijke stand.
Nadere toegang: klappers op het volkstellingsregister 1840 en de bevolkingsregisters 1850-1860.

Doop-, trouw- en begraafboeken, 1620-1897, 13 delen.
Inventaris: DTB, blz. 51-52.

Notarissen ter standplaats Blokker, 1812-1895, 5,70 m.
Inventaris: Not., nrs. 395-426; getypt supplement 1843-1895.

2 NIET-OVERHEIDSARCHIEVEN

Oranjevereniging, 1934-1962, 1 doos.

Parochie van de H. Michaël te Westerblokker, 1502-1970, 2,70 m.*
Plaatsingslijst.

Klooster Bethlehem, 1834-1953, 2 dozen.*
Plaatsingslijst.

Hervormde gemeente te Ooster- en Westerblokker, 1619-1944, 1,80 m.*
Inventaris.
N.B. Bevat ook de archieven van de Naai- en breischool 'Wie weet nu hoe?' (1867-1889) en het Fonds Sijms (1721-1833).

HOORN

1 ARCHIEVEN VAN DE OVERHEID

1.1 Algemeen plaatselijk bestuur

Stad Hoorn, 1356-1815, 100 m.
Inventaris: C.J. Gonnet-R.D. Baart de la Faille, Inventaris van het archief der stad Hoorn (Haarlem 1918)
Nadere toegang: regestenlijst 1289-1514 in inventaris.

Gemeentebestuur, 1816-1978, 270 m.*
Plaatsingslijst: van de bevolkingsregisters en de burgerlijke stand.
Nadere toegang: klappers op de registers van ingekomen en vertrokken personen, 1821- resp. 1839 en 1848.

Commissie belast met de herziening der salarissen van ambtenaren, beambten en werklieden der gemeente Hoorn, 1917, 1 deeltje.

Scheidsgerecht voor de ambtenaren in dienst van de gemeente Hoorn, 1919-1941, 1 doos.

1.2 Plaatselijke instellingen met een specifieke taak

Rechtspraak vóór 1811

Schepenbank, 1454-1811, 29 m.
Inventaris: ORW, nrs. 4117-4623, 7035-7042.
N.B. In 1408 werden Berkhout, De Goorn, Mijzen, Oudendijk, Beets, Grosthuizen, Scharwoude, een deel van Schardam en de tussenliggende gehuchten met Hoorn verenigd; Wognum, met Nibbixwoud, Hauwert en Wadwaai in 1426. Zwaag hoorde al eerder onder Hoorn. Grosthuizen, Avenhorn, Oostmijzen, Berkhout, Wadwaai, Wognum, Nibbixwoud en Hauwert hebben zich in 1795 aan deze samenvoeging onttrokken maar zijn in 1803 opnieuw bij Hoorn gevoegd.

Bevolking

Doop-, trouw- en begraafboeken, 1579-1830, 4,50 m.
Inventaris: DTB blz. 107-114.
Nadere toegang: klappers op alle doopboeken en een gedeelte van de huwelijksintekenboeken voor commissarissen, inv. nrs. 70-75 (gedeeltelijk), periode 1605-1670, en inv. nrs. 65-67, periode 1681-1740.

Financiën

Commissie voor de financiën, 1916-1978, 0,50 m.

Centrale Boekhouding, 1953-ca. 1972, 35 m.
Proces-verbaal.

Openbare werken

Commissarissen over de trekvaart tussen Hoorn en Alkmaar, 1658-1767, 4 delen, 5 charters en 2 pakken.
Inventaris: C.J. Gonnet-R.D. Baart de la Faille, Inventaris van het archief der stad Hoorn (Haarlem 1918) nrs. 602-612.

Commissie van fabricage, 1875-1877, 2 delen.

Gemeentewerken, ca. 1900-1960, 7 m.

Bouwplancommissie, 1918-1954, 3,10 m.
Nadere toegang: kaartsysteem op de stukken vanaf ca. 1940.

Commissie voor de openbare werken (sedert 1958 voor gemeentewerken), 1919-1962, 2 dozen.

Commissie voor het grondbedrijf (sedert 1956 voor het grond- en woningbedrijf), 1931-1971, 2 dozen.

Commissie 'Boterhal', 1951-1954, 1 omslag.
N.B. Commissie, belast met een onderzoek naar een nieuwe bestemming voor de Boterhal (het voormalige St. Jans Gasthuis), Kerkplein 39.

Saneringscommissie, 1958-1967, 0,60 m.

Projektbureau, 1972-1977, 5,20 m.
Proces-verbaal.

Openbare orde en veiligheid, defensie

Schutterij, 1481-1900, 1 m.
Inventaris: C.J. Gonnet-R.D. Baart de la Faille, Inventaris van het archief der stad Hoorn (Haarlem 1918) nrs. 651-693.
Plaatsingslijst: van het gedeelte na 1800.

Krijgsraad van de gewapende burgermacht, 1795-1813, 0,50 m.
Inventaris: C.J. Gonnet-R.D. Baart de la Faille, Inventaris van het archief der stad Hoorn (Haarlem 1918) nrs. 694-697.

Brandweer, 1795-1972, 2,50 m.

Economische zaken

Marktmeester, 20e eeuw, 1 m.

Waagmeester, 1921-1934, 2 dozen.

Commissie van advies inzake den havendienst, 1925-1940, 2 omslagen.
Inventaris.

Commissie van bijstand voor het marktwezen en de havendienst en (van 1955-1967) de visafslag, 1950-1970, 1 doos.

Nutsbedrijven

Commissie voor de gasfabriek, 1882-1962, 3 dozen.
Inventaris.
N.B. 1913-1918 commissie voor de gasfabriek en waterleiding; 1918-1932 commissie voor de gasfabriek, de waterleiding en het electriciteitsbedrijf; 1932-1948 commissie voor de technische bedrijven; 1948-1965 commissie voor het gasbedrijf.

Gasbedrijf, ca. 1950-1970, 2,30 m.

Sociale zorg

Zorg voor minderjarigen

Weeskamer, 1357-1850, 5,70 m.
Inventaris: ORW, nrs. 4624-4682.

Bank van lening

Bank van leening, 1635-1886, 0,80 m.
Inventaris: C.J. Gonnet-R.D. Baart de la Faille, Inventaris van het archief der stad Hoorn (Haarlem 1918) nrs. 577-594.

Armen- en werklozenzorg

Boekhouder-penningmeester van het armwezen, 1908-1921, 1 deel.

Commissie van advies voor de Dienst der arbeidsbemiddeling en werkloosheidsverzekering, 1921-1925, 1 deel.

Burgerlijk armbestuur, sedert 1928 Gemeentelijke Instelling voor maatschappelijk hulpbetoon, sedert 1959 Gemeentelijke Instelling voor sociale zorg, 1922-1964, 5,50 m.*
Proces-verbaal.

Commissie Zuiderzeesteunwet, 1932-1952, 2 dozen.

Adviescommissie verlening bijstand, 1965-1974, 3 dozen.*

Gemeentelijke Sociale Dienst, 1965-1975, 26 m.*
Proces-verbaal.

Adviescommissies Wet Werkloosheidsvoorziening, Rijksgroepsregelingen werkloze werknemers en zelfstandigen, 1966-1975, 3 dozen.*

Verstrekking van levensmiddelen en brandstoffen

Levensmiddelenbureau, ca. 1918-1920, 0,50 m.

Centrale keuken, ca. 1945, 2 dozen.

Distributiedienst, ca. 1945-1950, 1 m.

Volkshuisvesting

Bureau Huisvesting, ca. 1950-1975, 3 m.

Gezondheidszorg

Plaatselijke Commissie van geneeskundig toevoorzicht, 1806-1865, 6 delen.

Stadsziekenhuis, 1867-1967, 10 m.

Commissie voor den reinigingsdienst, 1914-1956, 3 dozen.

Gemeentereiniging en Plantsoenen, 1914-1949, 1,30 m.
Literatuur: D. Dell, Historisch overzicht n.a.v. het 25-jarig jubileum van den Gemeentelijken Reinigingsdienst van Hoorn, 15-3-1914 – 15-3-1939 (Hoorn 1939).

Commissie voor het slachthuisbedrijf, 1931-1965, 0,50 m.

Onderwijs, wetenschap en cultuur

Onderwijs

Latijnsche School, 1669-1868, 2 delen.
Plaatsingslijst.

Commissie van toezicht over de stadstekenschool, 1845-1873, 1 doos.

Stedelijke muziekschool, 1845-1933, 2 dozen.

Commissie van toezicht en beheer der gemeentebewaarschool, 1860-1969, 2 dozen.

Commissie van toezicht op het middelbaar onderwijs, 1868-1970, 1,30 m.

Commissie van toezicht op het lager onderwijs te Hoorn, 1898-1929, 2 dozen.

Commissie tot wering van schoolverzuim, 1901-1968, 2 dozen.

Commissie ad hoc tot het instellen van een onderzoek omtrent de meest gewenste oplossing voor het vakonderwijs voor meisjes, 1921, 1 omslag.

Commissie van bijstand voor het onderwijs (sedert 1965: onderwijs, lichamelijke opvoeding en sport), 1929-1974, 0,60 m.

Curatoren van het gemeentelijk gymnasium (afdeling van het Westfries Lyceum), 1948-1969, 2 dozen.

Cultuur

Monumentencommissie, 1928-1956, 2 delen en 4 omslagen.
Inventaris.

Gemeentearchief, 1948-1974, 1,20 m.
N.B. De archiefdienst van Hoorn is met ingang van 1 september 1974 opgegaan in de Archiefdienst Westfriese Gemeenten.

1.3 Organen van intergemeentelijke samenwerking

Bescherming Bevolking, 20e eeuw, 3,50 m.

Gecommitteerden over de wegen en vaarten tussen de Noordhollandse steden, 1660-1927, 2,70 m.
Inventaris: over de periode 1660-1825: C.J. Gonnet-R.D. Baart de la Faille, Inventaris van het archief der stad Hoorn (Haarlem 1918) nrs. 613-623.
N.B. Zie ook blz. 107, 108, 193, 252, 257, 259 en deel VIII blz. 60.

Districtsschoolartsendienst, 20e eeuw, 3,50 m.

Gezondheidscommissie, 1903-1934, 5 m.
N.B. De commissie was werkzaam voor de gemeenten Abbekerk, Berkhout, Heerhugowaard, Hensbroek, Hoogwoud, Hoorn, Medemblik, Midwoud, Nieuwe Niedorp, Obdam, Opmeer, Opperdoes, Oude Niedorp, Spanbroek, Sijbekarspel, Twisk, Winkel, Wognum en Zwaag.

Vereeniging 'De Ambachtsschool voor Hoorn en Omstreken', 1916-1920, 1 deel en 1 omslag.

Huurcommissie, 1917-1925, 1 m.
N.B. De commissie was werkzaam voor de gemeenten Berkhout, Blokker, Hoorn, Spanbroek, Opmeer, Schellinkhout en Venhuizen.

Commissie van toezicht op den gemeenschappelijken keuringsdienst van vee en vleesch in de Kring Hoorn, 1922-1933, 2 dozen.
N.B. Aangesloten gemeenten: Avenhorn, Berkhout, Blokker, Hoorn, Oudendijk, Schellinkhout, Wognum, Wijdenes en Zwaag.

Commissie van advies inzake de keuringsdienst van vee en vlees en het openbaar slachthuis in de kring Hoorn, (1931) 1933-1971, 3 dozen.
N.B. Aangesloten gemeenten: Avenhorn, Berkhout, Blokker, Hoorn, Oudendijk, Schellinkhout, Wognum, Wijdenes en Zwaag.

Distributiekring Hoorn, Avenhorn en Berkhout, 1939-1943, 1 doos.

Commissie van beheer van de Prinses Beatrixschool voor openbaar BLO (streekschool), 1948-1966, 2 dozen.

Westfries bureau voor sociaal-wetenschappelijk onderzoek, 1959-1968, 0,70 m.
Proces-verbaal.
N.B. Aangesloten gemeenten: Abbekerk, Andijk, Avenhorn, Beets, Berkhout, Blokker, Bovenkarspel, Enkhuizen, Grootebroek, Hensbroek, Hoogkarspel, Hoogwoud, Hoorn, Medemblik, Midwoud, Nibbixwoud, Obdam, Opmeer, Opperdoes, Oudendijk, Schellinkhout, Spanbroek, Twisk, Venhuizen, Westwoud, Wognum, Wijdenes en Zwaag.

1.5 Organen van waterschappen

Polder De Grote Waal, 1871-1967, 0,90 m.
Plaatsingslijst.

1.7 Organen van de centrale overheid

Notarissen ter standplaats Hoorn, 1812-1895, 32,50 m.
Inventaris: Not., nrs. 2701-2709, 2754-2779, 2781, 2788-2800, 2805-2947; getypt supplement 1843-1895.

Collecteurs der Koninklijke Nederlandsche Loterij (Gebr. Vermande), ca. 1796-1850, 1 doos en 1 deel.

Districtsraad voor het Consumentencrediet, 1946-1949 (1951), 2,10 m.

2 NIET-OVERHEIDSARCHIEVEN

2.1 Instellingen van economische aard

Bevordering van het economisch leven

Departement Hoorn van de Maatschappij van Nijverheid, 1908-1914, 1 omslag.

Ambacht en industrie

Jacobus Bosgra, meester smid, 1730-1743, 1 deel.
Inventaris: C.J. Gonnet-R.D. Baart de la Faille, Inventaris van het archief der stad Hoorn (Haarlem 1918) nr. 532.

Vaderlandsche Maatschappij van Reederij en Koophandel, 1777-1858 (1860), 1,10 m.
Inventaris: B.J. van der Saag, Inventarissen van de archieven van de Vaderlandsche Maatschappij van Reederij en Koophandel te Hoorn (1777-1858/1860)...(Hoorn 1978) (Westfriese inventarisreeks nr. 1) blz. 5-17.
Nadere toegang: K. Wester, Beschrijving van de behangselontwerpen van de Vaderlandsche Maatschappij van Reederij en Koophandel, berustend in het Westfries Museum te Hoorn, in B.J. van der Saag, a.w., blz. 53-79.

Joh. Langewagen, koopman in bonte lijnwaden enz., 1790-1796, 3 deeltjes.
Inventaris: C.J. Gonnet-R.D. Baart de la Faille, Inventaris van het archief der stad Hoorn (Haarlem 1918) nr. 509.

Kantoorboekhandel en drukkerij Firma Vermande, 1801-1869, 0,60 m.

Pieter Groenewoudt, flessier, 1802-1808, 1 deel.
Inventaris: als voren, nr. 533.

Scheepswerf Gebr. Kaat, 1850-1910, 1 omslag.

Coöperatieve Samenwerking, 1911-1918, 1 deel.

Coöperatief Brandstoffenbedrijf voor West-Friesland, 1955, 1 deel.*
Plaatsingslijst.

Bank- en verzekeringswezen

Schoolspaarbank, 1879-1886, 1 pak.

2.2 Instellingen van sociale zorg

Gasthuizen

St. Jans Gasthuis, 1382-1857, 0,80 m.
Inventaris: C.J. Gonnet-R.D. Baart de la Faille, Inventaris van het archief der stad Hoorn (Haarlem 1918) nrs. 858-891.

Leprooshuis, 1493-1662, 0,50 m.
Inventaris: als voren, nrs. 892-906.

St. Pietershof, oud-archief Hoorn, 1594-1846, 1,90 m.
Inventaris: als voren, nrs. 962-996.

Pesthuis, 1603-1673, 1 deel.
Inventaris: als voren, nr. 907.

Oude Vrouwenhuis, 1606-1639, 6 delen en 1 charter.
Inventaris: als voren, nrs. 997-1000.

Claes Stapelhofje, 1892-1975, 1 m.
Plaatsingslijst.

Armen- en werklozenzorg

Kerkenarmenfonds, (1389) 1500-1964, 4 m.*

Inventaris: P. Boon, Inventaris van het Archief van het Kerkenarmenfonds te Hoorn (Hoorn 1978) (Westfriese inventarisreeks nr. 2).

Nadere toegang: regestenlijst 1389-1606 en lijst van kaarten en bouwtekeningen in inventaris.

Steuncomité voor werklozen, 1914-1919, 1 pak.

Zorg voor minderjarigen en ongehuwde moeders, maatschappelijk werk

Protestantse Weeshuis (inkl. Burger Weeshuis en Huiszittende Armenvoogden), 1373-ca. 1960, 16 m.*

Inventaris: C.J. Gonnet-R.D. Baart de la Faille, Inventaris van het archief der stad Hoorn (Haarlem 1918) nrs. 908-961, 1001-1066; plaatsingslijst voor het gedeelte na 1817.

R.K. Wees- en Armenhuis, 1730-1953, 6,50 m.

Inventaris.

Hulpbank van het Departement Hoorn van de Maatschappij tot Nut van 't Algemeen, 1863-1903, 1 omslag.

Stichting Hoorns Instituut tot bemiddeling bij de financiering van aankopen in de detailhandel, 1951-1973, 1 doos en 1 deel.*

Verstrekking van levensmiddelen en brandstoffen

Commissie tot uitdeeling van warme en voedzame spijzen, 1872-1945, 1 omslag en 2 dozen.

N.B. Bevat ook het archief van de Vereeniging Het Werkhuis, 1893-1920.

Vereeniging voor schoolvoeding, 1918-1919, 1 deeltje en 1 omslag.

Hulpverlening in verband met bijzondere omstandigheden

Commissie van erkentenis voor de strijders op de Citadel van Antwerpen en de Schelde, 1833-1836, 1 omslag.

2.3 Vak- en standsorganisaties en -fondsen

Gilden, 1450-1849, ca. 1 m.

N.B. Betreft: Linnenlakenwevers- of St. Severijnsgilde, Rijnschippers- of St. Geertruidagilde, Kramersgilde, Slepers- of St. Christoffelgilde, Lakenkopers- en bereidersgilde, Snijders- en droogscheerders- of St. Vitusgilde, Timmermans- of St. Josephsgilde en Timmermansbegrafenisfonds, Schoenmakers-, leerlooiers- en huidekopers- of St. Crispijn- en Crispiniaansgilde, Bierbrouwersgilde, Bierdragersgilde, Scheepstimmermansgilde, Goud- en zilversmidsgilde, Broodbakkersgilde, Metselaarsgilde, Molenaarsgilde, Kuipersgilde, Wijnkopersgilde, Smids- of St. Eloygilde, Vissersgilde, Glazemakers- en verversgilde (St. Lucas), Koek- en banketbakkersgilde, Chirurgijnsgilde, Kleermakersgilde, Manden- en bezemmakersgilde en Gruttersgilde.
Inventaris: C.J. Gonnet-R.D. Baart de la Faille, Inventaris van het archief der stad Hoorn (Haarlem 1918) nrs. 497-535.
Bronnenuitgave: Stichtingsakte van het Rijnschippersgilde in: M.S. Pols, Westfriesche Stadrechten, II ('s-Gravenhage 1885) 68-69 (Werken OVR I, 7).

Metselaarsknechtsbos, 1764-1905, 11 deeltjes, 1 charter en 1 omslag.
Plaatsingslijst.

Nationaal Verbond van Gemeente-Ambtenaren, afdeling Hoorn, 1925-1939, 1 doos.

Nederlands Onderwijzers Genootschap, afdeling Hoorn, 1898-1939, 2 dozen,

Predikanten-weduwenfonds van Hoorn en omstreken, 1893-1959, 1 pak.
Inventaris.

District West-Friesland van het Koninklijk Verbond van Grafische Ondernemingen, 1928-1952, 1 deel.

2.5 Instellingen op het gebied van onderwijs, wetenschap en cultuur

Onderwijs

Geneeskundige School, 1825-1844, 1 deel en 1 omslag.
Literatuur: J. Steendijk-Kuypers, De Geneeskundige School te Hoorn (1825-1865), in: Tijdschrift voor de geschiedenis der geneeskunde, natuurwetenschappen, wiskunde en techniek 3 (1980) nr. 2, 49-73.

Vereeniging 'De Ambachtsschool voor Hoorn en Omstreken', 1916-1920, 1 deel en 1 omslag.

Stichting Schoolfonds Rijks H.B.S resp. Westfries Lyceum te Hoorn, 1948-1960, 1 omslag.

Cultuur

Concertvereniging Johannes Messchaert, 1919-1974, 2 dozen.
Plaatsingslijst.

Vereeniging Het Carillon, 1924-1970, 2 dozen.
N.B. Doel: het tot stand brengen en instandhouden van een carillon in de toren van de Grote Kerk.

Leesgezelschap Tot Meerder Oefening, 1782-1884, 1 pak.

Leesbibliotheek van het departement Hoorn van de Maatschappij tot Nut van 't Algemeen, in 1892 voortgezet als Volksbibliotheek, 1811-1943, 2 dozen.

Vereeniging tot oprichting en instandhouding van een openbare leeszaal en bibliotheek, 1911-1920, 1 pak.
N.B. De plannen zijn toen niet doorgegaan.

Vereniging 'Oud-Hoorn', 1917-1967, 2,50 m.

Commissie tot restauratie der Noorderkerk, 1926-1938, 1 pak.

Commissie voor Landelijk Schoon van het Historisch Genootschap 'Oud West-Friesland', 1933-1950, 1 doos.

2.6 Instellingen op het gebied van sport, recreatie en evenementen

Sport

Hoornsche Schietvereeniging 'St. Sebastiaan', 1848-1909, 1 doos.
Plaatsingslijst.

Scherpschuttersvereeniging Jan Pieterszoon Coen, 1882-1902, 1 doos.
Plaatsingslijst.

Hoornsche Bad- en Zweminrichting, 1882-1919, 1 deel en 1 omslag.
N.B. Bevat ook de notulen van de commissie van dagelijks beheer en toezigt over de bad- en zweminrichting, 1857-1866.

Stichting Overdekte Zweminrichting West-Friesland, 1961-1974, 1 doos.

Recreatie

Burgersociëteit, 1786-1787, 1 omslag.
Plaatsingslijst.

De Groote Sociëteit, 1793-1937, 3 delen en 1 omslag.*

Evenementen

Plaatselijke commissie voor de stichting van een nationaal gedenkteeken voor november 1813, 1863-1870, 1 omslag.

Commissie tot de oprichting van een standbeeld van J.P. Coen, 1887-1893, 1 pak.

Vereniging voor Vreemdelingenverkeer, 1923-1962, 0,60 m.

Comité voor de herdenking van de 350e geboortedag van J.P. Coen, 1936-1937, 1 pak en 1 omslag.

Comité tot samenstelling van een gedenkboek t.g.v. het 70-jarig bestaan van de Rijks-H.B.S., 1938-1940, 1 pak.

Comité voor de oprichting van een gedenkteeken voor de oorlogsslachtoffers, 1945-1953, 1 pak.
Inventaris.

Stichting 'Hoorn 57', 1955-1958, 2 dozen.
N.B. Doel: organiseren van festiviteiten t.g.v. het 600-jarig bestaan van Hoorn.

2.7 Instellingen op politieke en ideële grondslag

Genootschap ter beoefening en aanmoediging van den burgerwapenhandel 'Voor Vaderland en Vrijheid', 1785-1787, 1 pak.
Plaatsingslijst.

Patriottisch Gezelschap, 1786, 1 omslag.
Plaatsingslijst.

Vereeniging Het Metalen Kruis, afdeling Hoorn, 1854-1855, 1 deel.

Vereeniging 'De Hoornsche Burgerwacht', 1919-1940, 3 dozen.

Vereeniging Leadbeater-loge der Theosofische Vereeniging, 1920-1939, 1 deeltje en 1 omslag.

Christelijk-Historische Unie afdeling Hoorn, 1917-1980, 3 dozen.*
Plaatsingslijst.

Platte Thijs en Progressief Hoorn (ProHo), 1970-1978, 3 dozen.*

2.8 Geloofsgemeenschappen en andere instellingen van godsdienstig leven

Rooms-katholieke kerk

Parochie van de HH. Cyriacus en Johannes de Doper, 1381-1570, 1 doos, 4 deeltjes en 1 omslag.
Inventaris: C.J. Gonnet-R.D. Baart de la Faille, Inventaris van het archief der stad Hoorn (Haarlem 1918) nrs. 710-757.

Fraterhuis (broeders van den goeden wille), 1384-1429, 17 charters en 4 stukken.
Inventaris: als voren, nrs. 783-791.

St. Caeciliaklooster, 1400-1553, 1 doos.
Inventaris: als voren, nrs. 801-823.

St. Catharinaklooster, 1409-1560, 4 charters en 2 stukken.
Inventaris: als voren, nrs. 796-800.

St. Mariaklooster, 1420-1564, 1 doos.
Inventaris: als voren, 824-833.

Kruisbroedersklooster St. Pietersdal, ca. 1476-1560, 5 charters, 1 stuk en 1 deel.
Inventaris: als voren, nrs. 792-795.

Nederlandse Hervormde kerk

Hervormde gemeente, ca. 1580-ca. 1950, 14 m.*

Doopsgezinde Broederschap

Doopsgezinde gemeente, 17e eeuw-1966, 2,30 m.
Plaatsingslijst.

Remonstrantse Broederschap

Remonstrantse gemeente, 17e-19e eeuw, 1 m.
Plaatsingslijst.

2.10 Families

Van Akerlaken, 17e-19e eeuw, 1 m.
Plaatsingslijst.

2.11 Personen

G.H. de Feijfer, 19e eeuw, 1 omslag.

L. de Goede, 1914-1918, 1 pak.

J.C. Kerkmeijer, conservator van het Westfries Museum te Hoorn en tekenleraar aan de HBS, en zijn vrouw C. de Regt, lerares Engels aan de HBS, ca. 1900-1955, 0,90 m.
Plaatsingslijst.

J.M. Messchaert, zanger, 1825-1950, ca. 2 m.
Inventaris: M.C. Canneman, Gedenkstukken met betrekking tot de zanger Johannes Martinus Messchaert (1857-1922) (Hoorn 1968).

Dr. Johanna Aleida Nijland, 1884-1899, 4 deeltjes.

C. Oortman Gerlings, 1877-1921, 0,60 m.
Plaatsingslijst.
N.B. Stukken betreffende verschillende waterschappen waarin C. Oortman Gerlings funkties bekleedde.

3 VERZAMELINGEN

Collectie Ridderikhoff, 1930-1958, 2 dozen.
Plaatsingslijst.

Collectie De Ruyter de Wildt, 1893-1965, 1 pak.
N.B. Stukken betreffende de jubilea van de Rijks-HBS te Hoorn.

Collectie Verloren, 16e-20e eeuw, 6 m.
Inventaris: J.Ph. de Monté Ver Loren, Catalogus van de Collectie Verloren bestemd voor het huis Verloren, Kerkstraat 10 te Hoorn (Z.pl. en j.).

ZWAAG

1 ARCHIEVEN VAN DE OVERHEID

Gemeentebestuur, 1552-1850, 5,30 m.
Plaatsingslijst.

Gemeentebestuur, 1851-1978, 80 m.
Plaatsingslijst: van de bevolkingsregisters en de burgerlijke stand.

Doop-, trouw- en begraafboeken, 1633-1828, 11 delen.
Inventaris: DTB, blz. 244-245.

Gaarder, 1799-1803, 1 deel.
N.B. Voor het gaarderregister van aangifte van de impost op het trouwen en begraven 1798-1803 zie doop-, trouw- en begraafboeken.

2 NIET-OVERHEIDSARCHIEVEN

Stichting Zweminrichting ‘De Wijzend’, 1970-1978, 0,50 m.
Plaatsingslijst.

Katholieke Volkspartij afdeling Zwaag, 1935-1978, 1 doos.
Plaatsingslijst.

Parochie van de H. Martinus, 1811-1970, 4 m.
Plaatsingslijst.

GEMEENTE MEDEMBLIK

1 ARCHIEVEN VAN DE OVERHEID

1.1 Algemeen plaatselijk bestuur

Stad Medemblik, 1416-1813, 66 m.
Inventaris: C.J. Gonnet, Inventaris van het archief Medemblik (Z.pl. 1915).

Gemeentebestuur, 1813-1932, 39 m.
Plaatsingslijst.
Nadere toegang: klapper op het volkstellingsregister 1840.

1.2 Plaatselijke instellingen met een specifieke taak

Schepenbank, 1548-1811, 8,50 m.
Inventaris ORW, nrs. 5216-5382, 7047-7054.

Doop-, trouw- en begraafboeken, 1598-1858, 1,50 m.
Inventaris: DTB, blz. 135-138.

Gaarder, 1623-1806, 2,90 m.
Plaatsingslijst.
N.B. Voor het gaarderregister van aangifte voor de impost op het trouwen en begraven 1714-1805 zie doop-, trouw en begraafboeken.

Grondbedrijf, 1927-1941, 3 delen.

Commissie van toezicht op de visafslag, 1949-1950, 1 deel.

Gasbedrijf, 20e eeuw, 6 m.

Weeskamer, 1558-1817, 2 m.
Inventaris: ORW, nrs. 5383-5410.

Commissie tot wering van schoolverzuim, 1901-1957, 1 deel.

1.7 Organen van de centrale overheid

Notarissen ter standplaats Medemblik, 1812-1895, 10 m.

Inventaris: Not., nrs. 3312-3313, 3315, 3330-3368, 3370-3371, 3376-3386, 3388-3402; getypt supplement 1843-1895.

2 NIET-OVERHEIDSARCHIEVEN

Veilingvereniging Medemblik en omstreken, 1914-1972, 10 m.
Plaatsingslijst.

Weeshuis, 16e eeuw-1968, 6 m.*
Plaatsingslijst.
N.B. Bevat ook de archieven van: Bank van Lening (1812-1881) en College van Armenvoogden (1903-1970).

Vereniging Burgerwacht, 1887-1939, 2 delen.

Parochie van de H. Martinus, 1817-1971, 1 m.*

Hervormde gemeente, 1624-1966, 2,70 m.*

GEMEENTE NOORDER-KOGGENLAND

N.B. Per 1 januari 1979 gevormd door samenvoeging van de gemeenten Abbekerk, Midwoud, Opperdoes, Sijbekarspel en Twisk.

ABBEKERK

1 ARCHIEVEN VAN DE OVERHEID

Gemeentebestuur, 1399-1945, 5 m.
Plaatsingslijst: van de bevolkingsregisters en de burgerlijke stand.
Nadere toegang: klapper op de bevolkingsregisters 1850-1945.

Schepenbank, 1626-1811, 1,70 m.
Inventaris: ORW, nrs. 5418-5448.

Doop-, trouw- en begraafboeken, 1648-1816, 9 delen.
Inventaris: DTB, blz. 6-7.
N.B. Betreft ook Lambertschaag.

Gaarder, 1728-1780, 2 delen.
Plaatsingslijst.
N.B. Voor het register van aangifte van de impost op het trouwen en begraven 1741-1790 zie doop-, trouw- en begraafboeken.

2 NIET-OVERHEIDSARCHIEVEN

Stierenadministratie van veehouders in Abbekerk en Lambertschaag, 1900-1960, 1 deel.

Commissie tot Veredeling Volksontspanning, 1947-1973, 3 dozen.

Vereniging 'IJsclub' te Abbekerk-Lambertschaag, 1880-1976, 1 doos en 1 deel.
Plaatsingslijst.

Plaatselijke commissie van het Nationaal Instituut Steun Wettig Gezag, 1949, 1 doos.

Hervormde gemeente te Abbekerk, 1648-ca. 1960, 1,50 m.*

Hervormde gemeente te Lambertschaag, 18e eeuw-ca. 1960, 0,50 m.*

MIDWOUD

1 ARCHIEVEN VAN DE OVERHEID

1.1 Algemeen plaatselijk bestuur

Gemeentebestuur, 1562-ca. 1970, 61 m.
Plaatsingslijst.

1.2 Plaatselijke instellingen met een specifieke taak

Schepenbank Oostwoud, 1789-1808, 3 delen.
Inventaris: ORW, nrs. 5411-5413.

Doop-, trouw- en begraafboeken van Midwoud (met Oostwoud), 1638-1816, 12 delen.
Inventaris: DTB, blz. 140-141.

Gaarder, 1780, 1 deel.
N.B. Zie ook doop-, trouw- en begraafboeken, nr. 11.

Gemeentelijk Electriciteitsbedrijf, 1918-1928, 2 dozen en 11 delen.

Centrale Keuken, 1944-1945, 4 deeltjes en 1 omslag.

1.3 Organen van intergemeentelijke samenwerking

Destructordistrict West-Friesland, 1926-1972, 3 dozen.
Plaatsingslijst.
N.B. Aangesloten gemeenten: Andijk, Enkhuizen, Bovenkarspel, Grootebroek, Hoogkarspel, Venhuizen, Westwoud, Wijdenes, Blokker, Schellinkhout, Zwaag, Hoorn, Wognum, Berkhout, Avenhorn, Oudendijk, Midwoud, Twisk, Opperdoes, Medemblik, Wervershoof, Nibbixwoud, Spanbroek, Opmeer, Hoogwoud, Abbekerk, Sijbekarspel, Obdam en Hensbroek.

Rattenbestrijding in West-Friesland, 1939-1967, 3 dozen.
N.B. Aangesloten gemeenten: Andijk, Berkhout, Bovenkarspel, Blokker, Enkhuizen, Grootebroek, Hoogkarspel, Hoorn, Medemblik, Midwoud, Nibbixwoud, Opperdoes, Schellinkhout, Venhuizen, Wervershoof, Westwoud, Wijdenes, Zwaag, Twisk, Spanbroek, Opmeer, Sijbekarspel, Wognum, Abbekerk, Hensbroek, Ursem, Avenhorn.

Vleeskeuringsdienst Kring Midwoud, 1923-1972, 0,80 m.

1.5 Organen van waterschappen

Pukpolder en Pukweg (ook wel Puk- en Kieftpolder) te Oostwoud, 1873-1977, 1 deel.
Plaatsingslijst.

2 NIET-OVERHEIDSARCHIEVEN

Bullestiek, 1796-1900, 1 doos.
N.B. Coöperatieve stierenadministratie.

Coöperatieve Land- en Tuinbouwvereniging te Oostwoud, 1910-1944, 2 dozen.
Plaatsingslijst.

Coöperatieve Vereniging tot aan- en verkoop van granen en veevoeder en tot exploitatie ener korenmalerij M.O.H., later Coöperatieve Landbouwvereniging 'Gemeenschappelijk Belang' G.A., 1912-1972, 2 dozen.*
Plaatsingslijst.

Woningbouwvereniging 'Volksbelang' te Oostwoud, 1915-1958, 2 dozen en 3 delen.

Stichting Tehuis voor Bejaarden 'Woudrust', 1949-1966, 1 pak.

Departement Midwoud van de Maatschappij tot Nut van 't Algemeen, 1829-1929, 1 doos.
Plaatsingslijst.

Onderwijs Instituut 'Ontwikkeling Platteland', 1940-1961, 1 doos en 1 deel.

Hervormde gemeente te Midwoud, periode onbekend, 0,50 m.*

OPPERDOES

1 ARCHIEVEN VAN DE OVERHEID

Gemeentebestuur, 1795-1938, ca. 24 m.
Plaatsingslijst.

Doop-, trouw- en begraafboeken, 1662-1867, 7 delen.
Inventaris: DTB, blz. 161-162.

SIJBEKARSPEL

1 ARCHIEVEN VAN DE OVERHEID

Gemeentebestuur, 1413-ca. 1940, 10 m.
Plaatsingslijst: van de bevolkingsregisters en de burgerlijke stand.

Schepenbank, 1603-1811, 1 m.
Inventaris: ORW, nrs. 5449-5471.

Doop-, trouw- en begraafboeken van Sijbekarspel (met Benningbroek), 1599-1825, 12 delen.
Inventaris: DTB, blz. 183-184.

Gaarder, 1709-1811, 4 delen.
Plaatsingslijst.

Notarissen ter standplaats Benningbroek, 1853-1895, 8 m.
Inventaris.

2 NIET-OVERHEIDSARCHIEVEN

Land- en tuinbouwvereniging 'Wederzijds Belang', 1908-1945, 4 delen en 6 omslagen.
Plaatsingslijst.

Floraliavereniging te Benningbroek-Midwoud, later Benningbroek-Sijbekarspel, 1910-1946, 2 delen.
Plaatsingslijst.

Hervormde gemeente te Sijbekarspel, 1598-ca. 1960, 0,50 m.*

Hervormde gemeente te Benningbroek, 1651-ca. 1960, 2 m.*

TWISK

1 ARCHIEVEN VAN DE OVERHEID

Gemeentebestuur, 1487-1813, 1,30 m.
Inventaris: C.J. Gonnet, Inventaris van het archief van Twisk, in: VROA 41 (1918) II, 187-204.
Nadere toegang: regestenlijst 1386-1563 in inventaris.

Gemeentebestuur, ca. 1813-1940, 20 m.
Plaatsingslijst: van de bevolkingsregisters en de burgerlijke stand.

Doop-, trouw- en begraafboeken, 1654-1850, 11 delen.
Inventaris: DTB, blz. 189-190.

2 NIET-OVERHEIDSARCHIEVEN

Bejaardenhuis 'Twiskerland', 1952-1955, 2 deeltjes.
Plaatsingslijst.

Vereniging 'Nut en Genoegen' te Twisk-Opperdoes, 1869-1936, 1 doos.
Plaatsingslijst.

Comité Bejaardentocht, 1958-1972, 1 deeltje.

Vereeniging Plaatselijk Belang, 1915-1917, 1 deel.

Hervormde gemeente, 1658-1947, 1,50 m.*
Plaatsingslijst.

GEMEENTE OBDAM

N.B. Per 1 januari 1979 gevormd door samenvoeging van de gemeenten Hensbroek en Obdam.

HENSBROEK

1 ARCHIEVEN VAN DE OVERHEID

Gemeentebestuur, 18e eeuw-ca. 1950, 25 m.
Plaatsingslijst: van de bevolkingsregisters en de burgerlijke stand.

Schepenbank, 1683, 1732-1811, 2 dozen.
Inventaris: ORW, nrs. 5606-5612.

Doop-, trouw- en begraafboeken, 1627-1850, 7 delen.
Inventaris: DTB, blz. 102.

Burgerlijk armbestuur, 1937-1964, 0,50 m.

2 NIET-OVERHEIDSARCHIEVEN

Hervormde gemeente te Hensbroek, 1627-1966, 2,10 m.*
Plaatsingslijst.
N.B. Tot 1644 vormde Hensbroek te zamen met Obdam één hervormde gemeente. Met ingang van 1 januari 1967 werden de beide weer opnieuw verenigd.

OBDAM

1 ARCHIEVEN VAN DE OVERHEID

1.1 Algemeen plaatselijk bestuur

Gemeentebestuur, 1568-ca. 1930, 13 m.
Inventaris: tot 1813.

1.2 Plaatselijke instellingen met een specifieke taak

Schepenbank, 1693-1811, 0,50 m.
Inventaris: ORW, nrs. 5597-5605.

Doop-, trouw- en begraafboeken, 1585-1812, 7 delen.
Inventaris: DTB, blz. 154-155.

1.4 Organen van stadsheerlijkheden, geannexeerde ambachten en gemeenten

Heerlijkheid Obdam, 8 microfilms.
N.B. Het archief berust in kasteel Weldam bij Goor en bevat ook archiefbescheiden van de polder Wogmeer en Berkmeer.

1.7 Organen van de centrale overheid

Notarissen ter standplaats Obdam, 1813-1895, 6 m.
Inventaris: Not., nrs. 4079-4103; getypt supplement 1843-1895.

2 NIET-OVERHEIDSARCHIEVEN

Hervormde gemcente, 1644-1966, 0,50 m.*
Plaatsingslijst.
N.B. Tot 1644 vormde Obdam tezamen met Hensbroek één hervormde gemeente. Met ingang van 1 januari 1967 werden deze opnieuw samengevoegd.

GEMEENTE OPMEER

N.B. Per 1 januari 1979 gevormd door samenvoeging van de gemeenten Hoogwoud en Opmeer (per 1 juli 1959 ontstaan door samenvoeging van de gemeenten Opmeer en Spanbroek).

HOOGWOUD

1 ARCHIEVEN VAN DE OVERHEID

1.1 Algemeen plaatselijk bestuur

Gemeentebestuur, 1592-ca. 1930, 7 m.
Plaatsingslijst: van de registers vóór 1813, de bevolkingsregisters en de burgerlijke stand.

1.2 Plaatselijke instellingen met een specifieke taak

Schepenbank Hoog- en Aartswoud, 1611-1811, 1,80 m.
Inventaris: ORW, nrs. 5472-5512.

Doop-, trouw- en begraafboeken, 1678-1819, 8 delen.
Inventaris: DTB, blz. 106-107.

1.7 Organen van de centrale overheid

Notarissen ter standplaats Hoogwoud, 1822-1895, 3 m.
Inventaris: Not., nrs. 1992-2034; getypt supplement 1843-1895.

2 NIET-OVERHEIDSARCHIEVEN

Coöperatieve aankoopvereniging 'Ons Belang', 1926-1953, 1 doos.
Plaatsingslijst.

Zangvereniging 'Nieuw Leven', te Aartswoud, 1927-1968, 4 deeltjes en 4 omslagen.
Plaatsingslijst.

OPMEER

1 ARCHIEVEN VAN DE OVERHEID

1.1 Algemeen plaatselijk bestuur

Gemeentebestuur, 1414-1819, 2,50 m.
Inventaris: G. van Es, Inventaris van het oud-archief der gemeente Opmeer, in: VROA 50 (1927) II, 477-484.

Gemeentebestuur, 1817-1959, 7 m.
Plaatsingslijst.
Nadere toegang: klapper op het bevolkingsregister 1850-1860.

1.2 Plaatselijke instellingen met een specifieke taak

Schepenbank, 1608-1811 (1819), 1 m.
Inventaris: ORW, nrs. 5513-5539.

Doop-, trouw- en begraafboeken van Opmeer (met Spanbroek), 1654-1814, 0,60 m.
Inventaris: DTB, blz. 158-161.

Gaarder, 1765-1804, 1 deel en 2 omslagen.
Plaatsingslijst.
N.B. Zie ook doop-, trouw- en begraafboeken, nrs. 8-9.

2 NIET-OVERHEIDSARCHIEVEN

Coöperatieve landbouwaankoopvereniging annex malerij 'Samenwerking', 1916-1962, 1 doos.*
Plaatsingslijst.

Coöperatieve Malerij 'De Volharding', 1912-1916, 2 delen.
Plaatsingslijst.

Christen Democratisch Appèl, afdeling Opmeer, 1905-1978, 2 dozen.
Plaatsingslijst.
N.B. Bevat ook de archieven van rooms-katholieke kiesverenigingen resp. afdelingen van de RKSP en de KVP Hoogwoud-Opmeer, De Weere, Hoogwoud, Spanbroek en Opmeer.

Hervormde gemeente, 1659-ca. 1960, ca. 1 m.*

SPANBROEK

1 ARCHIEVEN VAN DE OVERHEID

1.1 Algemeen plaatselijk bestuur

Gemeentebestuur, 1398-1814, 10 m.
Inventaris: C.J. Gonnet, Archief van Spanbroek, in: VROA 23 (1900) 201-277.
Nadere toegang: regestenlijst 1398-1500 in inventaris.

Gemeentebestuur, 1814-1959, 15 m.
Plaatsingslijst.

1.2 Plaatselijke instellingen met een specifieke taak

Schepenbank, 1556-1811 (1823), 2,90 m.
Inventaris: ORW, nrs. 5540-5596.

Gaarder, 1671-1811, 0,50 m.
N.B. Voor het gaarderregister van aangifte van de impost op het trouwen en begraven 1695-1805 zie doop-, trouw- en begraafboeken van Opmeer met Spanbroek, nrs. 26-28.

2 NIET-OVERHEIDSARCHIEVEN

Hervormde gemeente, 17e eeuw-ca. 1960, 1 m.*

GEMEENTE STEDE BROEC

N.B. Per 1 januari 1979 gevormd door samenvoeging van de gemeenten Bovenkarspel en Grootebroek.

BOVENKARSPEL

1 ARCHIEVEN VAN DE OVERHEID

Gemeentebestuur, 1805-ca. 1930, 24 m.
Plaatsingslijst: van de bevolkingsregisters en de burgerlijke stand.
Nadere toegang: klapper op het volkstellingsregister van 1830.

Doop-, trouw- en begraafboeken, 1580-1854, 11 delen.
Inventaris: DTB, blz. 52-53.

2 NIET-OVERHEIDSARCHIEVEN

N.B. Zie ook blz. 229.

Coöperatief Op- en Overslagbedrijf te Broekerhaven, 1951-1955, 1 deel.
Plaatsingslijst.

Departement Bovenkarspel-Grootebroek van de Maatschappij tot Nut van 't Algemeen, 1810-1964, 2 dozen.
Plaatsingslijst.

Hervormde gemeente, 1664-ca. 1960, 2,50 m.*
Plaatsingslijst.

GROOTEBROEK

1 ARCHIEVEN VAN DE OVERHEID

1.1 Algemeen plaatselijk bestuur

Stad Grootebroek, 1364-ca. 1930, 26 m.
Plaatsingslijst: van de bevolkingsregisters en de burgerlijke stand.
N.B. In 1364 werden de dorpen Bovenkarspel en Grootebroek verenigd tot een stad onder de naam van Broek. In 1402-1403 werden Lutjebroek en Hoogkarspel aan de stad toegevoegd.

1.2 Plaatselijke instellingen met een specifieke taak

Schepenbank en weeskamer, 1479-1811, 5,50 m.
Inventaris: ORW, nrs. 5105-5215.

Doop-, trouw- en begraafboeken van Grootebroek (met Lutjebroek) 1582-1852, 0,70 m.
Inventaris: DTB, blz. 83-85.

Gaarder, 1662-1810, 2,80 m.
Inventaris.
N.B. Voor het gaardersregister van aangifte voor de impost op het trouwen 1695-1805 zie doop-, trouw- en begraafboeken.

1.7 Organen van de centrale overheid

Notarissen ter standplaats Grootebroek, 1812-1895, 8 m.
Inventaris: Not., nrs. 1701-1838; getypt supplement 1843-1895.

2 NIET-OVERHEIDSARCHIEVEN

N.B. Zie ook blz. 226.

Hervormde gemeente te Grootebroek, 1736-ca. 1960, 3 m.*
Plaatsingslijst.

Hervormde gemeente te Lutjebroek, 1812-1965, 0,50 m.*

GEMEENTE VENHUIZEN

N.B. Per 1 augustus 1970 gevormd door samenvoeging van de gemeenten Schellinkhout, Venhuizen en Wijdenes.

SCHELLINKHOUT

1 ARCHIEVEN VAN DE OVERHEID

1.1 Algemeen plaatselijk bestuur

Gemeentebestuur, 1540-1970, 24 m.
Inventaris: tot 1813; plaatsingslijst van de bevolkingsregisters en de burgerlijke stand.

1.2 Plaatselijke instellingen met een specifieke taak

Schepenbank, 1560-1811, 1,20 m.
Inventaris: ORW, nrs. 4767-4791.

Doop-, trouw- en begraafboeken, 1631-1850, 10 delen en 2 pakken.
Inventaris: DTB, blz. 177-178.

Gaarder, 1683-1811, 3 delen.
Plaatsingslijst.
N.B. Voor het gaardersregister van aangifte voor de impost op het trouwen en begraven 1709-1805 zie doop-, trouw- en begraafboeken.

2 NIET-OVERHEIDSARCHIEVEN

Vereeniging 'Het Rundveestamboek Noord-Holland', 1883-1916, 3 dozen en 2 delen.
Plaatsingslijst.

Zangvereniging Polyhymnia, 1892-1941, 1 doos.
Plaatsingslijst.

Hervormde gemeente, 1631-ca. 1960, 2,20 m.*
Plaatsingslijst.

VENHUIZEN

1 ARCHIEVEN VAN DE OVERHEID

Gemeentebestuur, onbekend-1970, 57 m.
Plaatsingslijst: van de bevolkingsregisters en de burgerlijke stand.

Schepenbank Hem en Venhuizen, 1661-1811, 1,80 m.
Inventaris: ORW, nrs. 4811-4837.

Doop-, trouw- en begraafboeken van Venhuizen (met Hem) 1612-1909, 17 delen.
Inventaris: DTB, blz. 197-199.

2 NIET-OVERHEIDSARCHIEVEN

Coöperatieve Vereniging tot aankoop van land- en tuinbouwbenodigdheden, 1913-1944, 1 doos.

Landbouwers Aankoopvereniging annex malerij 'Ceres' te Venhuizen, later Bovenkarspel, 1908-1972, 1 doos.*

Armenvoogden, 1804-1884, 1 doos.

Leesgezelschap Venhuizen, 1795-1926, 1 omslag.

Maatschappij tot Nut van 't Algemeen, Departement Venhuizen, 1818-1926, 1 doos.
Plaatsingslijst.

Hervormde gemeente te Hem, 1612-ca. 1960, 2 m.*
Plaatsingslijst.

Hervormde gemeente te Venhuizen, 1656-ca. 1960, 2 m.*

WIJDENES

1 ARCHIEVEN VAN DE OVERHEID

1.1 Algemeen plaatselijk bestuur

Gemeentebestuur, 1531-1970, 20 m.
Plaatsingslijst: van het gedeelte tot 1813, de bevolkingsregisters en de burgerlijke stand.

1.2 Plaatselijke instellingen met een specifieke taak

Schepenbank Wijdenes en Oosterleek, 1561-1811, 0,70 m.
Inventaris: ORW, nrs. 4792-4810.

Doop-, trouw- en begraafboeken van Wijdenes (met Oosterleek), 1617-1856, 10 delen.
Inventaris: DTB, blz. 228-229.

Gaarder, 1680-1810, 3 delen.
N.B. Voor het gaarderregister van aangifte van de impost op het trouwen en begraven 1753-1805 zie doop-, trouw- en begraafboeken.

2 NIET-OVERHEIDSARCHIEVEN

2.1 Instellingen van economische aard

Coöperatieve landbouw-, handel- en marktvereniging, eerder 'De Vooruitgang', 1888-1946, 2 dozen.
Plaatsingslijst.

Landbouwers-aankoopvereniging annex malerij, 1909-1955, 0,50 m.
Plaatsingslijst.

Coöperatieve veilingvereniging Tuindersbelang Wijdenes en Omstreken, 1920-1944, 3 dozen.
Plaatsingslijst.

Coöperatieve land- en tuinbouwvereniging 'Energie', 1929-1957, 1 doos.
Plaatsingslijst.
N.B. Betreft ook Schellinkhout en Venhuizen.

N.V. Zuivelfabriek 'Wijdenes', 1938-1948, 1 deel en 7 omslagen.
Plaatsingslijst.

2.5 Instellingen op het gebied van onderwijs, wetenschap en cultuur

Leesgezelschap 'Nut en Genoegen', 1871-1962, 1 doos.
Plaatsingslijst.

Vereniging Floralia, 1896-1953, 1 doos.
Plaatsingslijst.

Kantwerkschool van de Vereeniging 'Ieder voor Allen', 1916-ca. 1930, 2 dozen.

2.8 Geloofsgemeenschappen en andere instellingen van godsdienstig leven

Hervormde gemeente te Wijdenes, 1617-ca. 1960, 1,50 m.*

Hervormde gemeente te Oosterleek, 1793-ca. 1960, 3 dozen.*
Plaatsingslijst.

GEMEENTE WESTER-KOGGENLAND

N.B. Per 1 januari 1979 gevormd door samenvoeging van de gemeenten Avenhorn (per 31 mei 1854 ontstaan uit de gemeenten Avenhorn en Oostmijzen, Grosthuizen en Scharwoude), Berkhout, Oudendijk en Ursem.

AVENHORN

1 ARCHIEVEN VAN DE OVERHEID

Gemeentebestuur van Avenhorn en Oostmijzen, 1817-1854, 2 m.
Plaatsingslijst: van de bevolkingsregisters en de burgerlijke stand.
Nadere toegang: klapper op het volkstellingsregister 1840.

Gemeentebestuur van Avenhorn, 1854-ca. 1930, 22,50 m.
Plaatsingslijst: van de bevolkingsregisters en de burgerlijke stand.

Schepenbank Avenhorn, 1795-1803, 2 delen en 1 band.
Inventaris: ORW, nrs. 4686-4688.

Schepenbank Oostmijzen, 1797-1803, 1 deel.
Inventaris: ORW, nr. 4689.

Doop-, trouw- en begraafboeken, 1728-1865, 5 delen.
Inventaris: DTB, blz. 32.

Notarissen ter standplaats Avenhorn, 1849-1890, 5,20 m.
Inventaris.

2 NIET-OVERHEIDSARCHIEVEN

Hervormde gemeente, 1689-ca. 1960, 1 m.*

BERKHOUT

1 ARCHIEVEN VAN DE OVERHEID

Gemeentebestuur, onbekend-ca. 1930, 19 m.
Plaatsingslijst: van de bevolkingsregisters en de burgerlijke stand.

Schepenbank, 1795-1803, 5 delen, 1 band en 1 omslag.
Inventaris: ORW, nrs. 4690-4696.

Doop-, trouw- en begraafboeken van Berkhout met De Goorn (en Grosthuizen), Spierdijk en Zuidermeer, 1632-1878, 18 delen.
Inventaris: DTB, blz. 40-42.

2 NIET-OVERHEIDSARCHIEVEN

Coöperatieve vereniging tot aankoop van landbouwbenodigdheden, 1892-1972, 2 dozen.*
Plaatsingslijst.

Onderling veefonds, 1871-1975, 2 dozen.
Plaatsingslijst.

Coöperatieve zuivelfabriek 'De Ster' te Baarsdorpermeer, 1956-1970, 2 delen.
Plaatsingslijst.

Nutsvereniging 'Eensgezindheid' te Bobeldijk, 1892-1964, 3 delen.
Plaatsingslijst.

Toneelvereniging 'De Grashalm', later 'De Gong', 1871-1970, 6 delen en 6 omslagen.
Plaatsingslijst.

Nutsvereniging 'Leerzaam Vermaak', 1901-1957, 3 delen en 2 omslagen.
Plaatsingslijst.

Plaatselijke Liberale kiesvereniging, 1894-1927, 1 deel.
Plaatsingslijst.

Hervormde gemeente, ca. 1807-1970, 3 m.*
Plaatsingslijst.

GROSTHUIZEN

1 ARCHIEVEN VAN DE OVERHEID

Gemeentebestuur, 1817-1854, 1,50 m.
Plaatsingslijst: van de bevolkingsregisters en de burgerlijke stand.
Nadere toegang: klapper op het volkstellingsregister van 1840.

Schepenbank, 1795-1803, 2 delen en 1 omslag.
Inventaris: ORW, nrs. 4683-4685.

2 NIET-OVERHEIDSARCHIEVEN

Hervormde gemeente, 1689-ca. 1960, 0,50 m.*

OUDENDIJK

1 ARCHIEVEN VAN DE OVERHEID

Gemeentebestuur, 1751-1935, 17 m.
Plaatsingslijst: van de bevolkingsregisters en de burgerlijke stand.

Doop-, trouw- en begraafboeken, 1697-1863, 11 delen.
Inventaris: DTB, blz. 163-164.

SCHARWOUDE

1 ARCHIEVEN VAN DE OVERHEID

Gemeentebestuur, 1817-1854, 1,50 m.
Plaatsingslijst: van de bevolkingsregisters en de burgerlijke stand.
Nadere toegang: klapper op het volkstellingsregister van 1840.

Doop-, trouw- en begraafboeken, 1750-1817, 1 deel.
Inventaris: DTB, blz. 32-33.

2 NIET-OVERHEIDSARCHIEVEN

Hervormde gemeente, 1719-ca. 1960, 1 m.*

URSEM

1 ARCHIEVEN VAN DE OVERHEID

Gemeentebestuur, 1830-1930, ca. 11,50 m.
Plaatsingslijst: van de bevolkingsregisters en de burgerlijke stand.

Schepenbank, 1600-1811, 0,70 m.
Inventaris: ORW, nrs. 6285-6302.

Doop-, trouw- en begraafboeken, 1648-1816, 2 delen.
Inventaris: DTB, blz. 195.

GEMEENTE WOGNUM

N.B. Per 1 januari 1979 gevormd door samenvoeging van de gemeenten Nibbixwoud en Wognum.

NIBBIXWOUD

1 ARCHIEVEN VAN DE OVERHEID

Gemeentebestuur, 1573-1941, ca. 30 m.
Plaatsingslijst.

Schepenbank Hauwert, 1781-1803, 3 delen.
Inventaris: ORW, nrs. 4707-4709.

Schepenbank Nibbixwoud, 1795-1803, 1 deel en 1 omslag.
Inventaris: ORW, nrs. 4705-4706.

Doop-, trouw- en begraafboeken van Nibbixwoud (met Hauwert), 1639-1812, 8 delen.
Inventaris: DTB, blz. 151-152.

2 NIET-OVERHEIDSARCHIEVEN

Parochie van de H. Cunera, 1729-1973, 2 m.*
Plaatsingslijst.

Hervormde gemeente te Hauwert, 1616-1973, 1 m.*

Hervormde gemeente te Nibbixwoud, 1868-ca. 1960, 0,50 m.*

WOGNUM

1 ARCHIEVEN VAN DE OVERHEID

Gemeentebestuur, 1456-1940, ca. 24,50 m.
Plaatsingslijst.

Schepenbank Wadway, 1795-1803, 3 delen en 1 omslag.
Inventaris: ORW, nrs. 4697-4700.

Schepenbank Wognum, 1795-1805, 4 delen.
Inventaris: als voren, nrs. 4701-4709.

Doop-, trouw- en begraafboeken van Wognum (met Wadway), 1621-1868, 24 delen.
Inventaris: DTB, blz. 220-222.

2 NIET-OVERHEIDSARCHIEVEN

Coöperatieve zuivelfabriek 'De Verwachting', 1931-1963, 1 doos.
Plaatsingslijst.

Veilingvereniging 'De Volharding', 1920-ca. 1970, 3 m.

Land- en tuinbouwbond afdeling Wognum, 1915-1955, 3 delen.
Plaatsingslijst.
N.B. Bevat ook het archief van de afdeling Wognum c.a. van de Provinciale Noordhollandsche Boerenbond (1914-1915).

Departement Wognum van de Maatschappij tot Nut van 't Algemeen, 1820-1954, 2 dozen.
Plaatsingslijst.

Toneelvereniging 'De Oefenschool', 1867-1970, 1 doos.
Plaatsingslijst.

Gemengde Zangvereniging 'Jacob Kwast' (De Wognummers), 1885-1917, 0,80 m.
Plaatsingslijst.

ARCHIEFDIENST WESTFRIESE GEMEENTEN

3 VERZAMELINGEN

3.1 Handschriften

Handschriften en losse archivalia, 1422-heden, ca. 4 m.

3.2 Bibliotheek

Bibliotheek, 1748-heden, ca. 450 m.
Catalogus: Alfabetische en systematische, in opbouw.
N.B. De basis wordt gevormd door de stadsboekerijen van Enkhuizen en Hoorn. Voorts zijn in de bibliotheek opgenomen de bibliotheek van het Historisch Genootschap 'Oud West-Friesland', de collectie-Kerkmeijer en de collectie-Koeman.
Specialisatie: koloniale en zeegeschiedenis, vaderlandse geschiedenis, rechtsgeschiedenis, registratuur en archiefwezen, en West-Friesland en Noord-Holland boven het Noordzeekanaal.

3.3 Kranten

Kranten.
N.B. Van de kranteleggers worden geen fotokopieën gemaakt. Het betreft (in de genoemde jaargangen komen hiaten voor): Haarlemse Courant, 1795, Noord-

Hollandsche Courant, 1804, Hoornsche Courant, 1805-1806, Hoorns Correspondentieblad, 1806, Courier van Amsterdam (Courrier d'Amsterdam), 1811, Staatkundig Dagblad van het Departement der Zuiderzee (Feuille Politique du Département du Zuiderzée), 1811-1813, Staatkundig Dagblad van de Zuiderzee, 1813, Amsterdamsche Courant, 1823-1868, Hoornsche Courant, 1850-1920, De Gemeentestem, 1851-heden, Nieuws- en Advertentieblad voor de stad Enkhuizen en omgeving, 1854-1856, Nederlandsche Staatscourant, 1859-1866, 1941-heden, Enkhuizer Courant, 1870-1941, 1945-1962, 1976-1977, Het Hoornsch en Westfriesch Advertentieblad, 1878, 1883-1884, 1887, West-Friesland (Nieuwe Hoornsche Courant), 1884-1895, De Nieuwe Financier en Kapitalist (Algemeene Financieele Courant), 1888-1889, De Nieuwe Courant, 1894-1939, Nieuwe Hoornsche Courant, 1903-1910, Onze Courant, 1905-1931, Nieuwe Hoornsche Courant, 1911-1913, 1921-1941, Ons Godsdienstig Leven, 1913-1941, Berliner Tageblatt, 1916, De Nieuwe Eeuw, 1917-1918, Gemeente-weekblad voor Hoorn, 1918-1919, West-Friesch Dagblad, 1931-1941, 1945, Noordhollandsch Dagblad, 1939-1940, Dagblad voor West-Friesland, 1941-1942, 1918-heden, Dagblad voor Noord-Holland, 1942-1945, Kerknieuws, 1942-1947, Vrij Nederland (Westfriese editie), 1945, Vrije Hoornse Courant/De Vrije Hoornse, 1945-1948, Nieuw Noord-Hollands Dagblad, 1945-1952, Sursum Corda, 1945-1968, Hoornsignaal, 1951-1973, Noordhollands Dagblad, 1952-1981, Weekblad voor Westfriesland, 1975-heden, Westfriesland Winkelkrant, 1975-heden, Medemblikker Courant, 1976-heden, De Gezinsbode, 1977-1979, Onze Krant, 1977-heden, De Streek, 1978-heden, NHD-Dagblad voor West-Friesland, 1981-heden.

3.4 Prenten en kaarten

Topografisch-historische atlas.

3.6 Geluidsbanden en grammofoonplaten

Geluidsverzameling, 1963-1978, 3 banden, 11 cassettes en 6 grammofoonplaten.

3.7 Overige verzamelingen

Verzameling gedrukte stukken, ca. 8 m.

N.B. Deze verzameling bevat drukwerken die naar hun aard niet geschikt zijn om in de bibliotheek of topografisch-historische atlas op te nemen, zoals affiches, folders, knipsels, menu's, programma's van uitvoeringen en feestelijkheden, bidprentjes, familieberichten e.d.

GEMEENTE ANDIJK

Adres	Middenweg 50, postbus 7, 1619 ZG Andijk.
Telefoon	02289-1241.
Openingstijden	maandag t/m vrijdag 9.00-12.00 uur.

1 ARCHIEVEN VAN DE OVERHEID

Gemeentebestuur, 1811-1935, 30 m.

2 NIET-OVERHEIDSARCHIEVEN

N.B. Zie blz. 187.

GEMEENTE WERVERSHOOF

Adres	Raadhuisplein 1, postbus 41, 1693 ZG Wervershoof.
Telefoon	02288-2044.
Openingstijden	maandag t/m vrijdag 9.00-12.00 uur, 's middags na telefonische afspraak.

1 ARCHIEVEN VAN DE OVERHEID

1.1 Algemeen plaatselijk bestuur

Gemeentebestuur, 1812-1937, 11 m.
Inventaris: P.M. Verhoofstad, Inventaris der archieven van de gemeente Wervershoof (Wervershoof 1967) nrs. 36-1163.

1.2 Plaatselijke instellingen met een specifieke taak

Burgerwacht, 1919-1939, 5 nummers.
Inventaris: als voren, nrs. 1204-1208.

Gemeentelijk Electriciteitsbedrijf, 1914-1942, 0,40 m.
Inventaris: als voren, nrs. 1164-1199.

Crisiscomités, 1931-1936, 3 nummers.
Inventaris: als voren, nrs. 1211-1213.

Distributiebedrijf, 1918-1920, 2 delen.
N.B. Inventaris: als voren, nrs. 1214-1215.

Plaatselijke schoolcommissie, 1880, 1 stuk.
Inventaris: als voren, nr. 126.

Commissie tot wering van schoolverzuim, 1902-1914, 2 stukken.
Inventaris: als voren, nrs. 1209-1210.

1.4 Organen van stadsheerlijkheden, geannexeerde ambachten en gemeenten

Gemeentebestuur van Hoog en Laag Zwaagdijk, 1664-1864, 0,10 m.
Inventaris: als voren, nrs. 1217-1240.
N.B. Per 1 januari 1812 bij Zwaag gevoegd, per 1 januari 1868 van Zwaag afgescheiden en gevoegd bij Wervershoof.

WATERSCHAP WESTFRIESLAND

Adres	Grote Oost 6, postbus 61, 1620 AB Hoorn.
Telefoon	02290-12920.
Territoir	gemeenten Andijk, Drechterland, Enkhuizen, Hoorn, Medemblik, Noorder-Koggenland, Obdam, Opmeer, Stede Broec, Venhuizen, Wervershoof, Wester-Koggenland, Wognum. Met ingang van 1 januari 1973 opgericht door samenvoeging van: De Baasdorpermeer, Polder Beschoot, Binnen- en Buiten-Uiterdijk, Ambacht van West-Friesland genaamd Drechterland, Waterschap De Drieban, Polder Het Grootslag, Oosterpolder in Drechterland, Polder Schellinkhout, Ambacht van West-Friesland genaamd De Vier Noorder Koggen, polder De Westerkogge. Per 1 januari 1976 werden hieraan toegevoegd de polders Hensbroek, Obdam, Ursem en De Wogmeer.
Openingstijden	na telefonische afspraak.

1 ARCHIEVEN VAN DE OVERHEID

Baasdorpermeerpolder, 1841-1972, 0,80 m.

Polder Beschoot, 1790-1972, 5,50 m.

Banne Grosthuizen, 1840-1948, 2 m.
Plaatsingslijst.
N.B. In 1948 samengevoegd met polder Beschoot.

Banne Scharwoude, 1858-1948.
N.B. In 1948 samengevoegd met polder Beschoot.

Banne Oudendijk, 1642-1929, 3 m.
Inventaris.
N.B. In 1948 samengevoegd met polder Beschoot.

Polder de Rietkoog, onbekend-1948, 0,30 m.
N.B. In 1948 samengevoegd met polder Beschoot.

Binnen- en Buiten-Uiterdijk, 1876-1972, 0,60 m.
Inventaris.

Ambacht van West-Friesland genaamd Drechterland, (1118) 1605-1972, 63 m en 16 kaarten.
Inventaris; plaatsingslijst 1936-1972.
N.B. Zie ook blz. 93.

Waterschap De Drieban, (1913) 1918-1972, 4 m.
N.B. Bevat ook het 'Landschotboek 1659-1854'.

Polder Venhuizen en Hem, 1861-1940, 0,50 m.
Plaatsingslijst.
N.B. In 1918 met de banne of polder Wijdenes en Oosterleek samengevoegd tot het waterschap De Drieban.

Banne Wijdenes en Oosterleek, 1918-1948, 0,50 m.
Plaatsingslijst.
N.B. In 1948 gevoegd bij het waterschap De Drieban.

Banne Venhuizen, 1859-1948, 1 m.
Plaatsingslijst.
N.B. In 1948 gevoegd bij het waterschap De Drieban.

Banne Hem, 1905-1948, 1 m.
Plaatsingslijst.
N.B. In 1948 gevoegd bij het waterschap De Drieban.

Polder Het Grootslag, 1443-1972, 14 m.
Plaatsingslijst.
N.B. Bevat ook de archieven van het Inmaalderspoldertje of Bronnenpoldertje te Westwoud, Immerhornpolder en Koopmanpolder.

Houterpolder, 1828-1927, 0,25 m.
Plaatsingslijst.
N.B. In 1927 gevoegd bij de polder Het Grootslag.

Banne Andijk, 1859-1948, 1 m.
Plaatsingslijst.
N.B. In 1948 gevoegd bij de polder Het Grootslag.

Banne Binnenwijzend, 1939-1948, 0,25 m.
Plaatsingslijst.
N.B. In 1948 gevoegd bij de polder Het Grootslag.

Banne Bovenkarspel, 1680-1948, 1,25 m.
Plaatsingslijst.
N.B. In 1948 gevoegd bij de polder Het Grootslag.

Banne Enkhuizen en Westeinde, 1775-1948, 2 m.
Plaatsingslijst.
N.B. In 1948 gevoegd bij de polder Het Grootslag.

Banne Grootebroek en Lutjebroek, 1825-1948, 1,50 m.
Plaatsingslijst.
N.B. In 1948 gevoegd bij de polder Het Grootslag.

Lutjebroekerweel, 1872-1940, 0,12 m.
Plaatsingslijst.
N.B. In 1940 gevoegd bij de banne Grootebroek en Lutjebroek.

Banne Hoogkarspel, 1711-1948, 0,25 m.
Plaatsingslijst.
N.B. In 1948 gevoegd bij de polder Het Grootslag.

Banne Oosterblokker, 1877-1948, 0,75 m.
Plaatsingslijst.
N.B. In 1948 gevoegd bij de polder Het Grootslag.

Banne Oudijk, 1859-1948, 0,60 m.
Plaatsingslijst.
N.B. In 1948 gevoegd bij de polder Het Grootslag.

Banne Wervershoof, 1877-1948, 0,25 m.
Plaatsingslijst.
N.B. In 1948 gevoegd bij de polder Het Grootslag.

Banne Westwoud, 1853-1948, 0,65 m.
Plaatsingslijst.
N.B. In 1948 gevoegd bij de polder Het Grootslag.

Oosterpolder in Drechterland, 1841-1972, 3,50 m.
Plaatsingslijst.

Banne Hoorn, 1910-1948, 0,60 m en leggers.
N.B. In 1948 gevoegd bij de Oosterpolder in Drechterland.

Banne Westerblokker, 1860-1948, 0,60 m en leggers.
N.B. In 1948 gevoegd bij de Oosterpolder in Drechterland.

Banne Zwaag, 1918-1948, 0,50 m en leggers.
Plaatsingslijst.
N.B. In 1948 gevoegd bij de Oosterpolder in Drechterland.

Polder Schellinkhout, 1859-1972, 3 m.
Plaatsingslijst.

Ambacht van West-Friesland genaamd De Vier Noorder Koggen (1328) 1532-1972, 68 m.
Inventaris: tot 1935; daarna op Code waterschapsarchieven.
Bronnenuitgave: Verslagen en Mededeelingen van de Vereeniging tot uitgave der bronnen van het Oud-Vaderlandsch Recht, II (1892) 209.

Banne Abbekerk, 1852-1933, 0,20 m.
Inventaris.
N.B. In 1933 gevoegd bij De Vier Noorder Koggen.

Banne Benningbroek, 1823-1933, 1 m.
Inventaris.
N.B. In 1933 gevoegd bij De Vier Noorder Koggen.

Banne Hauwert, (1401) 1656-1933, 0,40 m.
Inventaris.
N.B. In 1933 gevoegd bij De Vier Noorder Koggen.

Banne Hoog- en Aartswoud, 1541-1933, 1,50 m.
Inventaris.
N.B. In 1933 gevoegd bij De Vier Noorder Koggen.

Banne Hoog- en Laag Zwaagdijk, 1682-1933, 1 m.
Inventaris.
N.B. In 1933 gevoegd bij De Vier Noorder Koggen.

Banne Lambertschaag, 1859-1933, 0,30 m.
Inventaris.
N.B. In 1933 gevoegd bij De Vier Noorder Koggen.

Banne Medemblik, 1860-1933, 0,30 m.
Inventaris.
N.B. In 1933 gevoegd bij De Vier Noorder Koggen.

Banne Midwoud, 1537-1933, 2 m.
Inventaris.
N.B. In 1933 gevoegd bij De Vier Noorder Koggen.

Banne Nibbixwoud, 1846-1933, 0,40 m.
Inventaris.
N.B. In 1933 gevoegd bij De Vier Noorder Koggen.

Banne Oostwoud, 1671-1933, 1,50 m.
Inventaris.
N.B. In 1933 gevoegd bij De Vier Noorder Koggen.

Banne Opmeer, 1822-1933, 1,30 m.
Inventaris.
N.B. In 1933 gevoegd bij De Vier Noorder Koggen.

Banne Opperdoes, 1860-1933, 0,50 m.
Inventaris.
N.B. In 1933 gevoegd bij De Vier Noorder Koggen.

Banne Spanbroek, 1844-1933, 1,20 m.
Inventaris.
N.B. In 1933 gevoegd bij De Vier Noorder Koggen.

Banne Sijbekarspel, 1760-1933, 0,40 m.
Inventaris.
N.B. In 1933 gevoegd bij De Vier Noorder Koggen.

Banne Twisk, 1673-1933, 0,40 m.
Inventaris.
N.B. In 1933 gevoegd bij De Vier Noorder Koggen.

Banne Wognum en Wadway, (1553) 1627-1933, 2,50 m.
Inventaris.
N.B. In 1933 gevoegd bij De Vier Noorder Koggen.

Polder de Achterkogge, 1811-1967, 5 dozen.
Inventaris.
N.B. In 1968 gevoegd bij De Vier Noorder Koggen.

De Bedijkte Boezem, 1955-1967, 1 doos.
Inventaris.
N.B. In 1968 gevoegd bij De Vier Noorder Koggen.

Bennemeer, (1629) 1712-1967, 3 dozen.
Inventaris.
N.B. In 1968 gevoegd bij De Vier Noorder Koggen. Zie ook hierboven Banne Twisk.

Binnenpolder onder Hoogwoud, Aartswoud en Opmeer, 1734-1884, 0,50 m.
Inventaris.
N.B. In 1884 gevoegd bij de Vier Noorder Koggen.

Braakpolder, 1795-1967, 1 doos.
Inventaris.
N.B. In 1968 gevoegd bij de Vier Noorder Koggen.

Waterschap de Brake, Poel, Wijmers en het Lichtewater, 1906-1967, 2 dozen.
Inventaris.
N.B. In 1968 gevoegd bij de Vier Noorder Koggen.

De Buiten-Walakker, 1883-1968, 1 doos.
Inventaris.
N.B. In 1968 gevoegd bij de Vier Noorder Koggen.

De Hoge Weere, 1904-1967, 1,20 m.
Inventaris.
N.B. In 1968 gevoegd bij de Vier Noorder Koggen.

De Hoop, 1953-1967, 1 doos.
Inventaris.
N.B. In 1968 gevoegd bij de Vier Noorder Koggen.

De Horn, 1921-1967, 2 dozen.
Inventaris.
N.B. In 1968 gevoegd bij de Vier Noorder Koggen.

De Kaag, 1869-1967, 1,50 m.
Inventaris.
N.B. In 1968 gevoegd bij de Vier Noorder Koggen.

Kerkepolder, 1898-1959, 1 doos.
Inventaris.
N.B. In 1967 gevoegd bij de Vier Noorder Koggen.

De Kolk van Dussen, 1896-1967, 3 dozen.
Inventaris.
N.B. In 1968 gevoegd bij de Vier Noorder Koggen.

De Lage Hoek, 1860-1967, 6 dozen.
Inventaris.
N.B. In 1967 gevoegd bij de Vier Noorder Koggen.

De Leekerlanden, 1849-1967, 1 doos.
Inventaris.
N.B. In 1968 gevoegd bij de Vier Noorder Koggen.

Sluispolder, 1853-1967, 3 dozen.
Inventaris.
N.B. In 1968 gevoegd bij de Vier Noorder Koggen.

De Vereenigden, 1857-1967, 3 dozen.
N.B. Bevat ook de archieven van de polders De Raaf, De Roek en De Hervormde Kerk en Compagnie. In 1968 gevoegd bij de Vier Noorder Koggen.

De Vijf Vereenigden onder Oostwoud, 1924-1968, 1 doos.
Inventaris.
N.B. In 1968 gevoegd bij de Vier Noorder Koggen.

Weelpolder, 1855-1968, 1 doos.
Inventaris.
N.B. In 1968 gevoegd bij de Vier Noorder Koggen.

Westerpolder, 1909-1968, 3 dozen.
Inventaris.
N.B. In 1968 gevoegd bij de Vier Noorder Koggen.

Westerveer, 1873-1967, 4 dozen.
Inventaris.
N.B. In 1968 gevoegd bij de Vier Noorder Koggen.

Zuiderpolder, 1917-1967, 1 doos.
Inventaris.
N.B. In 1968 gevoegd bij de Vier Noorder Koggen.

Doespolder, 1928-1968, 1 doos.
Inventaris.

Gecombineerde polders, 1904-1969, 1 doos.
Inventaris.

Hazeweelpolder, 1908-1970, 1 doos.
Inventaris.

Polder De Westerkogge, 1565-1972, 4,50 m.
Inventaris.

Banne d'Ampten, 1795-1948, 0,75 m.
Inventaris.
N.B. In 1948 gevoegd bij polder De Westerkogge.

Banne Avenhorn, 1834-1948, 0,50 m.
Inventaris.
N.B. In 1948 gevoegd bij de polder De Westerkogge.

Banne Berkhout, 1780-1948.
Inventaris.
N.B. In 1948 gevoegd bij de polder De Westerkogge.

Polder Hensbroek, 1806-1976, 5 m.
Plaatsingslijst.

Banne of Polder Obdam, 1690-1975, 6 m.
Plaatsingslijst.

Waterschap De Weel en Braken onder Obdam, 1877-1974, 0,70 m.
Plaatsingslijst.
N.B. In 1973 gevoegd bij Banne of Polder Obdam.

Polder Ursem, 1832-1976, 7 m.
Plaatsingslijst.

Polder de Wogmeer, 1675-1975, 3,50 m.
Plaatsingslijst.

WATERLAND

STREEKARCHIEF WATERLAND

Adres	Waterlandlaan 63, 1440 AD Purmerend.
Telefoon	02990-34407.
Territoir	intergemeentelijk Samenwerkingsorgaan Waterland (ISW), waaraan deelnemen de gemeenten Beemster, Broek in Waterland, Edam-Volendam, Ilpendam, Jisp, Katwoude, Landsmeer, Marken, Monnickendam, Purmerend, Wormer, Wijdewormer en Zeevang. Ook het Hoogheemraadschap van de Uitwaterende Sluizen, gevestigd te Edam, is aangesloten bij het streekarchief. De archieven van het Hoogheemraadschap berusten echter in Edam (zie blz. 226).
Openingstijden	maandag t/m vrijdag 9.00-17.00 uur.

GEMEENTE BEEMSTER

1 ARCHIEVEN VAN DE OVERHEID

1.1 Algemeen plaatselijk bestuur

Gemeentebestuur, 1796-1932, 64 m.

1.2 Plaatselijke instellingen met een specifieke taak

Schepenbank, 1612-1811, 3,10 m.
Inventaris: ORW, nrs. 4016-4077.
N.B. Bevat ook rol van baljuw en hoogheemraden.

Doop-, trouw- en begraafboeken, 1621-1811, 0,50 m.
Inventaris: DTB, blz. 35-36.

Electriciteitsbedrijf, ca. 1915-1943, 5 m.
Plaatsingslijst.

Weeskamer, 1634-1828, 0,50 m.
Inventaris: ORW, nrs. 4078-4086.

Burgerlijk armbestuur, ca. 1860-1964, 3 m.
Plaatsingslijst.

1.7 Organen van de centrale overheid

Notarissen in de Beemster, 1820-1861, 1883-1895, 2 m.
Inventaris: Not., nrs. 202-214 en aanvullende inventaris.

GEMEENTE BROEK IN WATERLAND

1 ARCHIEVEN VAN DE OVERHEID

1.1 Algemeen plaatselijk bestuur

Gemeentebestuur, 1387-1932, 34 m.
Inventaris.

1.2 Plaatselijke instellingen met een specifieke taak

Schepenbank, 1602-1811, 2,80 m.
Inventaris: ORW, nrs. 3461-3505 (Broek in Waterland), nrs. 3506-3526 (Zuiderwoude).

Doop-, trouw- en begraafboeken, 1625-1811, 0,50 m.
Inventaris: DTB, blz. 53-54 (Broek in Waterland), 55 (Zuiderwoude en Uitdam).

Electriciteitsbedrijf, 1914-1930, 0,20 m.
Inventaris.

Weeskamer te Zuiderwoude, 1733-1802, 0,05 m.
Inventaris: ORW, nr. 3527.

Armenvoogden/Burgerlijk armbestuur, 1804-1959, 0,75 m.
Inventaris.

Distributiedienst, 1917-1920, 0,15 m.
Inventaris.

1.7 Organen van de centrale overheid

Notarissen ter standplaats Broek in Waterland, 1812-1848, 2 m.
Inventaris: Not., nrs. 453-467 en aanvullende inventaris.

2 NIET-OVERHEIDSARCHIEVEN

Particuliere armenfondsen, 1692-1964, 0,15 m.
N.B. Betreft de archieven van: Claas Dirksz Paterfonds, 1692-1948, Neeltje Paterfonds, 1773-1941, Klaas Cornelis Kokerfonds, 1885-1964.

GEMEENTE EDAM-VOLENDAM

1 ARCHIEVEN VAN DE OVERHEID

1.1 Algemeen plaatselijk bestuur

Stad Edam, (1310) 1357-1813, 55 m.
Inventaris: C.M. Dozy, Inventaris van het Oud-archief der stad Edam en van de zich ten raadhuize bevindende bescheiden der instellingen aldaar (Leiden 1898).

Gemeentebestuur, 1814-1932, 45 m.
Inventaris.

1.2 Plaatselijke instellingen met een specifieke taak

Rechtspraak vóór 1811

Schepenbank, 1540-1811, 7,90 m.
Inventaris: ORW, nrs. 3779-3955.

Bevolking

Doop-, trouw- en begraafboeken, 1581-1811, 2,50 m.
Inventaris: DTB, blz. 61-67.

Financiën

College van Zetters, 1838-1926, 0,25 m.
Inventaris.

Openbare orde en veiligheid, defensie

Schutterij, 1617-1889, 0,60 m.
Inventaris: Dozy, a.w., nrs. 353-358 (periode 1617-1810) en Inventaris van het archief van het gemeentebestuur, 1814-1932, nrs. 584-598 (periode 1815-1889).

Plaatselijke Commissie ter aanmoediging en ondersteuning van den gewapenden dienst, 1815-1901, 0,10 m.
Inventaris.

Brandraad, 1829-1921, 0,40 m.
Inventaris.

Economische zaken

Commissarissen van de trekvaart en trekweg tussen Edam, Amsterdam, Hoorn, Monnickendam en Purmerend, 1660-1821, 1 m.
Inventaris: Dozy, a.w., nrs. 346-352.
N.B. Zie ook blz. 107, 108, 193, 204, 257, 259 en deel VIII, blz. 60.

Gasbedrijf, ca. 1880-1952, 10 m.

Sociale zorg

Weeskamer, 1538-1828, 3 m.
Inventaris: ORW, nrs. 3956-4012.

Burger- en Armenweeshuis, 1558-1834, 1,50 m.
Inventaris: G. van Es, Inventaris van het archief van het Protestantsche weeshuis te Edam (Haarlem 1929) nrs. 1-31.

Gezondheidszorg

Gezondheidscommissie, ca. 1903-1920, 2 m.

Onderwijs

Commissie van schooltoezicht, 1821-1919, 0,50 m.
Inventaris.

1.7 Organen van de centrale overheid

Notarissen ter standplaats Edam, 1812-1895, 20 m.
Inventaris: Not., nrs. 711-721, 723-725, 733-785, met aanvullende inventaris.

2 NIET-OVERHEIDSARCHIEVEN

Coöperatieve vereniging 'Electra' te Edam, 1917-1927, 0,10 m.

Spinfabriek te Edam, ca. 1700-1920, 2 m.

Vereniging voor het vreemdelingenverkeer 'Edam's Belang', 1924-1927, 0,10 m.

Protestants Weeshuis, (1558) 1811-1928, 6 m.
Inventaris: G. van Es, Inventaris van het archief van het protestantsche weeshuis te Edam (Haarlem 1929) nrs. 32-89.

Vereniging van ambtenaren en werklieden, in dienst der gemeente Edam, 1925-1930, 0,15 m.

Rederijkerskamer 'Utilitas', 1854-1867, 0,05 m.

Burgerwacht, ca. 1918-1925, 0,20 m.

Hervormde gemeente te Edam, 1580-1949, 17 m.
Plaatsingslijst.

GEMEENTE ILPENDAM

1 ARCHIEVEN VAN DE OVERHEID

1.1 Algemeen plaatselijk bestuur

Gemeentebestuur, 1608-1941, 22 m.
Inventaris: W.F.M. Brieffies, Inventaris van het archief van de dorpen Purmerland en Ilpendam, later gemeente Ilpendam, 1608-1917, met aanvulling tot 1941 (Haarlem 1977).

1.2 Plaatselijke instellingen met een specifieke taak

Schepenbank, 1659-1811, 2,10 m.
Inventaris: ORW, nrs. 3629-3666.

Doop-, trouw- en begraafboeken, 1622-1811, 0,50 m.
Inventaris: DTB, blz. 116-118.

Weeskamer, 1632-1825, 0,10 m.
Inventaris: ORW, nrs. 3667-3669.

Burgerlijk Armbestuur, 1860-1962, 3 m.
Plaatsingslijst.

1.7 Organen van de centrale overheid

Notarissen ter standplaats Ilpendam, 1812-1842, 1 m.
Inventaris: Not., nrs. 2959-2978.

GEMEENTE JISP

1 ARCHIEVEN VAN DE OVERHEID

1.1 Algemeen plaatselijk bestuur

Dorpsbestuur, 1567-1813, 1 m.
Inventaris: C.J. Gonnet-H.L. Driessen, Archieven van Zaanland, II, in: VROA 41 (1918) II, 79-87.

Gemeentebestuur, 1814-1930, 8 m.

1.2 Plaatselijke instellingen met een specifieke taak

Schepenbank, 1612-1811, 1,70 m.
Inventaris: ORW, nrs. 363-386.

Doop-, trouw- en begraafboeken, 1604-1811, 0,50 m.
Inventaris: DTB, blz. 118-119.

Weeskamer, 1565-1819, 0,40 m.
Inventaris: ORW, nrs. 387-403 en C.J. Gonnet-H.L. Driessen, Archieven van Zaanland, II, in: VROA 41 (1918) II, 79-87, nrs. 14-53.

1.7 Organen van de centrale overheid

Notaris ter standplaats Jisp, 1812-1814, 3 delen.
Inventaris: Not., nrs. 3006-3008.

2 NIET-OVERHEIDSARCHIEVEN

Kerkeraad en kerkvoogden van de hervormde gemeente te Jisp, (1542) 1603-1906, 0,80 m.
Inventaris.

GEMEENTE KATWOUDE

1 ARCHIEVEN VAN DE OVERHEID

Gemeentebestuur, 1801-1961, 10 m.

Schepenbank, 1688-1811, 0,10 m.
Inventaris: ORW, nrs. 3616-3618.

Weeskamer, 1567-1772, 0,05 m.
Inventaris: ORW, nr. 3619.

Burgerlijk armbestuur, 1845-1960, 0,30 m.

GEMEENTE LANDSMEER

1 ARCHIEVEN VAN DE OVERHEID

1.1 Algemeen plaatselijk bestuur

Gemeentebestuur, 1449-1932, 45 m.

1.2 Plaatselijke instellingen met een specifieke taak

Schepenbank, 1592-1811, 1,90 m.
Inventaris: ORW, nrs. 3423-3457, 3459-3460.

Doop-, trouw- en begraafboeken, 1592-1811, 0,30 m.
Inventaris: DTB, blz. 127 (Landsmeer), 128 (Watergang).

Weeskamer, 1756-1811, 0,05 m.
Inventaris: ORW, nr. 3458.

1.5 Organen van waterschappen

Polder Landsmeer en Watergang, 1819-1858, 0,15 m.

1.7 Organen van de centrale overheid

Notaris ter standplaats Landsmeer, 1812-1816, 1 deel.
Inventaris: Not., nr. 3151.

2 NIET-OVERHEIDSARCHIEVEN

Gereformeerd weeshuis, 1590-1951, 0,50 m.

GEMEENTE MARKEN

1 ARCHIEVEN VAN DE OVERHEID

Gemeentebestuur, 1740-1812, 1814-1959, 28,50 m.
Inventaris: tot 1812.
N.B. Het archief van vóór 1812 is vermoedelijk voor het grootste deel door brand verloren gegaan.

Schepenbank, 1693-1811, 0,40 m.
Inventaris: ORW, nrs. 3620-3628.

Doop-, trouw- en begraafboeken, 1695-1811, 0,20 m.
Inventaris: DTB, blz. 135.

GEMEENTE MONNICKENDAM

1 ARCHIEVEN VAN DE OVERHEID

1.1 Algemeen plaatselijk bestuur

Gemeentebestuur, (1273) 1403-1813, 51 m.
Inventaris: G. Stadermann, Inventaris van het oud-archief van de gemeente Monnickendam, in: IRA III (1930) 681-719.

Gemeentebestuur, 1814-1944, 32 m.

1.2 Plaatselijke instellingen met een specifieke taak

Rechtspraak vóór 1811

Schepenbank, 1579-1811, 3,10 m.
Inventaris: ORW, nrs. 3535-3594.

Bevolking

Doop-, trouw- en begraafboeken, 1641-1811, 1,50 m.
Inventaris: DTB, blz. 141-144.

Openbare orde en veiligheid, defensie

Brandraad, 1860-1920, 0,50 m.

Schutterij, (1657) 1734-1848, 1,50 m.
Inventaris: tot 1813: G. Stadermann, a.w., nrs. 176-191.

Economische zaken

Commissarissen van de trekvaart en trekweg tussen Monnickendam, Amsterdam, Edam, Hoorn en Purmerend, 1660-1822, 2 m.
Inventaris: als voren, nrs. 791-810.
N.B. Zie ook blz. 107, 108, 193, 204, 252, 259 en deel VIII, blz. 60.

Sociale en gezondheidszorg

Weeshuis (gedeeltelijk), 1588-1822, 0,10 m.
Inventaris: als voren, nrs. 740-749.

Weeskamer, 1562-1809, 0,80 m.
Inventaris: ORW, nrs. 3595-3615.

Bank van lening, 1765-1861, 0,15 m.

Oude Lieden-Proveniershuis, 1615-1693, 1 m.
Inventaris: G. Stadermann, a.w., nrs. 750-759.

Onderwijs

Commissie van plaatselijk schooltoezicht, 1850-1937, 0,20 m.

Stads-tekenschool, 1865-1875, 0,05 m.

1.7 Organen van de centrale overheid

Notarissen ter standplaats Monnickendam, 1812-1894, 18 m.
Inventaris: Not., nrs. 3576-3589, 3592-3593, 3599-3613, met aanvullende inventaris.

2 NIET-OVERHEIDSARCHIEVEN

Vereniging tot uitdeling van in melk gekookte gort, 1844-1920, 0,10 m.

Vereniging voor volksonderwijs, 1877-1892, 0,05 m.

GEMEENTE PURMEREND

1 ARCHIEVEN VAN DE OVERHEID

1.1 Algemeen plaatselijk bestuur

Gemeentebestuur, (1275) 1369-1813, 30 m.
Inventaris: C.J. Gonnet, Inventaris van het archief van Purmerend, in: VROA 37 (1914) II, 88-192.
Nadere toegang: regesten 1275-1509 in inventaris.

Gemeentebestuur, 1814-1929, 84 m.

1.2 Plaatselijke instellingen met een specifieke taak

Rechtspraak vóór 1811

Schepenbank, 1589-1811, 3 m.
Inventaris: ORW, nrs. 3692-3759.

Bevolking

Doop-, trouw- en begraafboeken, 1603-1811, 1,50 m.
Inventaris: DTB, blz. 169-172.

Openbare orde, veiligheid en defensie

Schutterij, (1517) 1621-1813, 0,50 m.
Inventaris: C.J. Gonnet, Inventaris van het archief van Purmerend, in: VROA 37 (1914) II, 88-192, nrs. 189-197.

Economische zaken

Commissarissen van de trekvaart en de trekweg tussen de steden Purmerend, Amsterdam, Edam, Hoorn en Monnickendam, 1660-1815, 0,50 m.
Inventaris: als voren, nrs. 245-248.
N.B. Zie ook blz. 107, 108, 193, 204, 252, 257 en deel VIII, blz. 60.

Sociale en gezondheidszorg

Weeskamer, (1576) 1624-1830, 0,80 m.
Inventaris: als voren, nrs. 262-270 en ORW, nrs. 3760-3778.

Armenvoogden van de huiszittende armen, sinds 1747 tevens regenten van het Stads Gast- en Werkhuis, sinds 1796 de Algemene Armendirectie, 1717-1816, 1 m.
Inventaris: Th.P.M. van der Fluit, Inventaris van de archieven van het huiszittende armenhuis en het Gast- en Proveniershuis te Purmerend, 1717-1940 (Purmerend 1972).

Gast- en Proveniershuis, 1817-1940, 12 m.
Inventaris: als voren, nrs. 20-277.

1.4 Organen van stadsheerlijkheden

Heerlijkheid Purmerend en Purmerland, 1410-1582, 1 m.
Inventaris: C.J. Gonnet, Inventaris van het archief van Purmerend, in: VROA 37 (1914) II, 88-192, nrs. 4-82.
Nadere toegang: regesten 1410-1509 in inventaris.

1.7 Organen van de centrale overheid

Notarissen ter standplaats Purmerend, 1812-1894, 21 m.
Inventaris: Not., nrs. 4356-4362, 4374-4376, 4384-4388, 4390-4393, 4396-4457, met aanvullende inventaris.

GEMEENTE WORMER

1 ARCHIEVEN VAN DE OVERHEID

1.1 Algemeen plaatselijk bestuur

Gemeentebestuur, 1456-1812, 3 m.
Inventaris: C.J. Gonnet-H.L. Driessen, Archieven van Zaanland, II, in: VROA 41 (1918) II, 88-100.

Gemeentebestuur, 1813-1932, 36 m.
Inventaris.

1.2 Plaatselijke instellingen met een specifieke taak

Schepenbank, 1592-1811, 2,80 m.
Inventaris: ORW, nrs. 310-347 (Wormer) en nrs. 3686-3690 (Enge Wormer).

Doop-, trouw- en begraafboeken, 1612-1811, 1 m.
Inventaris: DTB, blz. 223 (Wormer), 225 (Enge Wormer).

Gasfabriek, 1911-1930, 2 m.

Weeskamers, 1552-1852, 0,50 m.
Inventaris: ORW, nrs. 348-362 (Wormer) en nr. 3691 (Enge Wormer) en: C.J. Gonnet-H.L. Driessen, Archieven van Zaanland, II, in: VROA 41 (1918) II, 88-100, nrs. 145-151 (Wormer).

1.5 Organen van waterschappen

Poldermeesters, 1660-1857, 0,40 m.
Inventaris: als voren, nrs. 123-133.

1.7 Organen van de centrale overheid

Notarissen ter standplaats Wormer, 1812-1883, 8 m.
Inventaris: Not., nrs. 5676-5702, met aanvullende inventaris.

GEMEENTE WIJDEWORMER

1 ARCHIEVEN VAN DE OVERHEID

Gemeentebestuur, 1811-1945, 22 m.

Schepenbank, 1625-1811, 0,60 m.
Inventaris: ORW, nrs. 3670-3684.

Weeskamer, 1622-1804, 0,05 m.
Inventaris: ORW, nr. 3685.

GEMEENTE ZEEVANG

N.B. Per 1 januari 1970 gevormd door samenvoeging van de gemeenten Beets, Kwadijk, Middelie, Oosthuizen en Warder. Bij KB van 20 december 1846 nr. 24 werd de gemeente Etersheim bij Oosthuizen gevoegd. Bij de wet van 13 april 1854 Stb. 33 werd de gemeente Schardam bij Beets gevoegd.

1 ARCHIEVEN VAN DE OVERHEID

1.1 Algemeen plaatselijk bestuur

Gemeentebestuur van Beets, ca. 1450-1970, 14,50 m.
N.B. Bevat ook het archief van het gemeentebestuur van Schardam.

Gemeentebestuur van Kwadijk, ca. 1700-1970, 11 m.

Gemeentebestuur van Middelie, ca. 1700-1970, 14 m.

Gemeentebestuur van Oosthuizen, ca. 1700-1970, 13,50 m.
N.B. Bevat ook het archief van het gemeentebestuur van Etersheim.

Gemeentebestuur van Warder, ca. 1700-1970, 13 m.

1.2 Plaatselijke instellingen met een specifieke taak

Rechtspraak vóór 1811

Schepenbank van Etersheim, 1723-1811, 0,10 m.
Inventaris: ORW, nrs. 4114-4115.

Schepenbank van Kwadijk, 1801-1803, 0,05 m.
Inventaris: ORW, nr. 4013.

Schepenbank van Middelie, 1797-1803, 0,05 m.
Inventaris: ORW, nr. 4014.

Schepenbank van Oosthuizen, 1598-1811, 0,90 m.
Inventaris: ORW, nrs. 4087-4111.

Schepenbank van Warder, 1795-1803, 0,05 m.
Inventaris: ORW, nr. 4015.

Bevolking

Doop-, trouw- en begraafboeken van Beets en Schardam, 1602-1811, 0,30 m.
Inventaris: DTB, blz. 37.

Doop-, trouw- en begraafboeken van Kwadijk, 1701-1811, 0,25 m.
Inventaris: DTB, blz. 126-127.

Doop-, trouw- en begraafboeken van Middelie, 1677-1811, 0,50 m.
Inventaris: DTB, blz. 138-139.

Doop-, trouw- en begraafboeken van Oosthuizen en Etersheim, 1651-1811, 0,80 m.
Inventaris: DTB, blz. 155 (Oosthuizen), 157 (Etersheim).

Doop-, trouw- en begraafboeken van Warder, 1652-1811, 0,40 m.
Inventaris: DTB, blz. 199-200.

Sociale zorg

Weeskamer te Etersheim, 1586-1620, 0,05 m.
Inventaris: ORW, nr. 4116.

Weeskamer te Oosterhuizen, 1588-1764, 0,10 m.
Inventaris: ORW, nrs. 4112-4113.

1.7 Organen van de centrale overheid

Notarissen ter standplaats Oosthuizen, 1812-1895, 3,50 m.
Inventaris: Not., nrs. 4113-4127, met aanvullende inventaris.

3 VERZAMELINGEN

Bibliotheek, speciaal m.b.t. Waterland, 10 m.

Historisch-topografische verzameling, speciaal m.b.t Waterland, ca. 1000 stuks.

BIJ HET STREEKARCHIEF WATERLAND IN BEWARING GEGEVEN WATERSCHAPSARCHIEVEN

N.B. Per 1 januari 1981 is het waterschap de Waterlanden gevormd door samenvoeging van de hierna te noemen waterschappen. Nog niet alle archieven zijn overgebracht.

Hoogheemraadschap van Waterland, ca. 1590-1940, 35 m.
Inventaris.
N.B. Het hoogheemraadschap was verdeeld in bannen, nl.:

Banne Broek in Waterland, (1699) 1858-1936, 1 m.
Inventaris.

Banne Buiksloot, 1790-1836, 1 m.
Inventaris.

Banne Ilpendam en Watergang, 1858-1936, 1,50 m.
Inventaris.

Banne Landsmeer, 1851-1936, 4 m.
Inventaris.

Banne Monnickendam, 1827-1936, 0,50 m.
Inventaris.

Banne Nieuwendam, 1780-1936, 1,50 m.
Inventaris.

Banne Purmerend, (1738) 1870-1936, 2 m.
Inventaris.

Banne Purmerland, (1675) 1758-1936, 3 m.
Inventaris.

Banne Ransdorp, 1775-1936, 0,50 m.
Inventaris.

Banne Schellingwoude, 1841-1936, 0,50 m.
Inventaris.

Waterschap De Beemster, (1580) 1607-1928, 25 m.
Inventaris.

Polder Hobreederkoog, 1880-1972, 0,50 m.
Inventaris.

Polder Katwoude, 1322-1979, 4 m.
Inventaris: tot 1811.
N.B. Bevat ook het dorpsarchief van Katwoude.

Polder Kwadijkerkoog, 1615-1964, 2 m.
Inventaris.

Overweerse Polder, 1625-1964, 3 m.
Inventaris: tot 1943.

Polder Westerkoog, (1292) 1728-1979, 2 m.

Inventaris.

Polder Wijdewormer, 1624-1927, 9 m.

Inventaris.

Zuidpolder, 1741-1979, 3 m.

Inventaris.

Heemraadschap de Drie Waterlandse Meren, 1623-1875, 7 m.

Inventaris: H. Makkink, Inventaris van het archief der Drie Waterlandse Meren, in VROA 45 (1922) II, 150-154.

N.B. Zie ook blz. ... In 1623 verleenden de Staten octrooi aan burgemeesters en regeerders van Monnickendam om de Belmermeer droog te maken. In 1624 kregen zij met de regenten van Ransdorp, Zuiderwoude en Broek in Waterland octrooi ook de Buikslotermeer en de Broekermeer te bedijken. Het idee van één ringdijk ging niet door, maar wel kwam er één bestuur. Bij de opheffing van het heemraadschap in 1875 kregen de drie meren elk een eigen bestuur. De Broekermeer en Belmermeer werden opgeheven per 1 januari 1981 en gevoegd bij het waterschap De Waterlanden. De Buikslotermeer werd reeds eerder opgeheven; taak, rechten en plichten alsook het archief werden overgedragen aan de gemeente Amsterdam.

Waterschap Het Hemmeland, 1731-1969, 0,20 m.

Inventaris.

HOOGHEEMRAADSCHAP VAN DE UITWATERENDE SLUIZEN IN KENNEMERLAND EN WEST-FRIESLAND

Adres Schepenmakersdijk 16, 1135 AG Edam.
Telefoon 02993-65821.
Territoir het gebied ten noorden van het Noordzeekanaal, Texel en Marken inbegrepen.
Openingstijden maandag t/m vrijdag 9.00-12.30 en 13.30-16.30 uur.
N.B. maakt deel uit van het Streekarchief Waterland (zie blz. 249).

1 ARCHIEVEN VAN DE OVERHEID

Hoogheemraadschap van de Uitwaterende Sluizen in Kennemerland en West-Friesland, 1544-1884, 27 m.

Inventaris: B.M. de Jonge van Ellemeet, Inventaris van het oudarchief van het Hoogheemraadschap van de Uitwaterende Sluizen in Kennemerland en West-Friesland, in: IRA I (1928) 267-286.

Hoogheemraadschap van de Uitwaterende Sluizen, ca. 1850-1950, 22 m.

Inventaris: J.G. Schulting, Inventaris van het nieuw-archief van het Hoogheemraadschap van de Uitwaterende Sluizen te Edam, ca. 1850-ca. 1950 (Edam 1970).

Architect van het Hoogheemraadschap van de Uitwaterende Sluizen, ca. 1850-ca. 1950, 6 m.

Inventaris: J.G. Schulting, Inventaris van het archief van de architect van het Hoogheemraadschap van de Uitwaterende Sluizen, ca. 1850-ca. 1950 (Edam 1971).

Geestmerambacht, 1386-1941, 22 m.

Inventaris: C.J. Gonnet, Het archief van Geestmerambacht, in: VROA 39 (1916) II, 56-111; supplement ca. 1850-1941.
Nadere toegang: regesten 1289-1495 in inventaris.

Heemraadschap van de Strijkmolens van de Niedorperkogge, 1654-1941, 5,50 m.

Inventaris.
N.B. Met ingang van 1 januari 1980 behoort het waterschap tot het waterschap Aangedijkte Landen en Wieringen.

Waterschap Waarland, 1796-1964, 4 m.
Inventaris.
N.B. Thans onderdeel van Groot-Geestmerambacht; in 1964 werden de volgende polders samengevoegd tot het Waterschap Waarland:

Koog- en Bleekmeerpolder, 1827-1964, 0,40 m.
Inventaris.

Nieuwe Polder, 1918-1965, 0,20 m.
Inventaris.

Schaapskuilmeerpolder, 1847-1964, 0,40 m.
Inventaris.

Slootgaardpolder, 1756-1952, 0,70 m.
Inventaris.

Spekéterspolder, 1818-1964, 0,90 m.
Inventaris.

Waarlandspolder, 1816-1952, 0,90 m.
Inventaris.

Polder Assendelft, 1804-1954, 3 m.
Inventaris.
N.B. De polder behoort thans tot het waterschap Het Lange Rond; zie ook blz. 287.

Drooggemaakte Veenpolder onder Assendelft, 1804-1954, 3 m.
Inventaris.
N.B. Als voren.

Krommeniër Woudpolder, 1948-1971, 2 m.
Inventaris.
N.B. Onderdeel Lange Rond.

Polder Krommenie, 1816-1939, 2,30 m.
Inventaris.
N.B. Onderdeel Lange Rond.

Polder Het Woud, 1650-1935, 4 m.
Inventaris.
N.B. Onderdeel Lange Rond.

Binnengedijkte Buitenlanden, genaamd Noorder Buitendijken, (1816) ca. 1861-1932, 1,50 m.
Inventaris.
N.B. Onderdeel Lange Rond.

Polder Burghorn, 1457-1854, 0,50 m.
Inventaris: B.M. de Jonge van Ellemeet, Inventaris van het archief van den polder Burghorn, in: VROA, 47 (1924) II, 178-180.

Schrinkkaagpolder, 1727-1974, 1 m.
Inventaris.
N.B. Onderdeel Aangedijkte Landen en Wieringen.

Slikvenpolder, 1861-1974, 1 m.
Inventaris.
N.B. Onderdeel Aangedijkte Landen en Wieringen.

Banne Harenkarspel, 1853-1964, 0,50 m.
Inventaris.
N.B. Onderdeel Aangedijkte Landen en Wieringen.

ZAANSTAD EN OOSTZAAN

GEMEENTEARCHIEF ZAANSTAD

Adres	Prins Bernhardplein 1, 1508 XA Zaandam (archiefdepot); Hogendijk 62-64, 1506 AJ Zaandam (bibliotheek, topografische atlas, administratie en archivaris).
Telefoon	075-553103/553104, respectievelijk 075-170959.
Territoir	met ingang van 1 januari 1974 werden de gemeenten Assendelft, Koog aan de Zaan, Krommenie, Westzaan, Wormerveer, Zaandam en Zaandijk samengevoegd tot de gemeente Zaanstad.
Openingstijden	maandag t/m vrijdag 9.00-12.30, 13.30-16.30 uur.

ASSENDELFT

1 ARCHIEVEN VAN DE OVERHEID

Gemeentebestuur, 1399-1811, 18 m.
Inventaris: C.J. Gonnet-H.L. Driessen, Archieven van Zaanland, II, 27-57; overdruk uit: VROA 41 (1918) II, 101-131.
Nadere toegang: regesten in inventaris.

Gemeentebestuur, 1811-1940, 32 m.
Inventaris: in bewerking.

2 NIET-OVERHEIDSARCHIEVEN

2.3 Vak- en standsorganisaties en -fondsen

Het Onderling Begrafenisfonds, 1878-1950, 0,15 m.

Begrafenisvereniging, 1923-1950, 0,01 m.

2.5 Instellingen op het gebied van onderwijs, wetenschap en cultuur

Maatschappij tot Nut van 't Algemeen, departement Assendelft, 1837-1857, 0,05 m.

Genootschap 'Tot Nut en Genoegen', 1857-1923, 0,15 m.

2.8 Geloofsgemeenschappen en andere instellingen van godsdienstig leven

Hervormde gemeente, 1594-1945 (1950), 0,50 m.
Proces-verbaal.

KOOG AAN DE ZAAN

1 ARCHIEVEN VAN DE OVERHEID

Gemeentebestuur, 1642-1945 (1969), 43 m.
Inventaris.

2 NIET-OVERHEIDSARCHIEVEN

N.B. Instellingen die zowel op Koog aan de Zaan als Zaandijk betrekking hebben, staan hier vermeld.

2.1 Instellingen van economische aard

Ambacht en industrie

Stijfselfabriek Honig, 17e eeuw-20e eeuw, 8 m.
N.B. Betreft zowel het bedrijfs- als het familiearchief.

Harenmakerij (en Stinkerij), 1671-1911, 2,75 m (nr. A35).

Loodwitmolen 'De Rob', 1724-1831, 0,06 m (nr. A3).

Schildersbedrijf firma D. Baas en Zoon, 1833-1942, 1,10 m (nr. A53).

N.V. Van Delft en Zonen's Banket- en Koekfabriek (voorheen 'De Vlijt'), 1914-1935, 0,03 m (nr. A64a).

Verkeer en vervoer

Padmeesters van het 'Domineespad', 1798-1912, 0,02 m (nr. A14).

Vereniging tot verbinding der beide Zaanoevers, 1852-1888 (1902), 0,15 m (nr. A16a).

2.2 Instellingen van sociale zorg

Maatschappij van Moederlijke Liefdadigheid, 1839-1955, 0,35 m (nr. A22).

Dames-Vereeniging of Vereniging tot ziekenverpleging, 1878-1955, 0,15 m (nr. A27).

Vereniging 'Dorcas' te Koog-Zaandijk, 1888-1957, 0,15 m (nr. A75).
N.B. Opgericht in 1855.

Nood-organisatie te Koog-Zaandijk, 1945-1946, 0,05 m (nr. A58).

2.3 Vak- en standsorganisaties en -fondsen

Kooger Doodenbos, 1743-1949, 0,06 m (nr. A34).

Burgervereniging 'Door Eendracht Bloeiende', 1881-1956, 0,15 m (nr. A46).
N.B. Doel: bevordering van de werkmansstand door aan zieke en gewonde werklieden ondersteuning te verschaffen.

Zaanlandsche Vereniging van hoofdonderwijzers en schoolautoriteiten, 1886-1901, 0,02 m (nr. A8).

2.5 Instellingen op het gebied van onderwijs, wetenschap en cultuur

Maatschappij tot Nut van 't Algemeen, departement Koog-Zaandijk, 1788-1863, 0,25 m (nr. A12).

Leesgezelschap 'Tot Nut en Uitspanning' te Koog-Zaandijk, 1841-1949, 0,25 m (nr. A24).

Zangvereniging 'Door Eendracht Bloeijende' te Koog-Zaandijk, 1851-1910, 0,10 m (nr. A13).

Vereniging tot bevordering van uiterlijke welsprekendhied 'Bogaers' te Koog-Zaandijk, 1857-1925, 0,90 m (nr. A29).

Historisch gezelschap 'Dr. G.J. Boekenoogen' te Koog-Zaandijk, 1943-1946, 0,06 m (nr. A2).

2.6 Instellingen op het gebied van sport, recreatie en evenementen

Sport

Kolfclub College 'Nooit Gedacht', 1823-1897, 0,06 m (nr. A6).

Zaanlandsche Wielrijders Vereniging (Z.W.V.) 'Wilhelmina' te Koog-Zaandijk, 1897-1910, 0,10 m (nr. A81).

Zaanlandsche Wielrijders Vereniging (Z.W.V.) 'Oranje Nassau' te Koog-Zaandijk, 1904-1907, 0,01 m (nr. A83).

Evenementen

Feestcommissie voor de opening van de spoorlijn Uitgeest-Zaandam, 1869, 0,01 m (nr. A104).

Feestcommissie voor de 300e verjaardag van de inneming van Den Briel, 1872, 0,01 m (nr. A103).

Commissie voor de viering van het 25-jarig regeringsjubileum van koning Willem III, 1874, 0,02 m (nr. A102).

2.7 Instellingen op politieke en ideële grondslag

Liberale kiezersvereniging Koog en Zaandijk, 1871-1881, 0,01 m (nr. A61).

Vrije kiesvereniging, 1888-1896, 0,02 m (nr. A17).

Verzetsorganisatie te Koog-Zaandijk, 1945, 0,03 m (nr. A89).

Nederlandse Binnenlandse Strijdkrachten (N.B.S), sectie IX, gewest 11, te Koog-Zaandijk, 1945-1947 (1949), 0,05 m* (nr. A59).

2.8 Geloofsgemeenschappen en andere instellingen van godsdienstig leven

Hervormde gemeente, 1678-1935, 0,55 m.
Inventaris.

2.10 Families

Smit, 1794-1884, 0,15 m (nr. A68).

KROMMENIE

1 ARCHIEVEN VAN DE OVERHEID

Gemeentebestuur van Krommenie en Krommeniedijk, 1587-1811, 8 m.
Inventaris: C.J. Gonnet-H.L. Driessen, Archieven van Zaanland, I, 68-87; overdruk uit: VROA 40 (1917) II, 126-145.

Gemeentebestuur van Krommenie, 1811-1940, 35 m.

2 NIET-OVERHEIDSARCHIEVEN

Stichting Bejaardencentrum 'De Durghorst', 1962-1978, 0,60 m.*
Plaatsingslijst.

Stichting Verpleeghuis, (1936) 1950-1967, 0,15 m.
Inventaris.

Hervormde gemeente, 1603-1955, 3,50 m.
Inventaris: in bewerking.

Doopsgezinde gemeente, ca. 1704-1950, 1 m.
Proces-verbaal.

WESTZAAN

1 ARCHIEVEN VAN DE OVERHEID

Gemeentebestuur van Westzaan (aan de Regel), 1395-1811, 6 m.
Inventaris: C.J. Gonnet-H.L. Driessen, Archieven van Zaanland, I, 34-44; overdruk uit: VROA 40 (1917) II, 92-102.
Nadere toegang: regesten in inventaris.

Gemeentebestuur van Westzaan, 1811-1940, 80 m.

2 NIET-OVERHEIDSARCHIEVEN

2.1 Instellingen van economische aard

Blauwselfabriek 'Avis', 1728-1885, 0,25 m.
Inventaris.
N.B. Zie ook blz. 106.

Padmeesters van 'Het Bakkerspadt', 1818-1850, 0,01 m (nr. A50).

N.V. Schroef- (later Stoom-) bootdienst Westzaan, ook wel genoemd N.V. Transportdienst Westzaan, 1893-1923, 0,03 m (nr. A44).

2.2 Instellingen van sociale zorg

Maatschappij van Moederlijke Liefdadigheid, 1831-1930, 0,25 m (nr. A56).

Damesvereniging 'Païdophilos', 1875-1943, 0,10 m (nr. A55).

Het Nederlandse Rode Kruis, afdeling Westzaan, 1870-1910, 0,10 m (nr. A48).

Maatschappij tot opbouw, aankoop en herstel van woonhuizen en erven, 1841-1886, 0,50 m.

2.5 Instellingen op het gebied van onderwijs, wetenschap en cultuur

Maatschappij tot Nut van 't Algemeen, departement Westzaan, 1828-ca. 1906, 3 m.

2.6 Instellingen op het gebied van sport, recreatie en evenementen

Vereniging 'Jachtclub', 1890-1926, 0,10 m (nr. A43).

Westzaansche Harddraverij Vereniging, 1911-1927, 0,01 m (nr. A49).

Sociëteit 'Tot Onderling Genoegen', 1830-1925, 0,15 m (nr. A45).

Comité nationale feestdagen, 1945-1949, 0,02 m (nr. A105).

2.7 Instellingen op politieke en ideële grondslag

Vereniging 'De Westzaansche Burgerwacht', 1919-1944, 0,15 m.

2.8 Geloofsgemeenschappen en andere instellingen van godsdienstig leven

Hervormde gemeente, 1564-1941, 1,50 m.
Plaatsingslijst.

WORMERVEER

1 ARCHIEVEN VAN DE OVERHEID

Gemeentebestuur, 1811-1940, 42 m.

2 NIET-OVERHEIDSARCHIEVEN

2.1 Instellingen van economische aard

Meelfabriek en grutterij firma weduwe A. ten Kate en Zoon, 1710-1924, 0,04 m (nr. A84).

Trasmalerij, later Zeepfabriek Jan Dekker, ca. 1770-20e eeuw, 4 m (nrs. A36-38).

Cacaofabriek H. de Jong, 1823-1855, 0,50 m (nr. A65).

Kanaal en Zaan Verbinding Maatschappij, 1839-1880 (1934), 0,55 m (nr. A16b).

2.2 Instellingen van sociale zorg

Vereniging 'Volksgezondheid', afdeling van de Noord-Hollandse Vereniging 'Het Witte Kruis', 1879-1939, 1 m.

2.3 Vak- en standsorganisaties en -fondsen

'Adriaan van Vleuten fonds en Fonds 1944' te Wormerveer, 1910-1977, 0,50 m.
Inventaris.

2.4 Instellingen op het gebied van de volksgezondheid

Instituut voor doofstommen te Groningen, departement Wormerveer, 1800-1887, 0,06 m (nr. A21).

2.6 Instellingen op het gebied van sport, recreatie en evenementen

Commissie voor de feestweken, 1921-1922 en 1927-1928, 0,01 m (nr. A54).

2.8 Geloofsgemeenschappen en andere instellingen van godsdienstig leven

Doopsgezinde gemeente, 1650-1956, 3,50 m.
Plaatsingslijst.

ZAANDAM

1 ARCHIEVEN VAN DE OVERHEID

1.1 Algemeen plaatselijk bestuur

Gemeentebestuur van Zaandam, 1613-1636, 0,15 m.
N.B. Tot 1636 behoorden Oost- en Westzaandam tot twee verschillende rechtsbannen; zij maakten echter in huishoudelijk opzicht één gemeenschap uit. In 1811 werden Oost- en Westzaandam samengevoegd tot de stad Zaandam.
Inventaris: C.J. Gonnet-H.L. Driessen, Archieven van Zaanland, I, 108-109, 138; overdruk uit: VROA 40 (1917) II, 166-167, 196.

Gemeentebestuur van Oostzaandam, 1636-1811, 3,55 m.
Inventaris: als voren, I, 109-122, 140-141; overdruk uit: VROA 40 (1917) II, 167-180, 198-199.
N.B. Daar Oost- en Westzaandam reeds vóór 1636 tot verschillende rechtsbannen behoorden, bevinden zich in dit archief ook de desbetreffende stukken van vóór 1636.

Gemeentebestuur van Westzaandam, 1635-1811, 5,25 m.
Inventaris: als voren, I, 122-134, 138-140; overdruk uit: VROA 40 (1917) II, 180-192, 196-198.
N.B. Als voren.

Gemeentebestuur van Zaandam, 1811-1940, 360 m.
Plaatsingslijst.
Nadere toegang: systematische index (decimaal systeem) met klapper (op fiches) van Zaalberg m.b.t. de dossiers van ca. 1850-ca. 1940.

1.2 Plaatselijke instellingen met een specifieke taak

Commissie Herbeplanting Zaandam, 1945-1948, 0,02 m (nr. A99).
N.B. Ontbonden in 1978; hierin ook de Versieringscommissie.

Dienstdoende Schutterij, 1830-1907, 0,16 m (nr. A19).

Participanten van de Nieuwe Haven, later Westzijder Kattegat, 1671-1888, 0,15 m.
Inventaris: C.J. Gonnet-H.L. Driessen, Archieven van Zaanland, I, 137-138; overdruk uit: VROA 40 (1917) II, 195-196.

Commissie van toezicht op het gemeentelijk nijverheidsonderwijs, 1922-1966, 0,05 m (nr. A97).

1.3 Organen van intergemeentelijke samenwerking

Ontwikkelingsschap Zaanstreek, 1967-1973, 18 m.*
Inventaris.

1.5 Organen van waterschappen

Hogendam of Zaandam, 1599-1827, 0,75 m.
Inventaris: C.J. Gonnet-H.L. Driessen, Archieven van Zaanland, I, 134-137; overdruk uit: VROA 40 (1917) II, 192-195.

N.B. Het bestuur bestond uit afgevaardigden van de dorpen Graft en De Rijp, Zuid-Scharwoude met Noord-Scharwoude en Oostmijzen, Uitgeest, Akersloot, Wormer, Ursem met Ouddorp en Oterleek, Halersbroek ('t Kalf), die tezamen het college van heemraden vormden.

2 NIET-OVERHEIDSARCHIEVEN

2.1 Instellingen van economische aard

Ambacht en industrie

Houthandel K.J. Oosterhoorn, 1697-1907, 0,30 m (nr. A18).

Papierfabriek Klaas Schenk en Zonen, 1833-1910, 1,50 m.

Houthandel en -zagerij firma J. Dekker Jz., 1852-1918, 1,15 m (nrs. A31-33).
N.B. Aanvankelijk te Westzaan.

Barkschip 'Maria Catharina', (1860) 1872-1882, 0,20 m (nr. A30).
N.B. Eigendom van de houthandelaren J. Dekker en H. Simonsz.

Barkschip 'Jacob Roggeveen', 1880-1887, 0,25 m (nr. A74).
N.B. Eigendom van de houthandelaren J. Dekker en H. Simonsz.

N.V. Zaanlandsche Scheepsbouw Maatschappij, 1899-ca. 1970, 2 m.

Bank- en verzekeringswezen

Firma Wed. J. te Veltrup en Zoon, makelaars in effecten, 1872-1908, 1,50 m.

N.V. Zaanlandsche Assurantie-Compagnie van 1845 (voor Brand- en Binnenlandsche Vaart), 1906-1934, 0,02 m (nr. A76).

2.2 Instellingen van sociale zorg

Vereniging 'Kindervoeding', 1898-1955, 0,30 m (nr. A39).

R.K. Coöperatieve productie- en consumptie-vereniging 'De Voorzorg' U.A., 1919-1970, 0,25 m (nr. A106).
Plaatsingslijst.

Unie van Vrouwelijke Vrijwilligers, afdeling Zaandam, 1946-1954, 0,12 m (nr. A107).

2.5 Instellingen op het gebied van onderwijs, wetenschap en cultuur

Natuurkundig gezelschap 'Physica', 1832-1892, 0,15 m (nr. A42).
N.B. Tot 1854 genaamd: Natuur- en letterkundig gezelschap 'Overeenstemming door wetenschap'.

Klein mannenkoor 'De Zaankanters', 1928-1973, 0,06 m (nr. A93).

Muziekvereniging 'Zaandamsch-Muziekcorps', 1929-1953, 0,40 m (nr. A69).
N.B. Opgericht in 1906.

Zaanse jazz- en studieclub 'Swing Society', 1939-1967, 0,50 m (nr. A91).

Redactie van het maandblad 'De Zaende', 1945-1952, 0,25 m (nr. A40).

Zaandamse Gemeenschap, 1945-1969, 1,50 m.
Inventaris.

Stichting 'De Zaanse Schans', ca. 1956-1977, 10 m.*

2.6 Instellingen op het gebied van sport, recreatie en evenementen

Vereniging 'IJs-Club', 1861-1927, 0,06 m (nr. A15).

Zaandamsche Harddraverij Vereniging, 1907-1957, 1 m (nr. A57).

Buurtvereniging 'Ons Aller Belang', 1918 en 1927, 0,01 m (nr. A92).

Commissie voor de tentoonstelling van Zaanlandsche oudheden en merkwaardigheden, 1874-1875, 0,15 m (nr. A51).

Commissie voor de tentoonstelling van handel en nijverheid, 1896, 0,03 m (nr. A5).

Commissie voor de viering van het 200-jarig geleden verblijf van czaar Peter de Grote te Zaandam en het 15-jarig bestaan der Zaanlandsche Zeilvereniging, 1897, 0,06 m (nr. A4).

2.7 Instellingen op politieke en ideëele grondslag

Nederlandse Vereniging voor Luchtbescherming, afdeling Zaandam, 1939-1946, 0,03 m (nr. A98).

2.8 Geloofsgemeenschappen en andere instellingen van godsdienstig leven

Hervormde gemeente te Zaandam-Oost, 1592-1938, 8 m.
Plaatsingslijst.

Hervormde gemeente te Zaandam-West, 1624-1945, 4 m.
Plaatsingslijst.

Doopsgezinde gemeente te Zaandam-Oost, 1664-1934, 5,50 m.
Inventaris.

Doopsgezinde gemeente te Zaandam-West, 1628-1924, 4 m.
Inventaris.

Evangelisch-Lutherse gemeente te Zaandam, 1642-1919 (1955).
Inventaris.

2.11 Personen

Garbrand Pieterse Gorter te Oostzaandam, 1701-1730, 0,05 m (nr. A77).
N.B. Zie ook: bibliotheeknr. 00.837.

G. Visser van Hazerswoudt, makelaar/commissionair, 1831-1870, 0,25 m (nr. A72).

ZAANDIJK

1 ARCHIEVEN VAN DE OVERHEID

Gemeentebestuur, 1642-1811, 6 m.
Inventaris: C.J. Gonnet-H.L. Driessen, Archieven van Zaanland, I, 52-66; overdruk uit: VROA 40 (1917) II, 110-124.

Gemeentebestuur, 1811-1940 (1953), 100 m.

2 NIET-OVERHEIDSARCHIEVEN

2.1 Instellingen van economische aard

(Nationale) Nederlandsche Huishoudelijke Maatschappij, departement Zaandijk, 1777-1836, 0,05 m (nr. A90).
N.B. Vóór ca. 1797 genaamd: Oeconomische Tak van de Hollandsche Maatschappij der Wetenschap.

Zakken- en zeilmakerij G. Meijnema, 1834-1905, 0,10 m (nr. A66).

J. Honig Jansz. Jr. en C. Honig in Assurantiën, 1839-1934, 0,15 m (nr. A86).

N.V. Bouwmaatschappij Zaandijk, 1912-1927, 0,07 m (nr. A100).

2.2 Instellingen van sociale zorg

Maatschappij van Moederlijke Liefdadigheid, 1839-1953, 0,40 m (nr. A25).

(Dames-)Vereniging tot ondersteuning van herstellende kranken, 1867-1951, 0,05 m (nr. A23).

Vereniging 'Dorcas', 1888-1957, zie blz. 271.

Nood-organisatie, 1945-1946, zie blz. 271.

2.5 Instellingen op het gebied van onderwijs, wetenschap en cultuur

Naai- en breischool, 1842-1896, 0,04 m (nr. A96).

Maatschappij tot Nut van 't Algemeen, departement Koog-Zaandijk, 1788-1863, zie blz. 271.

Physisch Gezelschap, 1828-1868, 0,02 m (nr. A41).
N.B. Opgericht in 1828 in plaats van het 'oude' Physisch Gezelschap (opgericht in november 1805).

Leesgezelschap 'Tot Nut en Uitspanning', 1841-1949, zie blz. 271.

Zangvereniging 'Door Eendracht Bloeijende', 1851-1910, zie blz. 271.

Vereniging tot bevordering van uiterlijke welsprekendheid 'Bogaers', 1857-1925, zie blz. 272.

Nederlandsch Toneelverbond, afdeling Zaandijk, 1880-1886, 0,02 m (nr. A95).

Toneelvereniging 'Hierna Beter,' 1881-1935, 0,25 m (nr. A62).

Vereniging tot instandhouding en uitbreiding van de Zaanlandsche Oudheidkundige Verzameling 'Jacob Honig Janszoon junior', 1891-1973, 3 m (nr. A1).

Historisch gezelschap 'Dr. G.J. Boekenoogen', 1943-1946, zie blz. 272.

2.6 Instellingen op het gebied van sport, recreatie en evenementen

Zaanlandsche Wielrijders Vereniging (Z.W.V.) 'Wilhelmina', 1897-1910, zie blz. 272.

Zaanlandsche Wielrijders Vereniging (Z.W.V.) 'Oranje Nassau', 1904-1907, zie blz. 272.

Commissie voor het Oranjefeest op Princessedag, 1889, 0,02 m (nr. A101).

Commissie voor de viering van de inhuldiging van koningin Wilhelmina, 1898, 0,01 m (nr. A7).

2.7 Instellingen op politieke en ideële grondslag

Liberale kiezersvereniging Koog en Zaandijk, 1871-1881, zie blz. 272.

Verzetsorganisatie, 1945, zie blz. 272.

Nederlandse Binnenlandse Strijdkrachten (N.B.S.), sectie IX, gewest 11, 1945-1947, zie blz. 272.

2.8 Geloofsgemeenschappen en andere instellingen van godsdienstig leven

Hervormde gemeente, 1638-1970, 5 m.
Proces-verbaal.

2.10 Families

Vis, 1712-1870, 0,10 m (nr. A73).

OVERIGE ARCHIEVEN

2 NIET-OVERHEIDSARCHIEVEN

2.1 Instellingen van economische aard

Ambacht en industrie
Rederij en zeilenmakerij Boon en Lakeman te De Rijp, 1694-1856, 0,20 m (nr. A63).

Schuitenwerf Swart, ca. 1793-1853, 0,02 m (nr. A20).

Schildersbedrijf Kramer, 1830-1837, 0,06 m (nr. A85).

Zakken- en zeilmakerij Willem de Jager, 1873-1893, 0,08 m (nr. A78).
A78).

Bank- en verzekeringswezen

Deelhebbers in het 'Pellerscontract', 1716-1901, 0,15 m (nr. A10).

Deelhebbers in het 'Olieslagerscontract', 1727-1913, 1 m (nr. A11a).

Deelhebbers in het 'Brandassurantiecontract van de molens c.a.', 1808-1903, 1,15 m (nr. A9).
N.B. Hierin ook: stukken betreffende het papiermakerscontract, pellerscontract (nr. A10) en olieslagerscontract (nr. A11a).

Vereniging tot Onderlinge Verzekering tegen ongelukken aan werklieden op olieslagerijen aan de Zaan ('Ongelukkencontract'), 1891-1929, 0,35 m (nr. A11b).

N.V. Oostzaner Spaar- en Beleggingsbank te Oostzaan, 1924-1948, 0,85 m (nr. A47).

Verkeer en vervoer

N.V. Onderlinge Schroefstoombootdienst 'Oostzaan' te Oostzaan, 1884-1934, 0,55 m (nr. A26).

2.3 Vak- en standsorganisaties en -fondsen

Nederlandse Bond van gemeenteambtenaren, onderafdeling Zaanstreek van de afdeling Noord-Holland, 1913-ca. 1960, 0,10 m.

Commissie van advies voor de zuivering van de vakgroep Wegvervoer, kring Zaanstreek, 1945-1947 (1949), 0,01 m (nr. A60).

2.6 Instellingen op het gebied van sport, recreatie en evenementen

Bad- en zweminrichting 'Het Zwet' te Wormer, 1933-1973, 0,45 m (nr. A94).

2.11 Personen

Vredenduin, eind 19e eeuw-begin 20e eeuw, 0,55 m (nr. A87).
N.B. Bevat hoofdzakelijk knipsels, foto's, brochures, manuscripten e.d.

3 VERZAMELINGEN

3.2 Bibliotheek

Bibliotheek, 300 m.
Catalogus: alfabetisch en systematisch (U.D.C.).

3.4 Prenten en kaarten

Topografische atlas, 8000 nummers.
N.B. Gedeeltelijk gecatalogiseerd.

Dia's.
N.B. Voornamelijk topografisch.

GEMEENTE OOSTZAAN

Adres	Postbus 15, 1510 AA Oostzaan.
Telefoon	02984-1475.
Openingstijden	maandag t/m vrijdag 9.00-12.00 uur.

1 ARCHIEVEN VAN DE OVERHEID

Gemeentebestuur, 1662-1934, 22 m.

N.B. Bevat een kohier van 1662 en drie registers van de armenvoogden uit de 17e en 18e eeuw, alle van de ambachtsheerlijkheid Oostzaan. Het gemeentearchief begint in 1799.

Burgerlijk armbestuur/Maatschappelijk hulpbetoon, 1862-1945, 1 m.

WATERSCHAP HET LANGE ROND

Adres	Waterschapshuis, Museumlaan 16, 1541 LP Koog aan de Zaan.
Telefoon	075-281181.
Territoir	gemeenten Schoorl, Bergen, Alkmaar, gemeenten t.w. van Waterland en t.n. van Noordzeekanaal. Opgericht door samenvoeging van de waterschappen in dit gebied per 1 januari 1977.
N.B.	voor de archieven van de voormalige polders in de regio Alkmaar zie blz. 170-175; in de regio IJmond blz. 291-292. De archieven van de voormalige polders in de Zaanstreek berusten deels bij Het Lange Rond, deels bij het Hoogheemraadschap van Uitwaterende Sluizen te Edam (zie blz. 267).
Openingstijden	na telefonische afspraak.

1 ARCHIEVEN VAN DE OVERHEID

Vereenigde Nauernasche, Westzaner en Zaandammerpolders, 1877-1977, 7 m.

Inventaris.
N.B. Onderdeel van Het Lange Rond.

Ambachtsheerlijkheid, ban met aanhoorigheden en polder Westzaan en Krommenie, 1685-1827, 20 m.

Inventaris: J. Vredenduin Pz., Archief van den polder Westzaan, beschreven 26 juni 1899 en aangevuld 1925 (z.pl., z.j.) blz. 33-37.

Polder Westzaan, 1791-1976, 54 m.

Inventaris: als voren, blz. 10-32.
N.B. Onderdeel van de polder Westzaan, nu Lange Rond.

Karnemelksepolder, 1900-1972, ca. 5 m.

N.B. Onderdeel van de polder Westzaan, nu Het Lange Rond.

POLDER OOSTZAAN

Adres	Polderhuis, Zuideinde 35, 1511 GA Oostzaan.
Telefoon	02984-1329.
Territoir	Oostzaan.
Openingstijden	vrijdag 10.00-12.00 en 14.00-15.30 uur en op aanvrage.

1 ARCHIEVEN VAN DE OVERHEID

Polder Oostzaan, 1813-1980, 14 m.*
N.B. Onderdeel van de archieven van het waterschap Oostzaan.

Ambachtsheerlijkheid Oostzaan en Oostzaandam tevens Banne en Polder, (1407) 1616-1838, 5 m.
Inventaris: C.J. Gonnet-H.L. Driessen, Archieven van Zaanland, I, in: VROA 40 (1918) II, 146-157.
N.B. Onderdeel van de archieven van het waterschap Oostzaan.

De Halerbroek of Kalverpolder, ook wel Hollaertsbroek, 1625-1865, 0,30 m.
Inventaris: als voren, blz. 161-163.
N.B. Onderdeel van de archieven van het waterschap Oostzaan.

De Kleine Sluis te Zaandam, 1644-1814, 0,10 m.
Inventaris: als voren, blz. 163.
N.B. Onderdeel van de waterschapsarchieven van Oostzaan.

Dijkgraaf en heemraden van het Oostzijder Kattegat, Westergedeelte, 1681-1687, 1 bundel.
Inventaris: als voren, blz. 164.
N.B. Onderdeel van de archieven van waterschap Oostzaan.

IJMOND-GEMEENTEN

GEMEENTEARCHIEF VELSEN

Adres	Stadhuis: Plein 1945, postbus 465, 1970 AL IJmuiden.
Telefoon	02550-19000.
Openingstijden	maandag t/m vrijdag 9.00-12.00 en 14.00-16.00 uur.
Faciliteiten	fotoatelier, dia- en filmprojectie.

1 ARCHIEVEN VAN DE OVERHEID

1.1 Algemeen plaatselijk bestuur

Gemeentebestuur, 1393-1813, 11 m.

Inventaris: P.N. van Doorninck, Inventaris van het oud-archief der gemeente Velsen (Haarlem 1895).

N.B. Bevat ook het archief van de polder de Velserbroek.

Gemeentebestuur, 1814-1924 (heden), 90,50 m.

N.B. Chronologisch geordend tot 1895, daarna alfabetisch rubriekenstelsel. Bevat ook afzonderlijke series: 'pakkettenarchief' (1761-1962), 'eigendomsbewijzen' (1842-heden), 'contracten' (1889-1940), 'raadsbesluiten' (1893-1939) en het archief van de polder de Velserbroek tot 1856.

Commissie tot wering van schoolverzuim, 1943-1968, 0,10 m.*

Commissie van Advies van het W.F. Visserhuis te IJmuiden, 1955-1970, 0,10 m.*

1.2 Plaatselijke instellingen met een specifieke taak

Rechtspraak vóór 1811

Schepenbank, 1567-1817, 5,50 m.
Inventaris: ORW, nrs. 918-1016.
Nadere toegang: ingang op de transporten 1567-1808, inv. nrs. 954-973.

Bevolking

Doop-, trouw- en begraafboeken, 1604-1812, 0,50 m.
Inventaris: DTB, blz. 195-197.
N.B. Bevat tevens het gerechtstrouwboek 1724-1811 en de registers van de gaarder 1695-1810 en van de gequalificeerde 1810-1812.

Openbare werken

Dienst Openbare Werken, 1893-1959, 0,70 m.
Plaatsingslijst.

Financiën

Gaarder, 1721-1812, 0,10 m.
Plaatsingslijst.
N.B. Gaardersregister voor de impost op het trouwen en begraven 1695-1810 zie doop-, trouw- en begraafboeken.

Openbare orde en veiligheid, defensie

Gemeente Brandweer, 1878-1956, 0,10 m.
Plaatsingslijst.

Economische zaken

Gemeentelijk gas- en waterbedrijf, 1911-1969, 179 delen.

Levensmiddelenbedrijf, 1914-1919, 5 m.

Sociale zorg

Algemeen Burgerlijk Armbestuur, 1611-1938, 3 m.
N.B. Zeer incompleet.

Onderwijs

Gemeentelijke school voor visserij en scheepvaart te IJmuiden, 1912-1971, 1,20 m.*
Plaatsingslijst.

Rijks Hogere Burger School, 1921-1966, 4 m.*
Plaatsingslijst.
N.B. Onderdeel van het archief van de gemeentelijke Prof. mr. S. Vissering Scholengemeenschap. Op 16 augustus 1966 zijn de RHBS en de MMS gemeentelijke instellingen geworden.

Gymnasium Felisenum, ca. 1953-ca. 1970, 0,10 m.*

1.3 Organen van intergemeentelijke samenwerking

Adviescollege voor het IJmondgebied, 1953-1964, 1,10 m.*
Plaatsingslijst.

1.5 Organen van waterschappen

Polder Buitenhuizen, (1522) 1828-1978, 1,50 m.*
Plaatsingslijst.
N.B. Per 1 januari 1979: Waterschap Groot-Haarlemmermeer.

Noord- en Zuid-Spaarndammerpolder, 1874-1978, 4 m.*
N.B. Per 1 januari 1979: Waterschap Groot-Haarlemmermeer.

Polder de Velserbroek, 1590-1950, 8 m.
Plaatsingslijst.
N.B. Per 1 januari 1979: Waterschap Groot-Haarlemmermeer. Vóór 1856 lagen zorg en beheer van de polder bij het gemeentebestuur. Het archief uit die periode maakt deel uit van het gemeentearchief.

Dorregeesterpolder, 1872-1977, 1 m.*
Plaatsingslijst.
N.B. Per 1 januari 1977: Waterschap Het Lange Rond; zie ook blz. 303. Het polderarchief is voor het grootste deel op 20 september 1936 verbrand. Zie ook de gemeentearchieven van Akersloot en Uitgeest voor archiefbescheiden uit de 17e en 18e eeuw.

Markerpolder, 1715-1876, 3 dozen.
Plaatsingslijst.
N.B. Per 1 januari 1977 werd de Marker- en Oostwouderpolder met andere polders samengevoegd tot Waterschap Het Lange Rond.

Waterschap De Meerweiden ten noorden van het Noordzeekanaal, 1917-1976, 3 m.*
Plaatsingslijst.
N.B. Per 1 januari 1977: Waterschap Het Lange Rond.

Polder de Uitgeester- en Heemskerkerbroek, 1637-1976, 8 m.*
Plaatsingslijst tot 1937.
N.B. Per 1 januari 1977: Waterschap Het Lange Rond. Bevat ook archiefbescheiden van de Bakkersvenpolder (1784, 1863) en de polder van Berouw (1637-1925). Zie ook blz. 302 en 303.

Polder De Wijkerbroek, 1608-1962, 1,20 m.*
Plaatsingslijst.
N.B. Per 1 januari 1962 gevoegd bij de polder De Uitgeester- en Heemskerkerbroek.

Wijkermeerpolder, 1950-1976, 6,50 m.*
N.B. Per 1 januari 1977: Waterschap Het Lange Rond.

Polder De Buitenlanden onder Assendelft en Wijk aan Zee en Duin, 1856-1950, 0,50 m.*
Plaatsingslijst: tot 1936.
N.B. Per 1 januari 1950 gevoegd bij de Wijkermeerpolder.

Kaagpolder, (1588) 1826-1926, 1 m.
Plaatsingslijst.
N.B. Per 1 januari 1913 gevoegd bij de polder De Buitenlanden onder Assendelft en Wijk aan Zee en Duin. Bevat ook archiefbescheiden van De Buitenkaag, 1873-1926, nrs. 28-32.

Zuid-Wijkermeerpolder, 1866-1950, 6 m.*
Plaatsingslijst tot 1935.
N.B. Per 1 januari 1950 gevoegd bij de Wijkermeerpolder.

Polder De Zien, 1873-1935, 0,50 m.
Plaatsingslijst.
N.B. Per 1 januari 1977: Waterschap Het Lange Rond. Het archief is in 1936 grotendeels verbrand. Voor de rekeningen over de jaren 1669-1808, zie gemeentearchief Uitgeest, blz. 303.

Polder Het Zwaansmeertje, 1879-1937, 1 omslag.
N.B. Per 1 januari 1977: Waterschap Het Lange Rond.

1.7 Organen van de centrale overheid

Notarissen ter standplaats Velsen, 1625-1759, 1812-1894, 7 m.
Inventaris: Not., nrs. 5084-5127; getypt supplement 1843-1894.
N.B. nrs. 5084-5091 in kopie.

2 NIET-OVERHEIDSARCHIEVEN

2.1 Instellingen van economische aard

Drukkerij en uitgeverij Vermande Zonen bv te IJmuiden, ca. 1770-ca. 1950, 1 m.*
N.B. Het bedrijf komt oorspronkelijk uit Hoorn; zie blz. 206.

Maatschappij 'Breesaap', 1854-1914, 0,50 m.
Plaatsingslijst.

2.2 Instellingen van sociale zorg

Hervormde commissie voor maatschappelijk werk te Velsen, 1960-1974, 0,50 m.*
Plaatsingslijst.

Gereformeerde Stichting voor maatschappelijk werk in de IJmond te Velsen, ca. 1960-1975, ca. 1 m.*

Noordhollandsche Vereeniging 'Het Witte Kruis', afdeling Velsen, 1894-1969, ca. 12 m.*

Nederlandsche Roode Kruis, afdeling IJmuiden-Velsen, 1914-1979, 2 m.*
Plaatsingslijst.

2.5 Instellingen op het gebied van onderwijs, wetenschap, cultuur

Onderwijs

Bewaarschool 'Spaarnberg' te Santpoort, 1886-1931, 0,10 m.
Plaatsingslijst.

Vereniging voor lager en meer uitgebreid lager onderwijs op gereformeerde grondslag te IJmuiden, ca. 1909-1975, 1 m.*

Vereeniging voor protestants christelijk onderwijs te Velsen, 1914-1974, 6 m.*

N.B. Bevat ook de archieven van: Vereeniging voor christelijk volksonderwijs, afdeling IJmuiden-oost, Vereeniging voor christelijk nationaal schoolonderwijs IJmuiden-oost en Vereeniging voor protestants christelijk kleuteronderwijs Prinses Marijke.

Lagere technische school Velsen, 1916-1972, 10 m.*

Plaatsingslijst.

Vereniging voor christelijk onderwijs te IJmuiden, ca. 1931-1975, 6 m.*

Plaatsingslijst.

Cultuur

Christelijke oratoriumvereniging IJmuiden te IJmuiden, 1921-1976, 1,50 m.*

Plaatsingslijst.

2.6 Instellingen op het gebied van sport, recreatie en evenementen

Sport

Schaakclub ‘Kijk-Uit’ te IJmuiden, 1927-ca. 1976, ca. 1,50 m.*

Schaakclub ‘Driehuis’ te Driehuis, 1960-1970, ca. 0,50 m.*

Wandel Sport Vereniging ‘De Kennemer Jagers’ te Velsen, 1935-1977, 0,80 m.

Plaatsingslijst.

Lawn Tennis Club Velserbeek te Velsen, 1945-1957, 1,20 m.

Inventaris.

Recreatie

Speeltuinvereniging ‘In Veilige Haven’ te IJmuiden, 1930-1974, 0,50 m.

Inventaris.

Evenementen

Vereniging voor vreemdelingenverkeer Velsen-IJmuiden, 1911-ca. 1963, 0,50 m.

Comité tot viering van het 75-jarig bestaan van het Noordzeekanaal en IJmuiden, 1950-1951, 1 omslag.*

2.7 Instellingen op politieke en ideële gronden

R.K. Kiesvereeniging te Velsen, 1893, 1 deel.

Vrijzinnig Democratische Bond, afdeling Velsen, 1918-1934, 1 deel.

2.8 Geloofsgemeenschappen en andere instellingen van godsdienstig leven

Rooms-katholieke kerk

Vicarie op het Sint Andriesaltaar in de kerk van Velsen, 1507-1843, 1 doos.
N.B. In kopie; de originele bescheiden berusten in het Rijksarchief.

Engelmundusparochie te Driehuis, 1772-1968, 1,50 m.*
Plaatsingslijst.

St. Gregoriusparochie te Oud-IJmuiden, 1884-ca. 1973, 7 m.*

Nederlandse Hervormde kerk

Hervormde gemeente te Velsen, 1609-1970, 4 m.*
Inventaris: H. Brouwer, Inventaris der archieven van de Nederlandse Hervormde Gemeente van Velsen ('s-Gravenhage 1941).

Hervormde gemeente te Santpoort, 1840-ca. 1974, 9 m.*

Hervormde gemeente te IJmuiden-Oost, 1920-1970, 9 m.*
Plaatsingslijst.

Hervormde deelgemeente te Velsen – 't Braambos, 1935-1977, 3 m.*

Hervormde gemeente te Velsen-noord – de Noorderkerk, 1946-1975, 3 m.*

Doopsgezinde Broederschap

Doopsgezinde gemeente te IJmuiden, 1908-1976, 1 m.*
Plaatsingslijst.

2.9 Huizen en heerlijkheden

N.B. In het Algemeen Rijksarchief berust het familiearchief Hoeufft van Velsen, waarin zich stukken bevinden betreffende de ambachtsheerlijkheid Velsen. Inventaris: VROA, 43 (1920) I, 455-520.

Heren van Brederode, 16e-19e eeuw, 4 dozen.
N.B. Kopie; de originele bescheiden berusten in het Rijksarchief. Andere fondsen betreffende het Huis van Brederode:
Algemeen Rijksarchief: Een verzameling stukken betreffende de familie Van Brederode. Inventaris: VROA, 47 (1924) I, 192-204.
Het Fürstliches Haus- und Landes-Archiv te Detmold: Bescheiden van de Heeren Van Brederode en latere bezitters van de heerlijkheid Vianen. Inventaris: VROA, 32 (1909), 113-184.
In het gemeentearchief van Haarlem en in het archief van de gemeente Zandvoort bevinden zich ook bescheiden betreffende Brederode.
De Heren van Brederode waren tot 1679 ambachtsheren van Velsen.

2.11 Personen

A.J.E.A. Bik, 1730-1930, 0,20 m.
Plaatsingslijst.

P. en F.P. Vermeulen, 1843-1964, 0,10 m.

3 VERZAMELINGEN

3.1 Handschriften

Handschriften, 8e eeuw tot heden.
Plaatsingslijst.

3.2 Bibliotheek

Bibliotheek, 1656-heden, 1050 delen en 14 meter persdocumentatie.
Inventaris: gedeeltelijk, n.l. inventaris op de persdocumentatie.
Nadere toegang: bibliotheek is rubrieksgewijze opgesteld; persdocumentatie is geordend volgens de code VNG.

3.3 Kranten

Velsens Gratis Advertentieblad, 1895 mei - 1900 juni, 3 delen.

IJmuider Courant, 1916-1927 augustus, 1931 november-december, 1932 juli-december, 1933-1941 juni, 1954-1979, 296 delen.

Dagblad van IJmuiden, 1927-1928 juni, 1929 juli-december, 1930 juli-december, 1931 januari-juni, 1932-1942 mei, 33 delen.

3.4 Prenten en kaarten

Topografisch-historische atlas, 1680-heden, ca. 13000 nummers, 750 kaarten en technische tekeningen.
N.B. Het toegankelijk maken van deze verzameling is in opbouw.

Prentbriefkaarten, ca. 1900-heden, 3700 stuks.

Affiches, 1910-heden, 300 stuks.

Dia's, 1600 nummers.

Films, 1926-1976, 15 stuks.

Briefhoofden, 1910-1960, 1 doos.
N.B. Alfabetisch gerangschikt.

3.6 Geluidsbanden en grammofoonplaten

Fonetische documentatie, 16 geluidsbanden en 8 grammofoonplaten.

3.7 Overige verzamelingen

Persdocumentatie van de voetbalclub Sportstichting 'Telstar', 1963-1976, 0,50 m.

Verzameling D. Visser, 1937-1972, 0,10 m.
N.B. Bevat documentatie betreffende het Christelijk Nationaal Onderwijs te Velsen.

Collectie C. van Vrede, ca. 1900-ca. 1951, 0,50 m.
N.B. Omvat een collectie foto's, ansichtkaarten en documentatie betreffende IJmuiden.

Aug. M.J. Hendricksverzameling.

Catalogus.

N.B. Documentatie betreffende de aanleg van het Noordzeekanaal en het ontstaan van IJmuiden. Gedeeltelijk in kopie. Verzameling berust bij de gemeentelijke archiefdienst van Amsterdam.

Zie voor stukken betreffende de aanleg van het Noordzeekanaal, de sluisbouw en het Staatsvisshavenbedrijf te IJmuiden de archieven van Rijkswaterstaat, 1807-1930 en de Amsterdamsche Kanaalmaatschappij, 1861-1895 (zie blz. 102 en 107).

GEMEENTE BEVERWIJK

Adres	Stadskantoor, President Kennedyplein 1, postbus 450, 1940 AL Beverwijk.
Telefoon	02510-41514.
Territoir	van 1811 tot 1816 behoorde Wijk aan Zee en Duin tot de gemeente Beverwijk. In 1936 werd het grondgebied van de gemeente Wijk aan Zee en Duin gevoegd bij de gemeente Beverwijk.
Openingstijden	maandag t/m vrijdag 8.30-12.30, 13.30-17.00 uur.

1 ARCHIEVEN VAN DE OVERHEID

1.1 Algemeen plaatselijk bestuur

Gemeentebestuur, 1250, 1298-1936, 55 m.
Inventaris: N.J.M. Dresch, Inventaris van het oud-archief der gemeente Beverwijk, 1250-1817 (1929).

1.2 Plaatselijke instellingen met een specifieke taak

Openbare orde en veiligheid, defensie

Sint Jorisschuttersgilde, 1435-1452, 4 charters.
Inventaris: als voren, nrs. 373-376.

Krijgsraad der schutterij, 1614-1794, 0,30 m.
Inventaris als voren, nrs. 377-409.
Nadere toegang: regestenlijst in inventaris 1250-1564.

Luchtbeschermingsdienst, 1937-1945, 1 doos.

Economische zaken

Gemeentelijk gasbedrijf, 1900-1922, 2 dozen.

Gemeentelijk electriciteitsbedrijf, 1915-1923, 1 doos.

Sociale zorg

Gasthuis, 1641-1798, enkele stukken.
Inventaris: als voren, nrs. 356-363, 475-476.

Weeshuis, 1685-1798, enkele stukken.
Inventaris: als voren, nrs. 356-363, 477.

Commissie van oppertoezicht over de algemene armen, 1797-1807, enkele stukken.
Inventaris: als voren, nrs. 478-486.

Algemeen armbestuur/Burgerlijk armbestuur/Maatschappelijk hulpbetoon en gasthuizen Beverwijk, 1839-1937, 6 m.

Crisiscomité extra hulp aan ondersteunde werklozen, 1933-1940, 2 dozen.

Distributiedienst, 1940-1945, 1,50 m.

Centrale keuken, 1941-1944, 1 m.

1.3 Organen van intergemeentelijke samenwerking

Gezondheidscommissie, 1903-1934, 2,50 m.
N.B. Deelnemende gemeenten: Beverwijk, Wijk aan Zee, Akersloot, Assendelft, Limmen, Uitgeest, Heemskerk, Castricum, Egmond-Binnen, Egmond aan Zee, Heiloo, Oudorp, Bergen, Koedijk en Schoorl.

Stichting Rheumabestrijding Velsen, Beverwijk en Heemskerk, 1943-1957, 2 dozen.

1.4 Organen van stadsheerlijkheden, geannexeerde ambachten en gemeenten

Gemeentebestuur van Wijk aan Zee en Duin, 1601-1811, 1817-1936, 21 m.
Inventaris: N.J.M. Dresch, Inventaris van het oud-archief der gemeente Wijk aan Zee en Duin, 1534-1811 in: VROA 45 (1922) II, 170-173.

Burgerlijk armbestuur van Wijk aan Zee, 1900-1936, 4 m.

Levensmiddelenbedrijf van Wijk aan Zee, 1917-1920, 0,75 m.

1.5 Organen van waterschappen

Polder de Buitenlanden, 1942-1964, enkele stukken.

2 NIET-OVERHEIDSARCHIEVEN

Maatschappij tot Nut van 't Algemeen Departement Beverwijk, 1791-1956, 1 doos.

Landgoed Westerhout, 1611-1806, 1 doos.
Inventaris: B. Ringeling, Inventaris van de eigendomsbewijzen betrekking hebbende op het landgoed Westerhout, 1611-1806 (Beverwijk 1966).
Nadere toegang: regestenlijst in inventaris.

GEMEENTE HEEMSKERK

Adres	Burgemeester Nielenplein 2, postbus 39, 1960 AA Heemskerk.
Telefoon	02510-40804.
Openingstijden	maandag t/m vrijdag 9.00-12.00 uur.

1 ARCHIEVEN VAN DE OVERHEID

1.1 Algemeen plaatselijk bestuur

Gemeentebestuur, 1539-1927, 21 m.
Inventaris.
N.B. Bevat ook de archiefbescheiden van het heemraadschap de Sint Aagtendijk, 1571-1813 en de polder de Uitgeester- en Heemskerkerbroek, 1577-1830.

1.2 Plaatselijke instellingen met een specifieke taak

Gemeentelijk electriciteitsbedrijf, 1913-1937, 2 dozen.
Inventaris.

Burgerlijk armbestuur, 1880-1939, 3 dozen.
Inventaris.

Algemeen armbestuur, 1939-1943, 1 doos.
Inventaris.

Fonds armengoederen, 1946-1965, 2 dozen.
Inventaris.

3 VERZAMELINGEN

Foto's.

GEMEENTE UITGEEST

Adres	Middelweg 28, postbus 7, 1910 AA Uitgeest.
Telefoon	02513-19100.
Openingstijden	maandag t/m vrijdag 8.30-12.30 uur, 's middags na telefonische afspraak.

1 ARCHIEVEN VAN DE OVERHEID

1.1 Algemeen plaatselijk bestuur

Gemeentebestuur, (1550) 1573-1813, 4,50 m.
Inventaris.
N.B. Bevat ook de archieven van: Dorregeesterpolder, 1647-1808; Honderd Morgen/ Noorder Buitendijken, 1633-1811; Uitgeester- en Heemskerkerbroek, 1571-1803; Polder Het Woud, 1639-1849; Polder de Zien, 1669-1808.

Gemeentebestuur, 1813-ca. 1935, 18 m.

1.2 Plaatselijke instellingen met een specifieke taak

Fonds armengoederen, 1941-1966, 1 doos.

Algemeen burgerlijk armbestuur te Uitgeest en Marken-Binnen, ca. 1850-ca. 1930, 1 m.

ZUID-KENNEMERLAND

GEMEENTEARCHIEF HAARLEM

Adres	Jansstraat 40, 2011 RX Haarlem.
Telefoon	023-319337.
Territoir	de gemeenten Schoten en Spaarndam werden in 1927 opgeheven; het grondgebied werd bij de gemeente Haarlem gevoegd. De gemeente Haarlemmerliede en Spaarnwoude heeft het archief bij het gemeentearchief in bewaring gegeven.
Openingstijden	maandag t/m vrijdag 9.00-17.00 uur. Bibliotheek en Stedelijke Atlas zijn van 12.30 tot 13.30 gesloten.
Faciliteiten	foto's, invalidentoilet, ruimte voor groepswerk.
Literatuur	Honderd jaar gemeentelijke archiefdienst Haarlem (Haarlem 1957).

1 ARCHIEVEN VAN DE OVERHEID

1.1 Algemeen plaatselijk bestuur

Stad Haarlem, 1245-1813, 317 m.

Inventaris: A.J. Enschedé, Inventaris van het archief der stad Haarlem, 3 dln. (Haarlem 1866-1867).

N.B. Bevat ook de archieven van de afgevaardigden van Haarlem in: het College van Dijkgraaf en Hoogheemraden van Rijnland (1360-1810); het Collegie der Uitwaterende Sluizen (1544-1809); het Collegie van het Hondsbos en de Duinen tot Petten (1555-1809); de Commissie van superintendentie over de zeedijken der Vier Noorderkoggen of van de Westfriese Zeedijk (1599-1732); de Kamer Amsterdam van de West-Indische Compagnie (1626-1795); de Kamer Amsterdam van de Verenigde Oostindische Compagnie (1647-1795); bevat tevens het archief van het Comité tot onderzoek van de politieke gedragingen der lands- en stadsambtenaren (1795-1796).

Gemeentebestuur, 1813-1941, 765 m.
Inventaris.
Nadere toegang: klappers op de bevolkingsregisters.
N.B. Bevat ook de archieven van de volgende commissies: Stadswerken (1848-1851); Gemeentefinanciën (1883-1918); Openbare werken (1898-1925); Tramplannen (1899-1936); Gemeentelichtfabrieken (1899-1952); Gemeentebedrijven (1900-1927); Gemeentelijke waterleidingen (1901-1952); Gemeentelijk energiebedrijf en het gemeentelijk waterbedrijf (1953-1958); Openbaar Slachthuis (1900-1907, 1913-1953); Strafverordeningen (1903-1912); Hout, plantsoenen en begraafplaatsen (1913-1926); Ambtenarenoverleg (1919-1937); Verkeerscommissie (1919-1923); Personeelsaangelegenheden uit de centrale commissie voor overleg van de ambtenaren (1920-1925); Grenswijziging (1921-1922); Overleg van het politiepersoneel (1930-1937).

1.2 Plaatselijke instellingen met een specifieke taak

Rechtspraak vóór 1811

Schepenbank, 1472-1811, 50 m.
Inventaris.
Nadere toegang: klappers op de transportregisters 1640-1720.
N.B. Bevat ook de archieven van: Kleine bank van justitie (1613-1811); Commissarissen van de desolate boedels (1578-1620); Commissarissen over huwelijkse zaken (1627-1811); Commissarissen ter judicature van gemeenelandsmiddelen (1634-1811).

Bevolking

Doop-, trouw- en begraafboeken, 1578-1811 (1831), 9,50 m.
Inventaris.
Nadere toegang: klappers.

Vinders der buurten, 1650-1842, 13 nummers.

Buurtmeesters van het Groot Heiligland, 1805-1873, 4 nummers.

Financiën

Thesaurier, 1445-1795, 20 m.
Inventaris.

Financie- of Rekenkamer betreffende het Algemeen Armbestuur, 1560-1819, 0,40 m.
Inventaris.

Ontvanger der gemenelandsmiddelen, 1577-1809, 2,50 m.
Inventaris.

Rentmeester van de kantoren van St. Jan en van de geestelijke goederen, 1581-1809, 8 m.
Inventaris.
N.B. Bevat ook de archieven van de rentmeesterschappen van de kantoren van St. Jan (1623-1766) en van de geestelijke goederen (1581-1766), welke in 1766 werden samengevoegd.

Ontvanger der verponding, 1582-1725, 7 m.
Inventaris.

Ontvanger van de personele, honderdste en tweehonderdste penning, 1623-1698, 0,10 m.
Inventaris.

Commissarissen van de Rekenkamer, 1698-1795, 0,50 m.
Inventaris.

Kamer van financiën, 1795-1811, 2,50 m.
Inventaris.

Commies van financie, 1795-1811, 2 m.
Inventaris.

Commissie van super-intendentie over de gesubsidieerde godshuizen, 1805-1834, 0,75 m.
Inventaris.

Gemeenteontvanger, 1811-1970, 83 m.
Inventaris: tot 1850.

Gecommitteerden tot de financiën, 1813-1847, 0,20 m.
Inventaris.

Bezuinigingscommissie, 1921-1924, 0,10 m.

Bezuinigingsinspecteur M.G. Schuddeboom, 1924-1933, 0,10 m.

Openbare werken

Timmermeesters, later opperfabriek en kamer van fabricage, 1532-1811, 0,50 m.
Inventaris.

Commissarissen over de Hout en de buitenbetimmeringen, 1548-1789, 0,15 m.
Inventaris.

Commissarissen over de Amsterdamse trekvaart, 1631-1801, 2,50 m.
Inventaris.

Commisssarissen over de Leidse trekvaart, 1655-1801, 2 m.
Inventaris.

Vroonmeester en pluimgraaf, (1493) 1659-1787, 0,10 m.
Inventaris.

Commissarissen over de binnenvaarten, (1492) 1671-1812, 1 m.
Inventaris.

Commissarissen over de Nieuwe Uitleg, 1674-1795, 2 m.
Inventaris.

Commissarissen over de Leidse en Amsterdamse trekvaarten, 1803-1839, 0,50 m.
Inventaris.

Bedrijf voor openbare werken en grondbedrijf, 1805-1953, 115 m.
Inventaris.

Openbare orde en veiligheid, defensie

Schutterij, 1402-1927, 19 m.
Inventaris.
N.B. Bevat ook het archief van de Compagnie Vrijwilligers 'Pro Aris et Focis', 1747-1787 (0,15 m).

Artilleriemeester, 1520-1679, 0,10 m.
Inventaris.

Gecombineerde commissie, 1786-1787, 0,50 m.
Inventaris.
N.B. Commissie uit de schutterij en compagnie vrijwilligers ter behartiging van de belangen der naar Utrecht uitgerukte manschappen.

Commissie tot de garnizoenszaken en inkwartiering (na 1817) agent van kazernering, 1796-1881, 2 m.
Inventaris.

Politie, 1811-1951, 42 m.*
Inventaris: tot 1928: C.J. Pelle, Inventaris van het archief van de Gemeentepolitie van Haarlem (Haarlem 1967).

Corps Brandblusschers, later Brandweer, 1813-1953, 6,60 m.
Inventaris.

Korps Noordhollandse Jagers, 1831-1839, 1 deel.

Economische zaken

Commissie van onderzoek inzake de aanleg van de spoor- en overlaadhaven, 1912-1924, 0,10 m.
Inventaris.

Gemeentelijk waterbedrijf, 1897-1948, 18 m.

Gemeentelijk energiebedrijf, 1902-1949, ca. 15 m.

Commissie inzake de huurkoop bij levering van gasfornuizen, 1927, 1 omslag.

Sociale zorg

Zorg voor minderjarigen

Heilige Geesthuis, 1394-1765, 3,75 m.
Inventaris.
N.B. Onderdeel van het archief van het archief van het Gereformeerd of Burgerweeshuis.

Weeskamer, 1515-1582, 17 m.
Inventaris.
Nadere toegang: klapper op de boedelpapieren.
N.B. Een groot deel van het archief is in het begin van de 19e eeuw vernietigd.

Arme Kinderhuis, 1655-1765, 6,75 m.
Inventaris.
N.B. Onderdeel van het archief van het Gereformeerd of Burgerweeshuis.

Gereformeerd of Burgerweeshuis, 1766-1925, 6 m.

Bank van lening en consumentenkrediet

Gemeentelijke bank van lening, 1628-1953, 5 m.
Inventaris.

Volkskredietbank, 1939-1965, 1 m.*

Armen- en werklozenzorg

Oudemannenhuis, 1580-1865, 5,50 m.
Inventaris.
N.B. Bevat ook het archief van het St. Remigiusgasthuis (1467-1635).

Verenigd Diaconie- en Aalmoezeniers Armen- en Werkhuis, 1598-1856, 7,20 m.
Inventaris.
N.B. Bevat ook de archieven van: Werkhuis (1612-1664); Regenten van de schaal of aalmoezeniers (1598-1679); Aalmoezeniers armen- en werkhuis (1679-1780); Nederduits Hervormde Diaconie en Diaconiehuis (1636-1828); Diaconie en aalmoezeniers armen-en werkhuis (1770-1856); Commissie tot het fabriekswezen (1805-1832).

Burgerlijk armbestuur, (1843) 1855-1930, 20 m.
Inventaris.

Sociale Raad, 1914-1964, ca. 60 m.*

Werkeloosheidsdienst, 1920-1939, 2 m.

Commissie van bijstand voor Maatschappelijk hulpbetoon, 1933-1941, 0,10 m.
Inventaris.

Sociaal voorlichtingsbureau, 1945-1968, 6 m.
Inventaris.

Commissie Noodwet ouderdomsvoorziening, 1947-1954, 1 deel.

Dienst sociale zaken, 1963-1969, 1,50 m.*
Inventaris.

Verstrekking van levensmiddelen en brandstoffen

Commissarissen over de broodzetting, 1632-1852, 0,10 m.
Inventaris.

Distributiekantoor, 1914-1919, 0,25 m.
Inventaris: gedeeltelijk, nl. alfabetisch.

Commissie inzake de gemeentelijke centrale keuken, 1917-1919, 1 doos.
Inventaris.

Levensmiddelenbureau, 1942-1952, 3 m.

Huisvesting

Vergrote of Sint Joris Proveniershuis, 1610-1817, 1,25 m.
Inventaris.

Buitenproveniershuis, 1653-1797, 0,75 m.
Inventaris.
N.B. Onderdeel van het archief van het Leprooshuis.

Huurcommissie, 1917-1927, 0,75 m.
Inventaris.

Gemeentelijk bureau voor huisvesting, 1946, 1952, 1965, 1966, 2 m.

Gezondheidszorg

Groote- of St. Elisabethsgasthuis, 1347-1900, 12,50 m.
Inventaris.

Leprooshuis, later Leproos-, Pest- en Dolhuis, Buitenproveniershuis en Buitengasthuis, 1397-1856, 3 m.
Inventaris.
N.B. Bevat ook het archief van het Pesthuis, 1390-1692.

Stads- armen- en ziekenhuis, 1843-1923, 1,25 m.
Inventaris.
N.B. Onderdeel van het archief van het Burgerlijk armbestuur.

Commissarissen over de stadsapotheek, 1701-1809, 0,20 m.
Inventaris.

Colleges, die medisch toezicht hebben uitgeoefend, 1547-1882, 2 m.
Inventaris.
N.B. Bevat de archieven van: Collegium Medico-Pharmaceuticum (1692-1806); College van vroedkunde (1744-1806); College van breukmeesters (1781-1882); Plaatselijke Commissie voor geneeskundig toevoorzigt (1806-1870).

Ziekenhuis voor lijders aan besmettelijke ziekten, 1859-1876, 1 doos.
Inventaris.
N.B. Onderdeel van het archief van het Burgerlijk armbestuur.

Gezondheidscommissie, 1902-1934, 3 m.
Inventaris.

Gemeentelijke geneeskundige en gezondheidsdienst, ca. 1922-1965, 4 m.
N.B. Het archief is in 1939 grotendeels verloren gegaan.

Gemeentelijke reinigingsdienst, 1929-1948, 10 m.

Onderwijs, wetenschap en cultuur

Onderwijs

Curatoren van de Latijnse school en opzichters van de Stadsbibliotheek, 1598-1864, 1,25 m.
Inventaris.

Plaatselijke schoolcommissie, 1806-1920, 4,50 m.
Inventaris.

N.B. Bevat ook de archieven van: Subcommissie herhalingsonderwijs (1858-1861) en Damescomité tot bijstand voor de handwerken (1898-1920).

Opzichters der Franse en Duitse scholen, 1802-1806, 1 deel.

Gecommitteerden over de Stads-armenscholen, (1784) 1808-1857, 0,20 m.
Inventaris.

Gecommitteerden over de Stads-school B, 1807-1819, 1 deel.

Commissarissen over de Stads-industrie- en tekenschool, 1822-1864, 0,10 m.
Inventaris.

Commissie over de Stads-Burgerschool, 1823-1850, 1 deel.

Commissie van toezicht op de gemeente- scherm- en dansschool, 1866-1890, 0,05 m.
Inventaris.

Barbara-bewaarschool, 1839-1929, 0,75 m.
Inventaris.

Spaarne Scholengemeenschap, 1864-1969, 7 m.
N.B. Bevat ook de archieven van: HBS met 5-jarige cursus, (1869-1958); Karel van Manderlyceum, (1958-1969); Ketelaarschool voor Mulo, (1951-1969).

HBS-A met driejarige cursus, 1874-1880, 1 deel.
Inventaris.

Curatoren van het Stedelijk gymnasium, 1877-1971, 1,50 m.*
Inventaris.

Hoogere Burgerschool ter opleiding voor handel en nijverheid, 1880-1894, 0,12 m.
Inventaris.

Ambachtsschool, 1892-1968, 7 m.*
N.B. Bevat ook de archieven van de Burgeravondschool en de Gemeenteavondschool.

School voor LO nr. 7, later nr. 11, in de Spaarnwoudestraat, 1910-1936, 0,10 m.

School voor LO nr. 18 in de Prins Hendrikstraat, 1918-1935, 0,15 m.
Inventaris.

Commissie van toezicht op gemeentelijke en gesubsidieerde bijzondere scholen voor voorbereidend lager onderwijs, 1939-1949, 1 deel.

Cultuur

Gemeentearchief, 1857-heden, 6 m.
Nadere toegang: index op correspondenten en onderwerpen der correspondentie.

Frans Halsmuseum, 1861-1953, 10 m.*
Inventaris.
N.B. Bevat ook de archieven van de Commissie van inorderbrenging van het museum, 1861-1862 en de Commissie van toezicht op het museum der stad Haarlem, 1862-1946.

Stadsbibliotheek, 1880-1955, 3,50 m.
Inventaris.

Stadsschouwburg, 1918-1959, 4 m.
Inventaris.
N.B. Bevat ook het archief van de Schouwburgcommissie, 1918-1940, 5 nummers.

Sport, recreatie en evenementen

Dienst voor Lichamelijke Opvoeding, 1934-1945, 2 m.

1.4 Organen van stadsheerlijkheden en van geannexeerde ambachten en gemeenten

ALGEMEEN

Commissarissen over de stadsheerlijkheden, (1699) 1702-1809, 6,50 m.
Inventaris.
N.B. Haarlem bezat de heerlijkheden Noord- en Zuid-Akendam, Calslagen, Haarlemmerliede, Hofambacht, Hogewoerd, Nieuwveen, Noorden, Schoten, Schoterbosch, Schotervlieland, Uitterbuurt en Zevenhoven.

SCHOTEN

1 ARCHIEVEN VAN DE OVERHEID

1.1 Algemeen plaatselijk bestuur

Gemeentebestuur, 1609-1927, 64 m.
Inventaris.
N.B. Een deel van het archief is bij de annexatie in 1927 verloren gegaan.
Nadere toegang: persoonsindex op bevolkingsregisters.

Commissie voor de grenswijziging, 1922, 2 nummers.

Commissie voor georganiseerd overleg, 1914-1926, 0,15 m.
Inventaris.

Commissie van beroep wachtgeldverordening, 1925-1926, 1 deel.

1.2 Plaatselijke instellingen met een specifieke taak

Financiën

Gemeenteontvanger, 1853-1927, 14 m.
Inventaris.

Belastingcommissie, 1915-1916, 2 nummers.

Ophaal- en stortingsdienst, 1925-1927, 2 nummers.

Openbare werken

Commissie van de straatweg Spaarndam-Santpoort, 1825-1934, 0,25 m.
Inventaris.
N.B. Deze particuliere weg is in 1924 door de gemeente gekocht.

Gemeentewerken, 1908-1927, 4 m.
Inventaris.

Grondbedrijf, 1919-1927, 0,20 m.
Inventaris.

Commissie van onderzoek inzake onregelmatigheden bij Gemeentewerken, (1923) 1926-1927, 3 nummers.
Inventaris.

Openbare orde en veiligheid, defensie

Gemeentepolitie, 1889-1927, 3,50 m.*
Inventaris.

Brandweer, 1920-1927, 1 pak

Economische zaken

Gasbedrijf, 1909-1927, 0,15 m.
Inventaris.

Commissie voor de gemeente gasfabriek, 1915, 1 omslag.

Sociale zorg

Algemeen burgerlijk armbestuur, 1706-1927, 0,75 m.
Inventaris.

Commissie voor het gemeentelijk werklozenfonds, 1909-1918, 0,40 m.
Inventaris.

Distributiedienst, 1915-1920, 0,50 m.
Inventaris.

Commissie van bijstand voor de distributie van levensmiddelen, 1918-1920, 1 deel.

Huurcommissie, 1917-1925, 1 doos.
Inventaris.

Gezondheidszorg

Reinigingsdienst, 1919-1927, 2 nummers.

SPAARNDAM

1 ARCHIEVEN VAN DE OVERHEID

1.1 Algemeen plaatselijk bestuur

Gemeentebestuur, 1596-1927, 21 m.
Inventaris.
N.B. Een deel van het archief is bij de annexatie in 1927 verloren gegaan.

1.2 Plaatselijke instellingen met een specifieke taak

Gemeenteontvanger, 1909-1927, 0,50 m.
Inventaris.

Commissie van de straatweg Spaarndam-Santpoort, 1825-1926, 3 nummers.
Inventaris.

Commissie voor het grondbedrijf, 1919-1926, 2 nummers.
Inventaris.

Commissie van bijstand in het beheer van het bedrijf gemeentewerken en reinigingsdienst, 1919-1921, 1 pak.

Waterleidingbedrijf, 1915-1927, 0,10 m.
Inventaris.

Algemeen burgerlijk armbestuur, 1911-1927, 2 nummers.
Inventaris.

Distributiedienst, 1915-1921, 0,25 m.
Inventaris.

Woningbedrijf, 1903-1927, 0,10 m.
Inventaris.

Huurcommissie, 1919-1924, 0,10 m.
Inventaris.

1.5 Organen van waterschappen

Groote polder, kleine polder en vereenigde groote en kleine polders, 1793-1968 (1969), 1,65 m.

Inventaris: A.J. de Raat-Giljam, Inventaris van de archieven van de Groote Polder, Kleine Polder en Vereenigde Groote en Kleine Polders, in: Inventarisreeks Gemeentearchief Haarlem, I (Haarlem 1978) 191.

Inlaagpolder (gem. Haarlemmerliede en Spaarnwoude), 1786-1957, 3 m.

Inventaris.

Poelpolder, 1677-1970, 1,50 m.

Inventaris: A.J. de Raat-Giljam, Inventaris van het archief van de Poelpolder, in: Inventarisreeks Gemeentearchief Haarlem, I (Haarlem 1978) 131.

Romolenpolder, 1677-1968 (1969), 1,75 m.

Inventaris: A.J. de Raat-Giljam, Inventaris van het archief van de Romolenpolder, in: Inventarisreeks Gemeentearchief Haarlem, I (Haarlem 1978) 151.

Rottepolder, 1780-1938, 1 m.

Inventaris.

Schoter Veenpolder, 1825-1935, 0,75 m.

Inventaris: A.J. de Raat-Giljam, Inventaris van het archief van de Schoter Veenpolder, in: Inventarisreeks Gemeentearchief Haarlem, I (Haarlem 1978) 173.

Veerpolder, 1784-1936, 1,37 m.

Inventaris.

Verenigde Binnenpolders, ca. 1695-1955, 3 m.

N.B. Bevat ook de archieven van: Binnenpolder en Houtrijkerpolder.

Vijfhuizerpolder, 1816-1968 (1969), 1,37 m.

Inventaris: A.J. de Raat-Giljam, Inventarisreeks Gemeentearchief Haarlem, I (Haarlem 1978) 213.

Waarderpolder, ca. 1785-1965, 3,50 m.

Inventaris.

Polder Mariënduin, 1903-1972, 0,75 m.

Polder Vogelenzang, 1930-1972, 0,75 m.

1.7 Organen van de centrale overheid

Notarissen ter standplaats Haarlem, 1570-1894, 248 m.
Inventaris.
Nadere toegang: klapper op de namen van een deel der protocollen.

Gewestelijke arbeidsbeurs, ca. 1910-1914, 0,12 m.

Kamer van arbeid voor bouwbedrijven, 1912-1920, 0,12 m.

2 NIET-OVERHEIDSARCHIEVEN

2.1 Instellingen van economische aard

Bevordering van het economisch leven

Nederlandsche Maatschappij voor nijverheid en handel, 1777-1945, 55 m.
Inventaris: Economisch-historisch Jaarboek, XI (1925) blz. XLI; XII (1926) blz. XL; XXV (1952) blz. LXI.

Departement Haarlem van de Nederlandsche Maatschappij voor nijverheid en handel, 1778-1939, 4 m.
Inventaris: Economisch-historisch Jaarboek, XXV (1952) blz. LIX.

Vereniging Nederlands fabrikaat, afdeling Haarlem, 1915-1924, 0,10 m.

Jansstraatvereniging, 1913-1946, 0,12 m.

Ambacht en industrie

Garen- en lintfabriek Huurkamp van der Vinne, 1800-1835, 1,30 m.
Inventaris.

Fa. Jan de Breuk & Zn, ververij en fabriek van zijden, wollen, linnen en katoenen goederen, (1768) 1807-1876, 0,50 m.
Inventaris.

Fa. E.H. Krelage en Zn, 1811-1933, 0,40 m.
Inventaris.

Bierbrouwerij Het Scheepje, 1818-1875, 10 m.
Inventaris: Economisch-historisch Jaarboek, III (1917), blz. XLI.

Fa. Voorhelm Schneevoogt, 1820-1837, 0,20 m.
Inventaris.

Koninklijke Fabriek van rijtuigen en spoorwagens J.J. Beijnes N.V., 1850-1938, 0,10 m.
Inventaris.
N.B. Zie ook blz. 107.

Fa. L.P. Zocher & A. Beets, fabriek tot het verduurzamen van levensmiddelen, 1863-1869, 2 nummers.
Inventaris.

Agentesse der Maatschappij tot exploitatie van staalwaterbronnen te Haarlem, 1890-1915, 2 nummers.
Inventaris.

Bank- en verzekeringswezen

Nutsspaarbank West-Nederland, 1817-1971, 4,50 m.*
Inventaris.

Onderlinge Brandwaarborgvereeniging, 1892-1970, 1 deel.

2.2 Instellingen van sociale zorg

Armen- en werklozenzorg

Barbaragasthuis of Onze Lieve Vrouwe Gasthuis, 1418-1841, 1 m.
Inventaris.

Vrouwe- en Anthoniegasthuis, 1418-1841, 0,75 m.
Inventaris.
N.B. In 1787 werden het Vrouwegasthuis en het Anthoniegasthuis samengevoegd.

Gasthuishofje of Hofje van Loo, (1472) 1489-1916, 0,10 m.
Inventaris.
N.B. Onderdeel van het archief van het St. Elisabeth's Gasthuis.

Hofje van Codde (genaamd Spoorwater), 1515-1893, 0,25 m.
Inventaris.

Hofje van Heythuyzen, 1524-1907, 0,50 m.
Inventaris.

Pietershuis, 1558-1831, 0,37 m.
Inventaris.

Hofje van Guurtje de Waal, 1567-1941, 0,37 m.
Inventaris.

Hofje van Gratie, 1581-1958, 1,37 m.
Inventaris.

Bakenesserkamers, 1587-1802, 0,25 m.
Inventaris.

Frans Loenenhofje, 1597-1935, 3,80 m.
Inventaris.

Bruiningshofje, 1599-1937, 0,20 m.
Inventaris.

St. Jans- en Koenen Gasthuis, 1626-1809, 0,40 m.
Inventaris.

Diaconiehuis, 1633-1950, 12 m.
Inventaris.
N.B. Onderdeel van het archief van het Verenigd Diaconie- en Aalmoezeniers Armen- en Werkhuis.

Hofje van Nicolaas van Beresteijn, 1671-1900, 1 m.
Inventaris.

Luthers hofje, 1716-1886, 2 nummers.
Inventaris.
N.B. Onderdeel van het archief van de Evangelisch-Lutherse gemeente.

Hofjes van Staats en Noblet, (1661) 1729-1925, 7,50 m.
Inventaris.
N.B. Bevat ook de archieven van de familie Staats en Noblet.

Hofje van Oorschot, 1763-1935, 2,37 m.
Inventaris.
N.B. Bevat ook het archief van de familie Van Oorschot.

Remonstrants hofje, (1679) 1773-1900, 0,10 m.
Inventaris.
N.B. Onderdeel van het archief van de Remonstrantse gemeente.

Commissie tot onderstand en aanmoediging der arbeidzaamheid, 1796-1925, 3 m.
Inventaris.

Haarlemsche Hulpbank, 1849-1977, 0,40 m.*

Eigen Hulp, 1877-ca. 1960, ca. 10 m.

Informatiebureau voor Ondersteuningsfondsen, 1903-1916, 3 nummers.
Inventaris.

Comité tot bestrijding van de gevolgen der werkloosheid te Haarlem, 1939-1953, 3 nummers.
Inventaris.

Stichting Nederlands Volksherstel, 1945-1947, 0,50 m.
N.B. Onderdeel van het archief van het Sociaal Voorlichtings Bureau.

Vereniging 'Liefdewerk Oud-Papier', 19e-20e eeuw, 0,50 m.

Zorg voor minderjarigen en ongehuwde moeders, maatschappelijk werk

Wees- en armenhuis der Evangelisch-Lutherse gemeente, (1630) 1738-1920, 3 m.
Inventaris.
N.B. Onderdeel van het archief van de Evangelisch-Lutherse gemeente.

Stichting Commissie voor Huishoudelijke- en Gezinsvoorlichting, ca. 1950-1975, 0,50 m.

Volkshuisvesting

Haarlemsche Coöperatieve Vereeniging ter bekoming van eigen woonhuizen, 1880-1916, 0,25 m.
Inventaris.

Coöperatieve bouwvereeniging 'Wilhelmina', 1894-1922, 0,25 m.
Inventaris.

Coöperatieve bouwvereniging 'Coornhert', 1895-1906, 0,12 m.
Inventaris.

Maatschappij tot verbetering der huisvesting van minvermogenden, 1895-1919, 5 nummers.
Inventaris.

Verstrekking van levensmiddelen en brandstoffen

Bloemertstichting, (1574) 1659-1927, 3 m.
Inventaris.

Commissie tot spijsuitdeling aan behoeftigen, 1796-1925, 3 m.
Inventaris.

Vereeniging 'Middenstandskeuken 1917', 1917-1919, 0,12 m.
Inventaris.

Hulpverlening in verband met bijzondere omstandigheden

Commissie tot buitengewonen onderstand gedurende de winter van 1829-1830, 4 nummers.
Inventaris.

Stichting Vluchtelingenhulp Zuid-Kennemerland, 1956-1968, 0,25 m.*

2.3 Vak- en standsorganisaties en -fondsen

Gilden, 14,50 m.
Inventaris.
N.B. Betreft de archieven van: Bezemmakersgilde (1607-1804), Bierwerkersgilde (1629-1753), Boekdrukkers-, boekbinders- en boekverkopersgilde (1616-1804), Broodbakkers-

gilde (1483-1811), Brouwersgilde (1742-1805), Chirurgijnsgilde (1547-1688), Droogscheerdersgilde (1511-1760), Glazenmakersgilde (1583-1804), Goud- en zilversmidsgilde (1501-1796), Grutters- of Gortersgilde (1670-1809), Hoedenmakers- en hoedenkramersgilde (1687-1804), Kleermakers- of snijdersgilde (1460-1805), Kleermakersknechtsbos (1610-1797), Klompmakersgilde (1587-1797), Knoopmakersgilde (1675-1795), Koekbakkersgilde (1692-1804), Comans-, Cramers- of Sint Nicolaasgilde (1407-1804), Koperslagersgilde (1702-1805), Korenmeters-, Korenheffers- en Korendragersgilde (1593-1767), Kousen- of Hozenverkopersgilde (1660-1797), Kuipersgilde (1443-1805), (Wollen) Lakenverkopers- en lakenbereidersgilde of Drapeniersgilde (1472-1804), Linnenweversgilde (1539-1756), Westphaalse Bos (1631-1791), (Garen) Lintredersgilde (1749-1812), Loodgieters- en Pompmakersgilde (1685-1801), Mandenmakersgilde (1544-1759), Metselaarsgilde (1541-1806), Metselaarsknechtsgilde (1751-1805), Molenaarsgilde (1555-1750), (Loffelijk) Ossenweiersgilde (1730-1831), Schilders- of Sint Lucasgilde (1505-1804), (Groot) Schippersgilde of Binnenlandvaardersgilde (1541-1810), Schoenmakersgilde (1560-1805), Schonenvaardersgilde (1543-1763), Schoolmeestersgilde (1669-1809), Slepers- of Sint Andriesgilde (1565-1751), Smalreders- of Smalwerkersgilde (1597-1758), Smedengilde (1590-1804), Tappersgilde (1600-1803), Timmermans- of Sint Jozefsgilde (1590-1805), Tingietersgilde (1595-1803), Turfdragersgilde (1609-1857), Twijndersgilde (1585-1570), (Zijde- en Garen) Verwersgilde (1524-1807), Vleeshouwersgilde (1592-1805), Voermansgilde (1621-1805), Warmoeziersgilde (1749-1857), Wijnverkopersgilde (1608-1806), Zijdelintredersgilde (1605-1803), Gecommitteerden der gilden uit verschillende Hollandse steden (1795-1798) en Commissarissen over de neringen en hanteringen (1798-1904).

Boekverkopersvereniging L.J. Coster, 1856-1883, 0,12 m.

Koninklijke Algemene vereniging voor bloembollencultuur, afdeling Haarlem, ca. 1879-1938, 1 m.*

Bloemistenvereeniging te Haarlem, 1868-1913, 3 delen.

Inventaris.

Begrafenisbos ‘De broederlijke liefdebeurs’, (1744) 1758-1952, 4 m.*

Inventaris.

Fonds Klaarenbeek, 1790-1918, 0,10 m.

Inventaris.

N.B. Onderdeel van het archief van het St. Elisabeth’s Gasthuis.

Haarlemsch Weduwenfonds ‘De liefde zorgt tot na de dood’, (1795) 1802-1895, 0,50 m.

Inventaris.

Fonds 1813, afdeling Haarlem, 0,50 m.

Uitkeringsfonds van het arrondissement Haarlem, gesticht door onderwijzers in het voormalige vijfde schooldistrict van Noord-Holland, 1869-1899, 0,12 m.
Inventaris.

Afdeling Haarlem van het Algemeen Nederlandsch Werklieden Verbond, 1889-1921, 0,50 m.
Inventaris.
N.B. Bevat ook De werkmansbode 1901-1920.

2.4 Instellingen op het gebied van de volksgezondheid

Afdeling Haarlem en Omstreken van de Nederlandsche Vereeniging tot bevordering der koepokinenting, 1872-1922, 0,37 m.
Inventaris.

Vennootschap Haarlemsche Medico-mechanisch Zander Instituut voor heilgymnastiek en massage, 1896-1916, 3 nummers.
Inventaris.

Vereeniging ter bestrijding der tuberculose, 1907-1963, 0,25 m.

Vereeniging zuigelingenzorg Haarlem, 1909-1965, 0,50 m.

Vereeniging tot bevordering der volksgezondheid, 1875-1903, 0,25 m.
Inventaris.

2.5 Instellingen op het gebied van onderwijs, wetenschap en cultuur

Onderwijs

Scholen van de zusters Franciscanessen van Heythuyzen, 1537-1937, 0,25 m.
Inventaris.
N.B. Betreft de eigendomsbewijzen van de gebouwen.

Kweekschool voor Onderwijzeressen, 1798-1857, 1870-1938, 0,75 m.
Inventaris.
N.B. Onderdeel van het archief van de Maatschappij tot Nut van 't Algemeen, afdeling Haarlem.

Wees- en armenschool der Evangelisch-Lutherse gemeente, 1800-1882, 0,10 m.
Inventaris.
N.B. Onderdeel van het archief van de Evangelisch-Lutherse gemeente.

Avondschool voor bejaarden/volwassenen, 1844-1923, 0,10 m.
Inventaris.
N.B. Onderdeel van het archief van de Maatschappij tot Nut van 't Algemeen, afdeling Haarlem.

School voor bouwkunde, versierende kunsten en ambachten, 1880-1934, 0,50 m.
Inventaris.
N.B. Onderdeel van het archief van het Museum van kunstnijverheid.

Cursus voor hoofdonderwijzer, 1883-1914, 0,10 m.
Inventaris.

Naai- en breischoolfonds, 1887-1950, 0,05 m.
Inventaris.
N.B. Onderdeel van het archief van de Maatschappij tot Nut van 't Algemeen, afdeling Haarlem.

Wetenschap

Genootschap 'Oefening in wetenschappen', 1798-1892, 1,60 m.
Inventaris.

Vereniging 'Weten en Werken', 1856-1964, 0,25 m.

Cultuur

Algemeen

Maatschappij tot Nut van 't Algemeen, afdeling Haarlem, 1789-1970, 11,50 m.
Inventaris.

Algemeen Nederlandsch Verbond, afdeling Haarlem, 1931-1964, 0,65 m.

Beeldende kunst

Kunst zij ons Doel, 1775-1972, 6 m.
Inventaris.
N.B. Bevat ook het notulenboek 1775-1795 van de Teekenacademie en het archief van het Teekencollege 'Kunstmin en Vlijt', 1796-1826.

Toonkunst

Volkszangschool, 1851-1902, 0,10 m.
Inventaris.
N.B. Onderdeel van het archief van de Maatschappij tot Nut van 't Algemeen, afdeling Haarlem.

Haarlemsche Bachvereeniging, 1871-1942 (1955), 0,37 m.
Inventaris.
N.B. Bevat ook het archief van het Haarlemsch Muziekfonds, 1878-1955.

Maatschappij ter bevordering van de toonkunst, afdeling Haarlem, 1892, 2 nummers.
Inventaris.

Letterkunde

Aloude Rhetorijkamer 'De Wijngaardranken' onder de zinspreuk 'Liefde bovenal', 1597-1874, 0,12 m.
Inventaris.

Sociëteit 'Trou moet blijcken', (1590) 1784-1934, 0,25 m.
N.B. Alleen eigendomsbewijzen.

Rederijkerskamer 'Laurens Janszoon Coster', 1849-1863, 2 nummers.
Inventaris.

Debating Society, 1852-1899, 0,25 m.
Inventaris.

Leesgezelschap 'De Vereeniging', 1853-1920, 2 nummers.
Inventaris.

De Komeet, 1857-1861, 0,12 m.

Leesmuseum, 1861-1914, 0,37 m.
Inventaris.

Toneelkunst

Toneelsociëteit 'Leerzaam Vermaak', 1785-1818, 0,37 m.
Inventaris.

Commissie tot de nieuwe schouwburg in de St. Jansstraat, (1829) 1849-1885, 0,12 m.
Inventaris.
N.B. Bevat ook stukken betreffende de Fransche schouwburg, 1829.

Voorlopig Comité voor de oprichting van een nieuwe schouwburg, 1901-1904, 6 nummers.
Inventaris.

Diversen

Leesbibliotheek van de Maatschappij tot Nut van 't Algemeen, 1794-1974, 0,10 m.
Inventaris.
N.B. Onderdeel van het archief van de Maatschappij tot Nut van 't Algemeen, afdeling Haarlem.

Lees- en recreatiezaal voor militairen, 1868-1882, 0,05 m.
Inventaris.
N.B. Onderdeel van het archief van de Maatschappij tot Nut van 't Algemeen, afdeling Haarlem.

Mr. A.J. Enschedé, lid van de Commissie van rijksadviseurs voor de monumenten van geschiedenis en kunst, 1873-1879, 1 omslag.

Museum van kunstnijverheid, 1875-1935, 2,37 m.
Inventaris.

Vereeniging tot uitbreiding der verzameling van kunst en oudheden op het Stedelijk museum te Haarlem, 1875-1931, 0,25 m.
Inventaris.
N.B. Onderdeel van het archief van het Frans Halsmuseum.

Haarlemsche Toynbeevereeniging, 1898-1937, 0,20 m.
Inventaris.
N.B. Onderdeel van het archief van de Maatschappij tot Nut van 't Algemeen, afdeling Haarlem.

Vereniging 'Haerlem', 1901-1976, 2,50 m.
Inventaris.

Stichting behoud Spaarnekerk, 1974-1977, 0,10 m.

2.6 Instellingen op het gebied van sport, recreatie en evenementen

Sport

Sociëteit 'De Kolfvereeniging', 1845-1859, 3 nummers.
Inventaris.

Handboogschuttersgenootschap 'Sagittarius', 1846-1859, 2 nummers.
Inventaris.

Gymnastiekschool, 1852-1867, 0,05 m.
Inventaris.
N.B. Onderdeel van het archief van de Maatschappij tot Nut van 't Algemeen, afdeling Haarlem.

Gymnastiekvereeniging 'Haarlem', 1882-1894, 2 nummers.
Inventaris.

Haarlemsche Velocipèdeclub, 1882-1907, 0,50 m.
Inventaris.

Kegelclub 'De Kroon', 1895-1906, 5 nummers.
Inventaris.

Commissie voor het sportfeest te Haarlem, 1899, 1 deel.
Inventaris.

Recreatie

Sociëteit 'Eendracht', 1791-1906, 3 nummers.
Inventaris.

Burgersociëteit 'De Kroon', 1871-1899, 0,20 m.
Inventaris.

Vereeniging tot verfraaiing van Haarlem en omliggende gemeenten en tot bevordering van het vreemdelingenverkeer, 1904-1936, 0,50 m.
Inventaris.

Bloemendaalsche amateur-fotografen vereeniging, 1908-1932, 0,12 m.

Plaatselijk comité voor ontwikkeling en uitspanning van de gemobiliseerde troepen, 1914-1919, 0,12 m.
Inventaris.

Vereeniging van Oud-Haarlemse jongelui, 1932-1952, 1 pak.
N.B. Onderdeel van het archief van de Vereniging Haerlem.

Teisterbant, ca. 1950-1970, 0,10 m.
N.B. Betreft kunstlievenden.

Evenementen

Commissie ter viering van het vierde eeuwfeest der boekdrukkunst, 1821-1823, 1 pak.
N.B. De commissie was opgedragen aan de curatoren van de Latijnse school.

Commissie tot oprichting van een standbeeld voor Laurens Janszoon Coster, 1845-1861, 1 m.
Inventaris.

Plaatselijke commissie voor de oprichting van een nationaal gedenkteken voor november 1813, 1863-1870, 0,12 m.
Inventaris.

Plaatselijke subcommissie voor een huldeblijk ter nagedachtenis van mr. J.R. Thorbecke, 1872-1876, 2 nummers.
Inventaris.

Commissie ter viering van het eeuwfeest der Nederlandsche Maatschappij ter bevordering van nijverheid, 1876-1877, 2 nummers.

Commissie tot aanbieding van een huldeblijk aan mr. E.A. Jordens bij zijn vijfentwintigjarig burgemeesterschap, 1891, 3 nummers.
Inventaris.

Plaatselijke commissie voor het nationaal huldeblijk aan de Koningin-Weduwe, 1896-1898, 0,12 m.
Inventaris.

Optochtcommissie en andere commissies ter gelegenheid van de aanvaarding der regeering door Koningin Wilhelmina, 1898, 1 pak.
Inventaris.

Plaatselijk comité tot het aanbieden van een nationaal geschenk aan de Koningin bij gelegenheid van haar huwelijk, 1900-1901, 2 nummers.
Inventaris.

Frans Halscomité tot het houden van feestelijkheden bij de onthulling van het standbeeld, 1900, 2 nummers.
Inventaris.

Plaatselijke commissie voor een huldebetuiging aan de Koningin-Moeder ter herdenking van haar intocht in de residentie vóór 25 jaren, 1904, 2 nummers.
Inventaris.

Plaatselijk comité tot steun van het nationaal comité tot oprichting van een standbeeld voor stadhouder Willem de Derde, 1904-1911, 3 nummers.
Inventaris.

Commissie voor de historische tentoonstelling 1923, 1923, 2 nummers.

Buurtcommissie voor de bevrijdingsfeesten in Haarlem-Centrum-Oost, 1945, 5 nummers.
Inventaris.

Comité tot viering van het 700-jarig bestaan van Haarlem, 1945-1946, 1 pak.
Inventaris.

2.7 Instellingen op politieke en ideële grondslag

Kiesvereeniging 'Eendracht', 1853-1885, 0,12 m.
Inventaris.

Afdeling Haarlem van de Vereeniging 'Het metalen Kruis', 1867-1892, 0,12 m.
Inventaris.

Kiesvereeniging 'Haarlem', 1878-1885, 5 nummers.
Inventaris.

Vrijzinnige Kiesvereeniging, 1885-1887, 0,10 m.
Inventaris.

Kiesvereeniging 'Vooruitgang', 1886-1900, 0,25 m.
Inventaris.

Wijkraad Haarlem-Oost, 1953-1973, 0,37 m.

Politieke Partij D '66, afdeling Haarlem-Bloemdendaal, 1967-1974, 0,50 m.
Inventaris.

2.8 Geloofsgemeenschappen en andere instellingen van godsdienstig leven

Rooms-katholieke kerk

Kloosters, 1270-1630, 1 m.
Inventaris.
N.B. Bevat de archieven van: Commanderij van Sint Jan (1270-1624), Sint Jansgasthuis (1390-1595), Carmelietenklooster (1348-1563), Dominicanerklooster (1471), Regulierenklooster (1542), Minderbroedersklooster (1565), Klooster van de Heremieten van Sint Augustinus (1494), Klooster der Premonstratenzen 'Sint Anthonisboomgaard' (1484-1580), Klooster van de zusteren der Heilige Maria bij den Zijl (1416-1567), Clarissenklooster (1469), Sint Michielsklooster (1565), Sint Ursulaklooster (1564), Sint Margrietsklooster (1545-1546), Sint Ceciliaklooster (1494-1561), Sint Maria Magdalenaklooster (1496-1546), Sint Annaklooster (1504-1570), Begijnhof (1227-1630).
Van de meeste kloosterarchieven zijn maar enkele stukken aanwezig.
Een deel van het Dominicaner archief berust bij de Dominicanen te Gent.

Onze Lieve Vrouwegilde, 1411-1562, 0,10 m.
Inventaris.
N.B. Onderdeel van het archief van het Groote- of St. Elisabeth's Gasthuis.

Nederlandse Hervormde kerk

Hervormde gemeente, (1309) 1578-ca. 1950, ca. 25 m.
Inventaris.

Gereformeerde kerken

Gereformeerde kerk A, 1859-1916, 1 m.
Inventaris.
N.B. In 1916 gefuseerd tot Gereformeerde kerk van Haarlem. Bevat ook de archieven van: Christelijk Afgescheiden Gemeente (1859-1869) en Christelijk gereformeerde kerk A (1869-1892).

Gereformeerde kerk B, 1852-1916, 0,15 m.
Inventaris.
N.B. In 1916 gefuseerd tot Gereformeerde kerk van Haarlem. Bevat ook de archieven van: Gereformeerde gemeente onder het Kruis (1852-1869) en Christelijk gereformeerde kerk B (1869-1892).

Gereformeerde kerk C, 1887-1916, 1,75 m.
Inventaris.
N.B. Bevat ook het archief van de Nederduits gereformeerde kerk (1887-1892).

Gereformeerde kerk van Haarlem, 1916-1953, 5,50 m.*
Inventaris.
N.B. Bevat ook de archieven van de classis Alkmaar (vanaf 1870 de classis Alkmaar-Haarlem) van de Christelijk afgescheiden gereformeerde kerken (1861-1877).

Remonstrantse Broederschap

Remonstrantse gemeente, 1617-1916, 2,75 m.
Inventaris.
Nadere toegang: lijst van attestaties 1671-1779.

Evangelisch-Lutherse gemeenten

Evangelisch-Lutherse gemeente, 1608-ca. 1975, 21 m.*
Inventaris: tot 1918.
Nadere toegang: lijst van attestaties.

2.10 Families

Beels, 1613-1863 (1905), 1,25 m.
Inventaris: T.N. Schelhaas, Inventaris van het archief Beels, in: Inventarisreeks gemeentearchief Haarlem, I (Haarlem 1978) 7.

Van Berkenrode, 1418-1664, 0,12 m.
Inventaris.

Bohn, 1679-1890, 8 nummers.
Inventaris.
N.B. Het archief van de uitgeversmaatschappij Erven F. Bohn berust in de Universiteitsbibliotheek te Leiden.

Buyck, 1515-1749, ca. 0,40 m.
Inventaris.

Fabricius, 1613-1893, 4,80 m.
Inventaris.

Garrer, 1906-1916, 0,10 m.
Inventaris.

De Kies van Wissen, 1553-1695, 0,37 m.
Inventaris.

Imer, 1883-1949, 1 pak.
N.B. Betreft het Fonds tot onderhoud van het graf van Edouard Auguste Imer.

Kops, 1706-1885 (1908), 1,10 m.
Inventaris: T.N. Schelhaas, Inventaris van stukken betreffende de familie Kops, in: Inventarisreeks Gemeentearchief Haarlem, I (Haarlem 1978) 49.

Krelage, 1798-1955, 0,40 m.
Inventaris.

Langeveld, 17e-20e eeuw, 0,37 m.

Van Leeuwarden, 1632-1767, 0,15 m.
Inventaris.

Merkman, 1713-1774, 0,75 m.
Inventaris.

Noblet, 1626-1757, 1,00 m.
Inventaris.
N.B. Onderdeel van het archief van de Hofjes van Staats en Noblet.

Noortdijck, 1595-1724. 0,75 m.
Inventaris.

Van Oosten de Bruijn, (1716) 1747-1801, 0,90 m.
Inventaris: T.N. Schelhaas, Inventaris van stukken betreffende Mr. Gerrit Willem van Oosten de Bruijn, in: Inventarisreeks Gemeentearchief Haarlem, I (Haarlem 1978) 63.

Van Oorschot, 1657-1767, 1 m.
Inventaris.
N.B. Onderdeel van het archief van het Hofje van Oorschot.

Penninck Hooft, 1744-1874, 0,87 m.
Inventaris.

Staats, 1664-1735, 1,75 m.
Inventaris.
N.B. Onderdeel van het archief van de Hofjes van Staats en Noblet.

Swierstra, ca. 1960-1970, 0,12 m.

Terhofstede, 1667-1898, 0,50 m.
Inventaris.

Uijtenhage, 1686, 2 nummers.

Voorhelm Schneevoogt, 1820-1835, 0,50 m.
Inventaris.
N.B. Onderdeel van het archief van het St. Elisabeth's Gasthuis.

2.11 Personen

A. van Damme, (1854-1926), schrijver over Haarlem en omgeving, 0,37 m.

Jo Sterck-Proot, (1868-1945), schrijfster over de geschiedenis van Haarlem en omgeving, 0,37 m.

Jos de Klerk, musicus en recensent, 1918-1968, 1 m.
Inventaris.

Burgemeester C. Maarschalk, ca. 1925-1940, 1 doos.
N.B. Betreft programma's etc. ontvangen door de burgemeester van Haarlem.

Dr. G.J. Waardenburg, hervormd predikant te Haarlem van 1928-1959, 10 m.*
Proces-verbaal.

3 VERZAMELINGEN

3.1 Handschriften

Handschriften, 1397-1964, 8 m.
Inventaris.

Aanwinsten, 1959-heden, 3 m.

Nederlandse genealogieën, 0,87 m.
Inventaris: Lijst van de namen der families, waarop de bescheiden zijn gerangschikt, in: Jaarverslag gemeentearchief Haarlem (1975) 41.

Haarlemse genealogieën, 3,50 m.
Inventaris: Lijst van de namen der families, waarop de bescheiden zijn gerangschikt, in: Jaarverslag gemeentearchief Haarlem (1975) 31.

3.2 Bibliotheek

Bibliotheek, 9100 nummers.
Alfabetische, systematische en trefwoordencatalogus.
N.B. Zie: C. Ekama, Catalogus van boeken, pamfletten enz. over de geschiedenis van Haarlem 1188-1875, 3 dln. (Haarlem 1874-1875); G. Ratelband, Bijdrage tot een bibliografie van Haarlem 1876-1960 (Haarlem 1968); G. Ratelband, Bibliografie van Zuid-en Midden-Kennemerland (uitgezonderd Haarlem) en de Haarlemmermeer (Haarlem 1971).

3.3 Kranten

Oprechte Haarlemsche Courant, 1817-1876.

Nieuwe Haarlemsche Courant, 1869-1970.

Haarlems Dagblad, 1972-heden.

3.4 Prenten en kaarten

Stedelijke atlas, 2500 kaarten en bouwtekeningen, 19000 prenten, foto's en dia's.
Systematische catalogus en catalogus op kunstenaar.

3.5 Zegels en lakafdrukken van zegelstempels

Lakafdrukken en zegelstempels.

3.6 Geluidsbanden

Geluidsbanden, ca. 200 stuks.
Inventaris: toegang op fiches op opnamen van gebeurtenissen in het stadhuis.
N.B. Bevat ook interviews met Haarlemmers.

3.7 Overige verzamelingen

Koopbrieven, 1546-1954, 1,50 m.
Inventaris.

Boedelpapieren, 5 m.
Inventaris.

Enschedé, 1772-1914, 2 m.
Inventaris.
N.B. Betreft handel en nijverheid.

Folders, 1847-1914, 0,12 m.
Inventaris.

Curiosa Eerste Wereldoorlog, 1914-1918, 0,12 m.

Oorlogsdocumentatie 1940-1945, 0,37 m.

BIJ HET GEMEENTEARCHIEF HAARLEM IN BEWARING GEGEVEN GEMEENTEARCHIEVEN

GEMEENTE HAARLEMMERLIEDE EN SPAARNWOUDE

N.B. Met ingang van 1 januari 1864 werden de gemeenten Haarlemmerliede, Spaarnwoude, Zuid-Schalkwijk, en Houtrijk en Polanen samengevoegd tot de gemeente Haarlemmerliede en Spaarnwoude.

Gemeentebestuur van Spaarnwoude, 1404-1864, 8,50 m.

Inventaris: P.N. van Doorninck, Inventaris van het oud archief der gemeente Spaarnwoude en Haarlemmerliede (Haarlem 1894).

Gemeentebestuur van Zuid Schalkwijk, 1590-1863, 1,25 m.

Inventaris: als voren.

Gemeentebestuur van Houtrijk en Polanen, (1285) 1809-1863, 4 m.

Inventaris: als voren.

Gemeentebestuur van Haarlemmerliede, 1811-1862, 1,75 m.

Inventaris: als voren.

Gemeentebestuur van Haarlemmerliede en Spaarnwoude, 1863-1923 (1937), 43,50 m.

GEMEENTE BENNEBROEK

Adres	Bennebroekerlaan 5, postbus 48, 2120 AA Bennebroek.
Telefoon	02502-7771.
Openingstijden	maandag t/m vrijdag 9.00-12.00 uur, 's middags na telefonische afspraak.

1 ARCHIEVEN VAN DE OVERHEID

1.1 Algemeen plaatselijk bestuur

Gemeentebestuur, (1596) 1687-1929, 25 m.

Inventaris: P.N. van Doorninck, Inventaris van het oud-archief der heerlijkheid en gemeente Bennebroek (Haarlem 1892).

N.B. Het archief van de heerlijkheid berust bij de hervormde gemeente te Bennebroek. Tot 1653 vormde Bennebroek met Heemstede een heerlijkheid, zodat de oudere stukken vooral in de archieven van Heemstede (zie blz. 343) gezocht moeten worden.

1.5 Organen van waterschappen

Polder Bennebroek, 1722-1973, 1,20 m.

2 NIET-OVERHEIDSARCHIEVEN

Gereformeerde kerk, 1801-1887, 1 deel.

GEMEENTE BLOEMENDAAL

Adres Acacialaan 158, postbus 201, 2050 AE Overveen.
Telefoon 023-258051.
Openingstijden maandag t/m vrijdag 10.00-12.00 uur.

1 ARCHIEVEN VAN DE OVERHEID

1.1 Algemeen plaatselijk bestuur

Gemeentebestuur, 1596-1929, 104 m.
N.B. Bloemendaalse registratuurstelsel sedert 1916.

1.2 Plaatselijke instellingen met een specifieke taak

Tramcommissie, 1898-1903, 1 doos.

Distributiedienst, 1915-1921, 1939-1948, 4 m.

Plaatselijk schoolfonds voor minvermogenden, 1825-1859, 1 doos.

Plaatselijke Commissie van toezicht op het lager onderwijs, sinds 1908 tevens op middelbaar onderwijs, 1872-1923, 0,70 m.

Commissie tot wering van schoolverzuim, 1901-1933, 1 doos.

1.3 Organen van intergemeentelijke samenwerking

Gezondheidscommissie, 1903-1934, 10 m.
N.B. Deelnemende gemeenten: Haarlemmermeer, Haarlemmerliede, Spaarndam, Schoten, Bennebroek, Heemstede, Bloemendaal, Zandvoort en Velsen.

2 NIET-OVERHEIDSARCHIEVEN

2.1 Instellingen van economische aard

Vereeniging 'De Bloem van Kennemerland', 1860-1870, 1 doos.
N.B. Doel: bevordering der belangen van de bloembollen- en plantenteelt, voornamelijk door het houden van jaarlijkse tentoonstellingen.

N.V. Brandverzekeringmij de Unie, te Overveen, 1862, 1 stuk (statuten).

Tram-Omnibus Maatschappij Bloemendaal-Overveen-Haarlem, 1886-1902, 1 doos.

2.2 Instellingen van sociale zorg

Dr. D. Bakkerfonds, 1915-1965, 1 doos.
N.B. Doel: ondersteuning aan behoeftige kraamvrouwen en zuigelingen in de gemeente Bloemendaal en buurtschap Santpoort.

2.5 Instellingen op het gebied van onderwijs, wetenschap en cultuur

Kennemer Leesgezelschap, 1863-1943, 2 delen.

R.K. Leesgezelschap van Overveen en Bloemendaal, 1845, 1 stuk (reglement).

2.6 Instellingen op het gebied van sport, recreatie en evenementen

Schutterscollege 'Het Middelpunt zij ons doel', 1845-1859, 1 deel, 1 omslag.

Schuttersgenootschap de Blinkert, 1860-1862, 1 omslag.

Bloemendaalsche Sociëteit, 1926-1928, 1 omslag.

2.7 Instellingen op politieke en ideële grondslag

Bloemendaalse Burgerwacht, 1934-1940, 4 m.

Christelijke Nationale Werkmansbond, afdeling Bloemendaal, 1901-1929, 2 notulenboeken.

3 VERZAMELINGEN

Eigendomsbewijzen, 17e eeuw-1931, 4 dozen.
N.B. Betreft Het Regthuis, later logement/hotel 'Van Ouds Het Raadhuis', 1768-1866; een huis in de Voorbuurt, de kruidnotenbakkerij 'De Trompetter', 5 november 1739; een bakkerij ten zuiden van de kerk, 4 oktober 1792; Hofstede 'Bloemenheuvel' c.a., 1820-1931; Oud-Zomerzorg, 1882-1902; 'Duinlust' te Overveen, v.m. hofstede 'De

Rijp', de garenblekerij 'De (oude) Mol', buitenplaats 'Buitentwist', 18e eeuw-1911; 'Saxenburg' en omliggende blekerijen, 17e eeuw.

Foto's en dia's.

Bloemendaals weekblad, 1907-1940.

Krantenknipsels, 1948-1976, 1,20 m.

Collectie Voet-Rouwens, 2 dozen.
N.B. 19e eeuwse leer- en leesboekjes.

GEMEENTE HEEMSTEDE

Adres	Raadhuisplein 1, postbus 352, 2100 AJ Heemstede.
Telefoon	023-284140.
Territoir	in 1812 werd Berkenrode bij Heemstede gevoegd, in 1817 werd het weer een zelfstandige gemeente die in 1857 definitief bij Heemstede kwam.
Openingstijden	maandag t/m vrijdag 8.30-12.15, 13.30-17.00 uur.

1 ARCHIEVEN VAN DE OVERHEID

1.1 Algemeen plaatselijk bestuur

Gemeentebestuur, 1560-1921, 86 m.
Inventaris.
N.B. Zie ook blz. 339.

Commissie voor de bedrijven (gas, duinwaterleiding en electrisch), 1910-1957, 1 m.

1.2 Plaatselijke instellingen met een specifieke taak

Kader van de vrijwillige brandweer, 1911-1942, 2 dozen.

Gemeente Gasfabriek, 1905-1911, 1 deel.

Gemeente Duinwaterleiding, 1909-1911, 1 deel.

Burgerlijk armbestuur/Maatschappelijk hulpbetoon, 1750-1938, 4 m.

Commissie tot wering van schoolverzuim, 1901-1932, 1 portefeuille.

1.4 Organen van stadsheerlijkheden, geannexeerde ambachten en gemeenten

Gemeentebestuur van Berkenrode, 1817-1857, 0,50 m.
Inventaris.

1.5 Organen van waterschappen

Schouwbroekerpolder, 1783-1972, 3 m.

2 NIET-OVERHEIDSARCHIEVEN

2.6 Instellingen op het gebied van sport, recreatie en evenementen

Vereeniging tot exploitatie eener bad- en zweminrichting, 1918-1941, 2 m.

2.9 Huizen en heerlijkheden

Hofstede Hartekamp, 1656-1928, 0,50 m.
Inventaris.

Heerlijkheid Berkenrode, 1466-1919, ca. 5 m.
Inventaris.
N.B. Onderdeel van gemeentearchief Heemstede.

Heerlijkheid Heemstede, 1346-1794 (1886), 10 m.
Inventaris: P.N. van Doorninck, Inventaris van het archief van de heerlijkheid Heemstede (Haarlem 1911).

Heerlijkheid Rietwijk en Rietwijkeroord, 1565-1789 (1844), 3 dozen.
N.B. De heren van Heemstede waren tevens heren van Rietwijk en Rietwijkeroord. Zie ook blz. 93 en 350.

GEMEENTE ZANDVOORT

Adres Raadhuisplein 16, postbus 2, 2040 AA Zandvoort.
Telefoon 02507-14841.
Openingstijden na telefonische afspraak.

1 ARCHIEVEN VAN DE OVERHEID

1.1 Algemeen plaatselijk bestuur

Gemeentebestuur, 1487-1934, 14 m.
Inventaris: tot 1814: P.N. van Doorninck, Inventaris van het oud-archief der heerlijkheid, thans gemeente Zandvoort (Haarlem 1892).

1.2 Plaatselijke instellingen met een specifieke taak

Oude Mannen- en Vrouwenhuis, 1632-1927, 0,50 m.

Armmeesters, later Burgerlijk armbestuur, 1780-1929, 0,15 m.

Commissie van bijstand voor onderwijs en sociale aangelegenheden, 1928-1935, 1 notulenboek.

3 VERZAMELINGEN

Zandvoortsche Badcourant, 1899-1939.

De Zandvoorter, 1931-1943.

Zandvoortse Nieuwsblad, 1946-heden.

Zandvoortsche Courant, 1947-heden.

Foto's.

AMSTEL- EN MEERLANDEN

GEMEENTE AALSMEER

Adres	Raadhuisplein 1, postbus 253, 1430 AG Aalsmeer.
Telefoon	02977-26666.
Openingstijden	maandag t/m vrijdag 9.00-12.00 uur.

1 ARCHIEVEN VAN DE OVERHEID

1.1 Algemeen plaatselijk bestuur

Schoutambacht Aalsmeer, 1576-1813, 10,50 m.
Inventaris.

Gemeentebestuur, 1814-1930, 38,50 m.
Inventaris.

1.2 Plaatselijke instellingen met een specifieke taak

Kerkmeesters, 1587-1788, 0,20 m.
Inventaris.

Gemeentelijk Electrisch Bedrijf, 1910-1930, 2,50 m.
Inventaris.

Armmeesters, 1645-1830, 0,30 m.
Inventaris.

Algemeen armbestuur, 1817-1910, 0,50 m.
Inventaris.

Gezondheidscommissie, 1903-1933, 4 m.

1.4 Organen van stadsheerlijkheden, geannexeerde ambachten en gemeenten

Ambachtsheerlijkheid Kalslagen, 1589-1842, 4 m.

Inventaris.

N.B. Kalslagen en Bilderdam zijn gelegen in Rijnland, ten noorden begrensd door Aalsmeer-Kudelstaart, ten zuiden door Leimuiden. 15 November 1364 bevestigt hertog Albrecht van Beieren de dorpen Kalslagen en Nieuwveen in het recht van uitwatering langs de Drecht en Amstel vrij van dijk- en sluisgeld, een recht dat zij eertijds van Gijsbrecht van Amstel en diens broer Willem gekocht hadden.

De ambachtsheerlijkheid werd in 1701 door Haarlem gekocht. In 1811 kwam Kalslagen onder Leimuiden. In 1815 werd het er van gescheiden. In 1854 werd het er weer mee verenigd. Leimuiden ging in 1864 over naar Zuid-Holland. Enige delen werden bij Uithoorn gevoegd, andere, waaronder Kalslagen, bij Aalsmeer.

Ambacht Kudelstaart, 1526-1814, 2,50 m.

Inventaris.

N.B. De grens van Holland en Utrecht liep door het dorp. Het Hollandse gedeelte ten N.W. van de grens vormde een eigen ambachtsheerlijkheid, het Utrechtse gedeelte behoorde met de kerk onder Uithoorn. In 1819 is dit gedeelte bij Aalsmeer gevoegd. Zowel in het archief van het ambacht Kudelstaart als in dat van Uithoorn (zie blz. 358) vindt men veel stukken over de grenskwestie: de Bezworen Kerf of Utrechtse Kudelstaart.

Kerkmeesters van Kudelstaart, 1626-1805, 0,40 m.

Inventaris.

Armmeesters van Kudelstaart, 1656-1811, 0,30 m.

Inventaris.

1.5 Organen van waterschappen

Het waterstaatkundig Ambacht Aalsmeer, 1813-1867, 2 m.

Inventaris.

De Gemeene polder, 1631-1795, 0,10 m.

Inventaris.

Kleine Noord- of Schinkelpolder, 1631-1813, 1 m.

Inventaris.

N.B. Zie ook blz. 360.

Schinkelpolder, 1814-1865, 0,10 m.

Inventaris.
N.B. Zie ook blz. 360.

Stommeer, 1609-1797, 0,50 m.

Inventaris.
N.B. Het resolutieboek 1653-1870 is door het polderbestuur geschonken aan het Rijksarchief Noord-Holland. Zie verder ook blz. 360.

Stommeerpolder, 1845-1851, 1 omslag.

Inventaris.
N.B. Zie ook blz. 359 en 360.

GEMEENTE AMSTELVEEN

Adres	Laan Nieuwer Amstel 1, postbus 4, 1180 BA Amstelveen.
Telefoon	020-5404911.
Territoir	met ingang van 1 januari 1964 is de naam van de gemeente Nieuwer-Amstel gewijzigd in die van Amstelveen.
Openingstijden	maandag t/m vrijdag 9.30-12.30, 13.30-17.00 uur.
Faciliteiten	xeroxcopieën.

1 ARCHIEVEN VAN DE OVERHEID

1.1 Algemeen plaatselijk bestuur

Gemeentebestuur van Nieuwer-Amstel, 1601-1930, 148 m.
Inventaris: tot 1810.
Nadere toegang: klapper op het bevolkingsregister, 1850-1900.

Commissie van bijstand voor de bronwaterleiding, 1893-1896, 2 portefeuiles.

1.2 Plaatselijke instellingen met een specifieke taak

Commissarissen der geldlening ad *f* 80.000,— tot aanleg van de begraafplaats 'Zorgvlied', 1868-1885, 1 portefeuille.

Gemeenteopzichter van Nieuwer-Amstel, 1913-1926, 1 doos.
Inventaris.

1.4 Organen van stadsheerlijkheden, geannexeerde ambachten en gemeenten

Gemeentebestuur Rietwijk en Rietwijkeroord, 1638-1854, 2 dozen en 7 delen.
Inventaris.
N.B. Zie ook blz. 93 en 344.

1.5 Organen van waterschappen

Buitendijkse Buitenveldertsche Polder, 1637-1979, 3 m.
Inventaris.

2 NIET-OVERHEIDSARCHIEVEN

2.5 Instellingen op het gebied van onderwijs, wetenschap en cultuur

Zangvereniging 'Cantus et Amicitiae', 1903-1924, 1 portefeuille.
Inventaris.

'Bloemenkoor', 1936-1978, 3 dozen.
Inventaris.

Commissie orgeluitbreiding Pauluskerk, 1946, 1 omslag.
Inventaris.

2.6 Instellingen op het gebied van sport, recreatie en evenementen

Comité Bevrijdingsfeesten Nieuwer-Amstel, 1945, 1946, 2 omslagen.
Inventaris.

2.7 Instellingen op politieke en ideële grondslag

Contactcommissie der AR- en CH-kiesverenigingen in Nieuwer-Amstel, 1940-1945, 1 omslag.
Inventaris.

2.10 Families

Scharp, 1830-1956, 1 m.
Inventaris.

2.11 Personen

H.J. Scharp, 1876-1957, 1 m.
Inventaris: C.D. Gast, Inventaris van de verzameling H.J. Scharp (1874-1957) (Amstelveen 1978).

J.H. Marloff, 1880-1896, 2 portefeuilles.

H. van de Berg, 1894-1925, 3 dozen.
Inventaris.

Burgemeester G.P. Haspels, 1941-1946, 1 portefeuille.
Inventaris.

GEMEENTE DIEMEN

Adres	D.J. den Hertoglaan 1, postbus 191, 1110 AD Diemen.
Telefoon	020-996868.
Openingstijden	maandag t/m vrijdag 8.30-12.30 uur, 's middags na telefonische afspraak.

1 ARCHIEVEN VAN DE OVERHEID

1.1 Algemeen plaatselijk bestuur

Gemeentebestuur, (1091) 1502-1938, 29 m.
Inventaris.
N.B. 1930-1938 Bloemendaalse stelsel. Bevat ook archiefbescheiden van de Venserpolder, Diemerpolder, Diemermeer, Gemeenschapspolder, School- en Hopmanpolder, Overdiemerpolder, Zeeburg en Diemerzeedijk.

1.5 Organen van waterschappen

Waterschap Diemerpolder, 1814-1935, 0,50 m.
N.B. Onderdeel van Drecht en Vecht.

Overdiemerpolder, 1863-1935, 0,50 m.
N.B. Onderdeel van Drecht en Vecht.

2 NIET-OVERHEIDSARCHIEVEN

Protestants huiszittende armenfonds, 1752-1965, 1 m.

Noord-Hollandse begraafplaats 'Gedenk te sterven', 1830-1972, 2 dozen.

GEMEENTE HAARLEMMERMEER

Adres	Nieuweweg 70, postbus 250, 2130 AG Hoofddorp.
Telefoon	02503-61911.
Openingstijden	maandag t/m vrijdag 9.00-12.00, 13.30-16.00 uur.
Faciliteiten	studiezaal.

1 ARCHIEVEN VAN DE OVERHEID

1.1 Algemeen plaatselijk bestuur

Gemeentebestuur, 1855-1945, 116 m.*
Inventaris: H.C.J. Chrispijn, Deelinventaris van het archief der Gemeentesecretarie Haarlemmermeer 1910-1945 (Onderwijs, code VNG-1.851) (Hoofddorp 1977); W.H.A. van der Meulen, Deelinventaris van het archief der gemeente Haarlemmermeer 1910-1945 (Algemeen, organisatie, personeel, openbare werken en belastingen, openbare orde en openbare zedelijkheid) (Hoofddorp 1980).

1.2 Plaatselijke instellingen met een specifieke taak

Vlascommissie, 1945-1953, 0,60 m.*
Inventaris.

Burgerlijk Armbestuur, 1869-1959, 12 m.*
Inventaris.

Huurcommissie, 1918-1927, 0,10 m.*
Inventaris.

Centrale Keuken, 1944-1947, 0,25 m.*
Inventaris.

Distributiedienst Haarlemmermeer, 1944-1949, 0,70 m.*
Inventaris.

Gezondheidscommissie, 1910-1961, 1,50 m.*
Inventaris.

Commissie tot wering van schoolverzuim, 1901-1956, 0,25 m.*
Inventaris.

Gemeentelijk adviseur voor de lichamelijke oefening en sport, 1959-1961, 0,10 m.*
Inventaris.

Duitse Zaken, 1940-1945, 0,10 m.*

1.3 Organen van intergemeentelijke samenwerking

Inspectie van het onderwijs, 1963-1974, 6,50 m.*
Inventaris.
N.B. Deelnemende gemeenten: Aalsmeer en Haarlemmermeer. Bevat ook archiefbescheiden van het bestuursorgaan van de gemeenschappelijke regeling.

2 NIET-OVERHEIDSARCHIEVEN

2.2 Instellingen van sociale zorg

Stichting voor Kinderverzorging, 1951-1959, 0,25 m.*
Inventaris.

Woningbouwvereniging Patrimonium, 1927-1957, 0,80 m.*
Inventaris.

Algemene Coöperatieve Arbeiders Woningbouwvereniging, 1931-1948, 0,40 m.*
Inventaris.

Woningbouwvereniging St. Anthonius van Padua, 1934-1955, 0,50 m.*
Inventaris.

2.4 Instellingen op het gebied van de volksgezondheid

Stichting Streekziekenhuis Haarlemmermeer, 1961-1968, 1 m.*
Inventaris.

2.5 Instellingen op het gebied van onderwijs, wetenschap en cultuur

Kleuterschool Lijnden, 1950-1976, 0,70 m.*
Inventaris.

Curatorium Haarlemmermeerlyceum, 1960-1973, 0,40 m.*
Inventaris.

2.6 Instellingen op het gebied van sport, recreatie en evenementen

Actiecomité Zwembad Hoofddorp, 1964-1970, 0,10 m.*
Inventaris.

Eeuwfeestcomité Haarlemmermeer, 1955, 0,25 m.*
Inventaris.

2.11 Personen

Burgemeester Slob, 1930-1936, 0,10 m.*
Inventaris.
N.B. Bevat ook archiefbescheiden van de dienstbodenopleiding, 1935-1936, en de opleiding in kinderverzorging en -opvoeding, 1930-1936.

3 VERZAMELINGEN

Bibliotheek.
Systematische catalogus.

Prenten, kaarten, prentbriefkaarten en foto's.
Catalogus.

Geluidsbanden en films.

GEMEENTE OUDER-AMSTEL

Adres	Raadhuisplein 1, postbus 35, 1190 AA Ouderkerk aan de Amstel.
Telefoon	02233-2244.
Openingstijden	maandag t/m vrijdag 9.00-12.30, 13.30-17.00 uur.

1 ARCHIEVEN VAN DE OVERHEID

Gemeentebestuur, (1439) 1595-1939, 90 m.

Inventaris.

N.B. Bevat ook archiefbescheiden van de Veenderij van Holendrechter- en Bullewijkerpolder, 1802-1830, van de commissie over de Algemene Armengoederen, 1805-1939, Het Veenderij-Armenfonds, 1823-1869 en het Electriciteitsbedrijf, 1916-1935.

GEMEENTE UITHOORN

Adres	Boerlageplein 6, postbus 8, 1410 AA Uithoorn.
Telefoon	02975-61055, 65651.
Openingstijden	maandag t/m woensdag en vrijdag 9.00-12.00 uur, donderdag 14.00-18.00 uur

1 ARCHIEVEN VAN DE OVERHEID

1.1 Algemeen plaatselijk bestuur

Gemeentebestuur, (1635) 1728-1914, ca. 21 m.

Inventaris.

N.B. Uithoorn vormde een afzonderlijke rechtsban, verdeeld in de dorpen Uithoorn, (Stichts) Kudelstaart, Blokland en Kromme Meiert. Stichts Kudelstaart was weer verdeeld in de districten Bezworen Kerf, Geerland, Steenwijk en Steenwijkerveld. Onder Bezworen Kerf lag de Vrouwenakker, meer noordwaarts de Kwakel genoemd.
Het ambacht Thamen, gelegen in het hoge rechtsgebied der Proosdij van St. Jan in het Sticht, vormde met Mijdrecht tot 1760 één rechtsgebied, maar scheidde zich daarna af en vormde een eigen rechtsban onder een schout. Door het aanleggen van de Thamerdijk werd dit rechtsgebied verdeeld in de Binnen- en Buitendijksepolder. In 1819 kwamen Thamen en Uithoorn bij Noord-Holland met uitzondering van Blokland en Kromme Meiert, dat bij Mijdrecht kwam. Het Stichtse Kudelstaart kwam daarna grotendeels bij Aalsmeer zoals reeds het Hollandse Kudelstaart in 1811 aan die gemeente was toegevoegd. In 1820 werd het aldus verkleinde Uithoorn met Thamen samengevoegd tot de gemeente Uithoorn.
Het archief bevat ook archiefbescheiden van de Grote Rondeveensepolder, 1764, Thamer Binnenpolder, 1742-1849, Thamer Buitenpolder, 1792-1796, Grote Uithoornsepolder, 1746-1860, Legmeerpolder, 1782-1833, De Generale Waarschappij der proosdij van St. Jan, 1843-1856, Veenderijfondsen van de Uithoornse polder, 1800-1903, Ambacht Het Bezworen Kerf, 1816-1844.

1.4 Organen van stadsheerlijkheden, geannexeerde ambachten en gemeenten

Ambacht De Bezworen Kerf, (1635) 1728-1811, 0,20 m.

Inventaris.

Ambacht en gemeente Thamen, (1748) 1760-1811, 0,50 m.

Inventaris.

WATERSCHAP GROOT-HAARLEMMERMEER

Adres	Marktplein 47, postbus 82, 2130 AB Hoofddorp.
Telefoon	02503-16544.
Territoir	gemeenten Amsterdam, Amstelveen, Haarlem, Haarlemmerliede en Spaarnwoude en Velsen. Met ingang van 1 januari 1979 werden opgeheven en samengevoegd tot het waterschap Groot-Haarlemmermeer: Buitendijkse Buitenveldertse polder, polder Buitenhuizen onder Assendelft, Haarlemmermeerpolder, Horn- en Stommeerpolder, Houtrakpolder, Huigensloterpolder, Inlaagpolder, Oosteinderpolder, Rottepolder onder Haarlemmerliede, Schinkelpolder, Oude Spaarndammerpolder, Veerpolder onder Haarlem, de Velserbroek, De Verenigde Binnenpolder onder Haarlemmerliede en Spaarnwoude, Waarderpolder onder Haarlem, Zuid- en Noord-Spaarndammerpolder, Zuiderpolder onder Haarlem, De Uiterdijken, De Verdolven landen langs de Spaarndammerdijk, Zwetpolder.
N.B.	zie ook blz. 291 en 318.

1 ARCHIEVEN VAN DE OVERHEID

Polder Haarlemmermeer, 1855-1979, ca. 80 m.

Houtrakpolder (gemeente Haarlemmerliede en Spaarnwoude), 1873-1977, 2 m.

Huigensloterpolder, 1735-1821, 0,30 m.
Inventaris.
N.B. Bij het hoogheemraadschap van Rijnland te Leiden berusten archiefbescheiden van de polder, 1771-1853.

De Horn- en Stommeerpolder, 1969-1979, 1 m.*
N.B. De Hornmeer en de Stommeer werden per 1 januari 1969 tot één waterschap verenigd.

Stommeerpolder (gemeente Aalsmeer), 1654-1939, 2 m.
Inventaris.
N.B. Bij het hoogheemraadschap van Rijnland te Leiden berusten archiefbescheiden van de polder, 1621-1856. Zie ook blz. 349.

Hornmeerpolder (gemeente Aalsmeer), 1920-1968, 1 m.*
N.B. Bij het hoogheemraadschap van Rijnland te Leiden berusten archiefbescheiden van de polder van 1659-1855.

Oosteinderpolder (gemeente Aalsmeer), 1866-1977, 1 m.*

Oude Spaarndammerpolder (gemeente Haarlem), 1706-1979, 3 m.*
Inventaris.
N.B. Bij het hoogheemraadschap van Rijnland te Leiden berusten archiefbescheiden van de polder, 1640-1856.

Schinkelpolder (gemeente Aalsmeer), 1813-1979, 1 m.*
N.B. Bij het hoogheemraadschap van Rijnland te Leiden berusten archiefbescheiden van de polder van 1653-1857.

Zuiderpolder onder Haarlem en Haarlemmerliede en Spaarnwoude, 1860-1925, 2 m.
Inventaris.

WATERSCHAP DRECHT EN VECHT

Adres	Dorpsstraat 21, 1191 BH Ouderkerk a/d Amstel.
Telefoon	02963-3153.
Territoir	gemeenten Amstelveen, Amsterdam, Blaricum, Diemen, 's-Graveland, Muiden, Naarden, Nederhorst Den Berg, Ouder-Amstel en Weesp. Met ingang van 1 januari 1979 werden opgeheven en samengevoegd tot het waterschap Drecht en Vecht: de Aetveldsche polder, het waterschap de Bijlmer, de Binnendijksche-, Overveensche-, Berger- en Meentpolder, de Bovenkerkerpolder, de Buitendijken tussen Naarden en Muiderberg, de Diemerpolder, de Gooische Zomerkade, de Heintjesrak- en Broekerpolder, het waterschap de Hilversumse Meent, de Keverdijkse Overscheense polder, de polder Kortenhoef, de Middelpolder, Amstelveense polder, de Nieuwe Keverdijksche polder, de Noorderlegmeer-en Thamerbinnenpolder, de Noordpolder, de Overdiemerpolder, de polder de Ronde Hoep, de Spiegel- en Blijkpolder, de Stichtsche Ankeveensche polder, de Zuiderlegmeerpolder en de Zuidpolder.
Openingstijden	na telefonische afspraak.

1 ARCHIEVEN VAN DE OVERHEID

Aetveldsche Polder, 1872-1978, 12 m.*

Inventaris.

Binnenaetveldsche Polder of Bagijnenpolder, 1766-1873, 0,10 m.

Inventaris.

N.B. Bovengenoemde polder is in 1873 met andere polders samengevoegd tot de Aetveldsche polder.

Overaetsche Polder, 1725-1874, 0,10 m.

Inventaris.

N.B. Als voren.

Romolen- of Borrelandse Polder, 1822-1873, 0,10 m.

Inventaris.
N.B. Als voren.

Waterschap Bijlmer, 1967-1978, 3 m.*

Waterschap de Bijlmermeer, 1622-1966, 9 m.*

Inventaris.
N.B. In 1967 met andere polders samengevoegd tot het waterschap Bijlmer; zie ook blz. 93.

Groot-Duivendrechtse Polder, 1628-1966, 6,50 m.*

Inventaris.
N.B. In 1967 met andere polders samengevoegd tot het waterschap Bijlmer.

Holendrechter- en Bullewijkerpolder, 1802-1966, ca. 0,50 m.*

Inventaris.
N.B. Bevat ook de archieven van: Directeuren van de gecombineerde Holendrechter en Bullewijker Veenpolder en Directeuren der gecombineerde Holendrechter en Bullewijker Droogmakerijen. In 1967 met andere polders samengevoegd tot het waterschap Bijlmer.

Polder de Nieuwe Bullewijk, 1910-1966, 2 m.*

Inventaris.
N.B. In 1967 met andere polders samengevoegd tot het waterschap Bijlmer.

Venserpolder, (1638) 1751-1966, 1 m.*

Inventaris.
N.B. Als voren.

Verenigde West-Bijlmer- en Klein-Duivendrechtsche Polder, 1833-1966, 2 m.*

Inventaris.
N.B. Als voren.

Veenderij de Nieuwe Bullewijk, 1875-1911, 2 m.

N.B. De Vereenigde West-Bijlmer- en Klein-Duivendrechtse polder is in 1879 tot stand gekomen door vereniging van de West-Bijlmer- en Laanderpolder met de Klein-Duivendrechtse en Binnen Bullewijkerpolder ten behoeve van de vervening genaamd de Nieuwe Bullewijk. Na voltooiing van de droogmaking zijn de gronden van de Vereenigde West-Bijlmer- en Klein-Duivendrechtse polder afgescheiden en tot een afzonderlijk waterschap gevormd: polder De Nieuwe Bullewijk.
In 1967 samengevoegd met andere polders tot het waterschap Bijlmer.

Westbijlmer en Laanderpolder, (1639) 1641-1890, 0,50 m.
Inventaris.

Klein-Duivendrechtsche en Binnen-Bullewijker polder, (1638) 1748-1800, 0,50 m.
Inventaris.

Binnendijksche-, Overscheensche, Berger- en sedert 1899 Meentpolder, ca. 1800-1978, 4 m.*

Bloemendalerpolder (onder Weesp en Muiden), (1555) 1659-1978, 8,50 m.*
Inventaris.

Bovenkerkerpolder, 1764-1978, 7 m.*
Inventaris.

Waterschap De Buitendijken tussen Naarden en Muiderberg, 1815-1978, 3 m.*
N.B. Het oud archief is voor een groot deel verloren gegaan. Bevat ook de archieven van de Rijvense Polder.

Diemerpolder, (1641) 1815-1978, 2 m.*
Inventaris.
N.B. Zie ook blz. 353.

Gemeenschapspolder, 1707-1978, 5 m.*
Inventaris.

Waterschap De Gooische Zomerkade, 1633-1979, 5,50 m.*
Inventaris.

Waterschap De Hilversumsche Bovenmaat en Bijvang, 1717-1928, 0,50 m.
Inventaris.

’s-Gravelandsepolder, 1874-1979, 6 m.*
Inventaris.
N.B. Zie ook blz. 106.

Heintjesrak- en Broekerpolder, ca. 1950-1978, 1 m.*
N.B. Zie ook blz. 106, 369 en 370.

Waterschap de Hilversumse Meent, 1976-1978, 0,50 m.*

Hollandsch-Ankeveensche Polder, 1733-1978, 3 m.*
Inventaris.

Keverdijksche Overscheense polder, 1862-1978, 1 m.*

Polder Kortenhoef, 1814-1978, 5 m.*
Inventaris.
N.B. Bevat ook de archieven van: Veenderij-Fonds (1817-1936), Wegenfonds (1921-1926), Fonds der geabandonneerde landen en huizen (1815-1921).

Meeruitdijksche Polder, (1656) 1758-1938, ca. 0,50 m.
Inventaris.

Nieuwe Keverdijksche Polder, 1876-1978, 2,50 m.*
Inventaris.
N.B. Ontstaan in 1876 door samenvoeging van de Keverdijksche en Reaalspolder, De Hondswijkerpolder en de Nesse-, Spijke- en Binnenlandsche Polder.

Hondswijkerpolder of Honswijkerpolder, 1686-1877, 0,20 m.
Inventaris.

Nesse-, Spijke- en Binnenlandse Polder, 1759-1878, 3 delen.
Inventaris.

Keverdijksche- en Reaalpolder, 1719-1877, 0,40 m.
Inventaris.

Noorderlegmeerpolder, 1874-1970, 3 m.*
Inventaris.
N.B. Bevat ook archiefbescheiden van de droogmakerij, 1874-1879. In het archief van de gemeente Uithoorn bevinden zich stukken betreffende de bedijking van de Legmeer van 1782-1833.

Thamer-Binnenpolder, 1936-1970, 2 m.*
N.B. Het gedeelte 1765-1935 wordt vermist. Zie ook blz. 358.

Noordpolder onder Muiden, 1670-1978, 2 m.*

Overdiemerpolder, 1867-1978, 0,50 m.*
Inventaris.
N.B. Zie ook blz. 353.

School- en Hopmanspolder, 1663-1870, 2 delen.
Inventaris.

Polder De Ronde Hoep, 1637-1978, 8 m.*
Inventaris.

Spiegelpolder, 1939-1974, 2 m.*
N.B. Zie ook blz. 378.

Blijkpolder, (1938) 1953-1974, 2 m.*
N.B. Zie ook blz. 379.

Stichtsch-Ankeveensche Polder, 1813-1978, 4 m.*
Inventaris: tot 1938.

Uithoornse Polder, 1820-1937, 5 m.
Inventaris.

Zuider Legmeerpolder, 1878-1978, 2 m* (excl. mandaten).
Inventaris.

Zuidpolder beoosten Muiden, (1677) 1847-1978, 4 m.*

GOOI- EN VECHTSTREEK

N.B. Voor de waterschapsarchieven zie men behalve onder de Gooise gemeenten ook onder het Waterschap Drecht en Vecht, blz. 361-365.

GEMEENTE BLARICUM

Adres Torenlaan 50, 1261 GE Blaricum.
Telefoon 02153-15351.
Openingstijden maandag t/m vrijdag 8.30-12.15, 13.30-17.30 uur.

1 ARCHIEVEN VAN DE OVERHEID

Gemeentebestuur, 1699-1940, 32 m.
Inventaris.

Armbestuur, 1743-1953, 4,50 m.
Inventaris.

2 NIET-OVERHEIDSARCHIEVEN

Stukken betreffende de Erfgooiers, (1404) 1646-1913, 2 dozen.

GEMEENTE BUSSUM

Adres	Brinklaan 35, 1401 EP Bussum.
Telefoon	02159-11651.
Territoir	met ingang van 1 januari 1817 is Bussum van Naarden gescheiden.
Openingstijden	na telefonische afspraak.

1 ARCHIEVEN VAN DE OVERHEID

1.1 Algemeen plaatselijk bestuur

Gemeentebestuur, 1817-1918, 24 m.

1.2 Plaatselijke instellingen met een specifieke taak

Commissie voor de grindweg, 1857-1884, 0,20 m.
Inventaris.

Algemeen armbestuur, 1840-1917, 0,30 m.
Inventaris.

1.3 Organen van intergemeentelijke samenwerking

Gezondheidscommissie, 1903-1934, 0,20 m.
Inventaris.
N.B. Aangesloten gemeenten: Ankeveen, Blaricum, Bussum, 's-Graveland, Huizen, Kortenhoef, Laren, Muiden, Naarden, Nederhorst den Berg, Weesp en Weesperkarspel.

GEMEENTE 'S-GRAVELAND

Adres	Noordeinde 198, 1243 JR 's-Graveland.
Telefoon	035-61324.
Territoir	met ingang van 1 januari 1966 werden de gemeenten Ankeveen en Kortenhoef gevoegd bij de gemeente 's-Graveland.
Openingstijden	na telefonische afspraak.

1 ARCHIEVEN VAN DE OVERHEID

1.1 Algemeen plaatselijk bestuur

Gemeentebestuur, 1812-1940, 25 m.

N.B. Zie ook blz. 106.

1.4 Organen van stadsheerlijkheden, geannexeerde ambachten en gemeenten

Gemeentebestuur Ankeveen, 1538-1940, 20 m.

Inventaris.

N.B. Vóór 1819 behoorde Ankeveen deels tot Utrecht, deels tot Holland. Hollands Ankeveen was een buurtschap onder Weesperkarspel. Van 1811-1815 maakte het deel uit van Nederhorst den Berg, maar werd daarvan in 1816 weer gescheiden. In 1819 is ook het Utrechtse gedeelte van Ankeveen bij Holland gekomen.

Gemeentebestuur van Kortenhoef, 1592-1940, 25 m.

Inventaris.

1.5 Organen van waterschappen

Stichts-Ankeveense polder, 1662-1851, 2 m.

Inventaris.

Gemeenschappelijke administratie van de Hollands-Ankeveense-, Heintjes-Rack-, Broeker-, Nesser- en Binnenlandsepolders, 1662-1851, 2 m.

Inventaris.

Veenderij van de Hollands-Ankeveense, Heintjes-Rack en Broekpolder onder Weesperkarspel, 1777-1855, 0,50 m.
Inventaris.

Veenderij Stichts-Ankeveensepolder, 1652-1851, 1 m.
Inventaris.

2 NIET-OVERHEIDSARCHIEVEN

Hervormde gemeente te Ankeveen, 1617-1812, 0,50 m.
Inventaris.

GEMEENTE HILVERSUM

Adres	W. Hullweg 1, Postbus 10053, 1201 DB Hilversum.
Telefoon	035-299111.
Openingstijden	maandag t/m vrijdag 10.00-12.00, 14.00-17.00 uur.

1 ARCHIEVEN VAN DE OVERHEID

Gemeentebestuur, (1424) 1766-1939, 152 m.
Inventaris: tot 1850.

Burgerlijk armbestuur, 1861-1928, 0,50 m.
Inventaris.

Dienst Luchtbescherming, 1937-1946, 6 m.

GEMEENTE HUIZEN

Adres	Naarderstraat 3, postbus 5, 1270 AA Huizen.
Telefoon	02152-59222.
Openingstijden	maandag t/m vrijdag 9.00-12.30, 13.30-17.00 uur.

1 ARCHIEVEN VAN DE OVERHEID

1.1 Algemeen plaatselijk bestuur

Gemeentebestuur, 1669-1933, 65,50 m.
Inventaris.

Salariscommissie, 1919-1925, 2 omslagen.
Inventaris.

Scheidsgerecht, volgens art. 44 van het Werkliedenreglement, 1921-1922, enkele stukken.
Inventaris.

1.2 Plaatselijke instellingen met een specifieke taak

Financiën

Gequalificeerde (gaarder van Landsbelastingen), 1691-1811, 1 doos.
Inventaris.

Financieele Commissie, 1920-1931, 1 deeltje notulen.
Inventaris.

Openbare werken

Commissie voor de riolering, 1914-1916, 1 omslag.
Inventaris.

Gemeentelijke Dienst openbare werken, 1926-1940, 2 m.

Openbare orde en veiligheid, defensie

Schout/Burgemeester als hulpofficier van justitie en hoofd van politie, 1815-1923, 3 dozen.
Inventaris.

Gemeentepolitie, 1913-1960, 4 m.

Economische zaken

Huizer Havenbestuur, 1851-1899, 0,50 m.
Inventaris.

Nutsbedrijven

Electriciteitsbedrijf, 1932-1936, 4 dozen.

Gasbedrijf, 1941-1970, 4 m.

Sociale zorg

Arm- en weesmeesters, later armbestuur, 1727-1939, 3 m.
Inventaris.

Commissie voor buitengewone bedelingen, 1900-1902, 5 omslagen.
Inventaris.

Plaatselijk steuncomité, 1914-1919, 7 omslagen.
Inventaris.

Subcommissie voor werkverschaffing, 1921, 2 omslagen.
Inventaris.

Commissie voor werkverschaffing, 1920-1922, enkele stukken.
Inventaris.

Plaatselijk crisiscomité, 1932-1936, enkele stukken.
Inventaris.

Plaatselijke commissie van samenwerking voor bijzondere noden, 1937-1943, 3 dozen.
Inventaris.
N.B. Volgde het Plaatselijk crisiscomité op.

Gemeentelijk levensmiddelenbedrijf, 1915-1920, 2,50 m.
Inventaris.

Huurcommissie, 1918-1926, 3 omslagen.
Inventaris.

Commissie tot verzorging van de door de watersnood getroffenen, 1825-1826, enkele stukken.
Inventaris.

1.7 Organen van de centrale overheid

College van zetters van 's rijks directe belastingen, 1871-1916, 3 omslagen.
Inventaris.

2 NIET-OVERHEIDSARCHIEVEN

'Erfgooiers', (1404) 1646-1974, 56 m.*
Inventaris.
N.B. Tijdelijk in bewaring te Huizen tot realisering van een streekarchief.

GEMEENTE LAREN

Adres	Eemnesserweg 2, postbus 5, 1250 AA Laren.
Telefoon	02153-86614.
Openingstijden	maandag t/m vrijdag 8.00-13.30 uur.

1 ARCHIEVEN VAN DE OVERHEID

Gemeentebestuur, 1658-1924, 31 m.
Inventaris.

Distributiebedrijf, 1914-1923, 2,50 m.
Inventaris.

GEMEENTE MUIDEN

Adres Herengracht 84, postbus 3, 1398 ZG Muiden.
Telefoon 02942-1208, 1243.
Openingstijden maandag t/m vrijdag 13.30-17.00 uur.

1 ARCHIEVEN VAN DE OVERHEID

1.1 Algemeen plaatselijk bestuur

Gemeentebestuur, 1320-1937, 47 m.
Inventaris.

1.2 Plaatselijke instellingen met een specifieke taak

Gas- en Waterleidingbedrijf, ca. 1920-1950, 3 m.

Burger Weeshuis, 1655-1920, 1 m.
Inventaris.

Armmeesters, later burgerlijk armbestuur, 1655-1919, 2 m.
Inventaris.

1.4 Organen van stadsheerlijkheden, geannexeerde ambachten en gemeenten

Gemeentebestuur Muiderberg, 1770-1811, 2 dozen.
N.B. Per 1 januari 1812 bij de gemeente Muiden gevoegd.

2 NIET-OVERHEIDSARCHIEVEN

'Het Echobos', 1931-1937, 1 doos.

Hervormde gemeente, 1689-19e eeuw, 2 m.
Inventaris.

GEMEENTE NAARDEN

Adres Raadhuisstraat 1, 1411 EG Naarden.
Telefoon 02159-41354.
Openingstijden maandag t/m vrijdag 10.00-12.00, 14.00-16.30 uur.

1 ARCHIEVEN VAN DE OVERHEID

1.1 Algemeen plaatselijk bestuur

Gemeentebestuur, 1355-1941, 60 m.
Inventaris.
N.B. Bevat ook archiefbescheiden van de rooms-katholieke parochie, later gereformeerde kerk, 1348-1821.

1.2 Plaatselijke instellingen met een specifieke taak

Commissarissen van de trekvaart en zandpaden tussen Amsterdam-Muiden en Naarden, 1709-1940, 3,50 m.

Burgerweeshuis, 1579-1950, 15 m.
Inventaris.
N.B. Bevat ook de archiefbescheiden van het Pater Wijnterfonds, 1900-1950.

2 NIET-OVERHEIDSARCHIEVEN

Gilde en Bus van de Fluweelwerkers en Zijdewevers, 1696-1935, 0,50 m.

Lutherse gemeente, 1791-1819, 1 doos.
Inventaris.

GEMEENTE NEDERHORST DEN BERG

Adres Voorstraat 35, 1394 CT Nederhorst den Berg.
Telefoon 02945-1234, 1880.
Openingstijden maandag t/m vrijdag 8.30-16.30 uur.

1 ARCHIEVEN VAN DE OVERHEID

1.1 Algemeen plaatselijk bestuur

Gemeentebestuur, 1681-1812, 25 m.
Inventaris.

1.5 Organen van waterschappen

Horn- en Kuyerpolder, 1915-1938, 3 m.
Inventaris.
N.B. In 1915 werden beide polders, tot dan toe afzonderlijk bestuurd, samengevoegd en gereglementeerd onder de naam Horn- en Kuyerpolder. Per 1 januari 1979 is de polder met andere polders samengevoegd tot het waterschap Drecht en Vecht.

Kuyerpolder, (1581) 1746-1915, 0,50 m.
Inventaris.

Hornpolder, (1671) 1701-1915, 0,50 m.
Inventaris.
N.B. In 1915 werd de polder met de Kuyerpolder samengevoegd onder de naam Horn- en Kuyerpolder.

Horstermeerpolder, 1611-1938, 4 m.
Inventaris.
N.B. Bevat ook de archiefbescheiden van de droogmakerij en de Maatschappij tot exploitatie van de Horstermeer en aangrenzende bezittingen, sedert 1888 Tweede Maatschappij tot Exploitatie van de Horstermeer, 1882-1896.

Spiegelpolder, 1779-1952, 1 m.
Inventaris
N.B. Zie ook: blz. 365.

Blijkpolder, 1708-1973, 1 m.
Inventaris.
N.B. Zie ook: blz. 365.

GEMEENTE WEESP

Adres Nieuwstraat 41, 1381 BB Weesp.
Telefoon 02940-14251.
Openingstijden maandag t/m vrijdag 8.00-12.00 uur.

1 ARCHIEVEN VAN DE OVERHEID

Gemeentebestuur, 1377-1946, 417,50 m.
Inventaris.
Nadere toegang: klapper op de 'officianten', 1550-1978, 2 delen.
N.B. Bloemendaalse stelsel, 1930-1946.

2 NIET-OVERHEIDSARCHIEVEN

St. Bartholomeus Gast- en Armenweeshuis, 1591-1960, 8 m.

Hervormde gemeente, 1624-heden, 5 m.
Nadere toegang: klapper op kerkeraadsboeken van lidmaten enz., 1624-1836.

INDEX OP NAMEN

Opgenomen zijn de namen van blz. 89–380.
Persoons- en familienamen zijn cursief gedrukt.

INDEX OP TREFWOORDEN

Opgenomen zijn de trefwoorden van blz. 89–380.

Overzichten van de archieven en verzamelingen in de openbare archiefbewaarplaatsen in Nederland

I P. Brood, A.J.M. den Teuling, De archieven in Drenthe (1979), 142 blz. (ISBN 90 14 02880 6)

II De archieven in Gelderland (1979), 283 blz. (ISBN 90 14 02936 5)

III J.J.C. van Dijk, R.L. Koops, H. Uil, De archieven in Zeeland (1979), 177 blz. (ISBN 90 14 02943 8)

IV De archieven in Noord-Brabant, samengesteld door de Kring van Archivarissen in Noord-Brabant (1980), 563 blz. (ISBN 90 14 029446)

V J.F.J. van den Broek, O.A.M.W. Hartong, A.L. Hempenius, J. Meinema, De archieven in Groningen (1980), 216 blz. (ISBN 90 14 02925 X)

VI H. de Beer, C. van Heel, W.A. Huijsmans, A.J. Mensema, De archieven in Overijssel (1980), 205 blz. (ISBN 90 14 03025 8)

VII De archieven in Noord-Holland (1981), 406 blz. (ISBN 90 14 03117 3)

VIII J.H. van den Hoek Ostende, P.H.J. van der Laan, E. Lievense-Pelser, De archieven in Amsterdam (1981), 222 blz. (ISBN 90 14 03118 1)

In voorbereiding:

IX De archieven in het Algemeen Rijksarchief (1982)

X De archieven in Zuid-Holland (1982)

XI De archieven in Utrecht (1982)

XII De archieven in Friesland (1983)

XIII De archieven in Limburg (1983)

